니체가 말한 위대한 정오의 시간이
바로 지금 이때임을 알리러 왔다

# 초 의 식

# 초의식

**펴 낸 날**  2021년 9월 30일

**지 은 이**  용주 황영희
**펴 낸 이**  이기성
**편집팀장**  이윤숙
**기획편집**  이지희, 윤가영, 서해주
**표지디자인**  이지희
**책임마케팅**  강보현, 김성욱
**펴 낸 곳**  도서출판 생각나눔
**출판등록**  제 2018-000288호
**주     소**  서울 잔다리로7안길 22, 태성빌딩 3층
**전     화**  02-325-5100
**팩     스**  02-325-5101
**홈페이지**  www.생각나눔.kr
**이 메 일**  bookmain@think-book.com

• 책값은 표지 뒷면에 표기되어 있습니다.
  ISBN  979-11-7048-285-7 (03100)

니체가 말한 위대한 정오의 시간이
바로 지금 이때임을 알리러 왔다

# 초 의 식

용주 황영희 지음

생각나눔

# 차 례

# 나의 사명

　니체는 '차라투스트라'라는 예언자의 이름을 빌려 자신의 직관과 통찰력과 예지력을 통해, 인간의 깊은 정신성에 대해 미래에 살게 될 사람들에게 예언에 가까운 많은 예고를 했다. 인간의 몸은 이 생태계에서 완전한 동물에 속한다. 인간 고유의 정신성과 정체성을 이해하고 인간성과 존재에 대한 깊은 통찰과 성찰, 그리고 인간의 삶을 통해서 인간이 도달해야 할 정신세계와 의식세계에 대한 목적을 말한다. 그는 실로 신(神)과 같은 초인(超人)이라는 표현을 쓰면서 초의식(超意識)을 사용해야 한다고 말한다.

　인간은 짐승과 신 사이에 놓여 있는 밧줄이며 다리이고 사다리이다. 인간이 태어날 때는 유충으로 태어난다. 벌레 단계에서 시작하여 하나의 다리를 건너 번데기가 되고, 나중에는 자신의 과거였던 허물을 벗어버리고 1차원의 기어다니는 세계에서 껑충 날아올라 3차원의 자유의 창공을 마음껏 자유롭게 날아다니게 된다. 달콤한 이 꽃 저 꽃의 꿀을 찾아 자유롭게 날아다닌다.

　인간의 정신이 의식의 꽃을 피우게 되면, 모든 제한과 한계에서 벗어나 인간은 초의식을 사용하여 지금까지 발전한 모든 과학적인 기술로 인간의 고된 노동과 돈이 필요 없는 세상을 건설하고, 모든 생명체를, 생태계를 복원하고 창조할 수 있는 진짜 창조자가 된다. 그러나 그것은 인간의 초의식에 달려 있다. 한 마리의 유충에서, 벌레에서 나비로 성장하는 데 필요한 에너지는 의식을 초월하여 초의식을 사용할 수 있어야 한다.

언젠가는 인간 중에 초의식을 가진 자들이 태어날 것이다. 초의식을 가진 자들이 태어나면 인류의 역사는 새롭게 시작될 것이다. 왜냐하면, 진정한 인류는 아직 태어나지 않았기 때문이다. 인류의 두뇌인 초의식들이 깨어나면 그것은 니체가 말한 '위대한 정오(正午)'가 오고 있음을 알리는 예고이다. 정오란 낮 12시를 가리키는 말이다. 지금까지 인류의 역사에서 '진정한 정오'는 한 번도 온 적이 없다. 정오란 말 그대로 오전도 아니고 그렇다고 오후도 아닌, 모자라지도 않고 그렇다고 넘치지도 않는, 태양이 머리 위 한가운데에 와 있는 딱 맞는 시각, 정각을 말한다. 원시시대도 아니고 그렇다고 진정한 문명시대도 아닌, 정확히 중간 지점에서 인류는 새로 태어난다. 이때 초의식들이란 그 정신이 건강하고 경쾌, 쾌활한 사자들이라고 니체는 표현했다.

정오가 오면 과학의 지식과 우주의 모든 지식을 알게 되는 특이점이 오고 세상은 바뀐다. 인류의 역사에서 한 번도 시작된 적 없는 새로운 시대가 열린다. 황금시대, 마치 낙원과 같은 세상이 펼쳐질 것이다. 모든 과학 지식을 활용하고 이용하여 돈과 노동이 필요 없는 시대가 될 것이다. 노동은 폐지되고 인간은 나비처럼 이곳저곳을 자유롭게 날아다니면서 자신의 삶을 마음껏 즐기며 살 수 있게 된다. 또한, 자신의 개성과 개화, 자신의 삶을 완성시키면서 무한한 자유와 행복 속에서 인류애를 마음껏 나누면서 살게 될 것이다.

2021년 9월

저자

# 1. 초의식의 경험

초의식은 태어난 적도 없고, 시작과 끝이 없는, 거기 그렇게, 원래 지켜보는 자, 지켜보던 자, 주시하고 있는 자, 관조하는 자, 결코 태어난 적도 없고 절대로 사라지지도 않는 영원히 존재하는 자, 영원히 주시하고 관조하는 자이다.

내 생물학적 육체와 의식을 지켜보던 존재, 무한의식, 무한한 존재, 그 주시자가 내 생물학적 육체를 죽음에서 살려내었다. 나의 생물학적 육체를 지켜보던 그 불가사의한 존재, 그 주시자가 바로 나의 초의식이라고 불리는 무한의식, 우주의식인지를 예전에는 미처 몰랐다. 몇십 년 뒤에 초의식에 대한 이해를 하고 나서야 비로소 인간의 생물학적 두뇌의 의식 속에 또 다른 진짜 의식(진아), 진정한 인간성의 꽃인 초의식 또는 우주의식이 있다는 것을 알게 되었다. 물을 마시는 순간, 나라는 육체적 존재는 사라져서 전혀 느껴지지 않고 어딘가로 흘러가는 물소리만을, 물 자체만을 느꼈다.

그 신비했던 경험을 어떻게 설명해야 할까? 나는, 나라는 존재에 대한 기원, 자기 자신에 대한 정체성, 인생에 대한 깨달음을 얻기 전에, 지금까지의 나의 삶이 나의 진정한 삶이 아니었다는 괴리감과 현실 속에서 오는 삶의 무게로 인한 엄청난 스트레스로 인해 새벽에 쓰러진 적이 있었다. 온몸에 감당할 수 없는 통증이 오면서 마치 심장에, 뇌에, 몸 전체에 독이 퍼지는 것처럼 몸이 마비되고 움직일 수도 없어 고통을 호소하자, 가족들은 새벽 2시에 어떻게 해야 할지 모르며 당황해했는데, 그때 내 의식 속에서 신비한 현상이 일어났다.

생물학적 육체의 통증과 고통은 말로 표현할 수 없을 만큼 심해서 입에서는 저절로 "빨리 죽여주세요! 빨리 안락사시켜주세요!"라는 말이 계속 튀어나왔지만, 내 존재 깊숙한 곳에서 나를 지켜보고 있는 자가 느껴졌다. 그 존재가 슬그머니 나타나서 강남의 한 병원 응급실로 데려가라고 가족들에게 지시하는데, 그 지켜보던 존재는 시작된 적도 태어난 적도 없고, 결코 죽지도 않는, 영원히 존재하는 자라고 느껴졌다. 그리고 그 초의식은 결코 생물학적 육체의 고통과 통증, 고뇌와 번민과는 완전히 분리되어 호르몬의 영향을 전혀 받지 않고, 그 어떤 영향도 받지 않는 채로 완전히 독립적으로 존재하고 있음을 느꼈다. 사실 수많은 사람들이 교통사고 후 기적적으로 살아났을 때, 몸은 끔찍하게 아픈데 자신 속에서 아무런 영향을 받지 않는 존재가 지켜보고 있는 것을 느껴본 사람들이 있다는 말을 들었다.

무한의식, 우주심, 초의식.

오늘날의 과학자들은 아직 인간 두뇌 속에 초의식이 있다는 것조차 과학적으로 입증해내지 못하고 있다고 한다. 하지만 이제 생각해보니 무한의식, 우주심이 바로 우리 존재 안에 초의식으로 존재하고 있었던 것이다.

고통스러운 비상 끝에 찾아오는 진정한 자아의 실현, 무한한 자유의 가능성. 인간성의 존재 속에는 두 종류의 의식이 숨겨져 있던 것이다.

하나는 모든 동물에게도 있는, 생존을 위해 필요한 의식이요, 또 하나는 의식 없는 무한을 대신하여 무한성, 즉 무한의 속성을 느낄 수 있게 해주는 초의식이다. 이 초의식은 우리 삶의 질을 높일 수 있는, 인간이라는 진정한 자아를 느낄 수 있도록 두뇌 속에 존재하는 것이다.

## 2. 나는 니체가 못다 한 말을 완성시키러 왔다

니체는 자신의 인간성과 정체성, 그리고 인생의 의미와 가치를 찾아내고자 자신이 살던 시대 사람들의 삶의 모습과 가치관에 대해, 그 뿌리와 기원에 관해 연구함으로써 인생이라는 수수께끼 속에 숨겨져 있던 진실을 파악하고 찾아낸 천재적인 철학자이다.

니체의 언어, 즉 예언자와 같은 그의 의식의 언어들은 때가 되면 알아볼 수 있도록, 후세 사람들에게 징검다리가 되도록, 미래에 빛과 희망의 시대가 오리라는 것을 예시하여 알려주었다.

우주와 인간 사이, 무한과 인간의 관계, 우주의 원리와 무한의 법칙 등, 그리고 자기 자신을 올바르고 정확하게 이해하고자 하는 자들은 지금까지 삶의 암울함과 침울함 속에서 자신의 끝없는 심연 속으로, 아득한 밑바닥까지 침잠하여 내려가봐야 한다.

인간은 서로 떨어져 있는 외딴 섬이 아니다. 바닷속에서 보면 육지의 산과 평지가 바다 밑바닥으로 이어지고, 이것이 다시 섬으로 연결되어 있음을 알 수 있듯이, 모든 것이 하나로 연결되어 있는 단일 대륙이다.

인간 한 사람 한 사람은 인류라는 거대한 신체를 구성하고 있는 하나의 세포다. 우리들 세포 하나하나는 생명의 끈이라는 고리로 연결되어 인류라는 거대한 신체를 이룬다. 한 사람 한 사람이 서로서로 아무 관계가 없는 타인이라고 생각하는 것은 큰 착각이다. 발바닥에 아주 작은 가시 하나만 박혀도 너무 아프고, 또 그 가시를 통해 균이라도 들어가 곪거나 염증이 생기면, 심각한 경우 걸어다니지 못하게 될 수도 있다. 손이나 팔이 고장 나도 온몸에 에너지를 공급하는 음식을 입까지 전달해주지 못하듯이, 우리 몸의 모든 부분들이 상호보완 관계로 원활하게 소통하고, 각 세포들이 각자의 위치에서 맡은 바 기능과 임무를 잘해주었을 때 비로소 몸 전체가 건강할 수 있다.

또 건강한 신체의 두뇌는 몸 전체를 위한 일을 올바르고 정확하게 할 수 있으며, 인생의 진정한 목적에 대한 책임과 의무도 건강하게 잘 수행해낼 것이다. 그러나 우리 신체 속의 세포들은 자신의 수명이 다할 때까지 그렇게 오래 살지는 못한다. 세포가 한번 태어나면 정해진 시간만큼 일하고 젊은 세포에게 역할을 대물림하고 죽는다. 부모의 수명이 다하면 그 자식들이 대를 이어 사는 것과 똑같다. 인류의 생명과 수명 역시 이와 똑같은 원리로 되어 있다. 과거에는 사람의 수명이 30~40세에 불과했다. 그러나 지금은 과학 및 의학 기술의 발달로 백 세 수명을 바라보는 시대에 도달했다. 물론 의학과 생명공학, 유전자가위 기술, 줄기세포 치료 등 과학기술이 더 발전하게 되면 천 년인들 만 년인들 왜 못 살겠는가?

우리가 원하기만 한다면 죽지 않고 질병 없이 젊은 육체로 영원히 살게 될지도 모른다. 인간은 그럴 수 있는 존재이다. 인간은 높은 지능을 이용하여 과학기술을 통해 수명을 연장하고 인간의 각종 질병을 고칠 수 있는 능력을 가지고 있기 때문이다.

그러나 조심해야 한다. 교만해서는 안 된다. 겸손해야 한다. 우리 인간은 흙먼지에서 왔고, 자신의 생을 다 살고 나면 다시 의식이 없는 흙먼지로 돌아가야 하는 존재이기 때문이다. 자신의 기원과 결과를 의식할 수 있는 사람은 절대 오만하고 교만할 수가 없다.

인류는 지금까지 '과연 인류는 어디에서 왔고, 어디로 가고 있는가?'에 대한 해답을 얻지 못하고 있다. 인류는 아직 해답에도 겸손에도 도달하지 못한 것이다.

인류가 생겨난 이래 지금까지 전쟁과 피로 얼룩진 수천 년의 역사를 돌아보라. 정말 같은 인간으로서 수치스럽기 짝이 없다. 우리 은하계의 나이로 보면 인간의 수명은 불과 2초밖에 안 된다고 한다. 그 찰나에 불과한 시간은, 기쁨과 즐거움과 행복만 누리기에도 너무 짧은 인생이다. 그런데 2초밖에 안 되는 그 시간마저 서로를 죽이고 파괴하지 못해 안달이라니, 우리가 어찌 인간이라고 말할 수 있단 말인가? 토끼보다도 못하고 양보다도 못하다. 개미 사회보다도 못하고 꿀벌 사회보다도 못하다. 수치스럽고도 수치스럽다.

니체는 인간이 도달해야 할 목표를 이해했던 사람이다. 그러나 그는, 인간의 탈을 쓰고는 있지만 전혀 인간이 아닌, 벌레 같은 삶을 살았던 사람들, 존재하지도 않는 신의 환상을 믿고 광적인 믿음에 갇혀 자신의 삶을 헛되이 낭비하는 사람들에게 둘러싸여 살았기 때문에, 진정한 소통도, 대화도, 진실도 나눌 수 없었으며, 마음의 감옥에 철저히 유폐되어 나날이 미쳐갔던 것이 아니었나 싶다.

어찌 미친 사람들의 숲에서 정상적인 의식을 가진 사람이 온전하게 살아갈 수 있었겠는가? 그는 자신의 뼈가 다 녹아내릴 때까지, 자신의 심장이 새까맣게 탈 때까지 고독 속에서 몸부림치다 급기야는 미쳐버렸는지도 모르겠다.

아니 더 정확하게 말하자면, 미친 세상에서 그만이 똑바른 정상적인 인간으로, 정상적인 인간적 두뇌를 타고났던 것이었다. 이 세상은 숫자가 많은 자들이 무조건 정의가 된다. 예수, 소크라테스, 코페르니쿠스나 갈릴레이, 지오다노 브루노 같은 이들이 다 정상적인, 지극히 정상적이다 못해 천재적인 인간들이었다.

천재든 아니든 소수는 언제나 죄인으로 몰린다. 그리고 인류의 역사는 지금까지 어김없이 신의 이름으로, 교황의 이름으로, 또 교회의 이름으로 지구 인류의 고급 인력인 천재들만 다 죽여왔다. 니체는 끝내 할 말을 다 하지 못하고 이 세상이 너무 벅차 미쳐 죽고 말았다. 그가 스스로 미쳤는지 아니면 세상이 그를 미치게 했는지는 모르겠다. 그러나 내가 보기에 그는 지극히 정상적인 사람이었고, 인간에 대한 직관과 통찰이 뛰어난 예언자이며 천재였다고 생각한다. 왜냐하면 그가 아직 살아보지도 못한 시간을 예측, 예언할 수 있다는 것은 자신의 인간 성을, 인간의 정체성을 직관하고 통찰했다는 의미이기 때문이다. 그리고 언젠가는 반드시 휘황찬란한, 이글이글 불타는 '정의의 정오'가 반드시 오고야 만다는 것을 예언하였다. 지금이 바로 그 새 시대가 열리려는 여명의 시대이다.

과학기술이 모든 일과 노동을 대신해주는 시대, 인류가 돈과 노동의 노예 상태에서 영원히 해방되는 새로운 시대를 맞이하게 되는 것이다.

위대한 정오란, 바로 인간이 타고난 본연 그대로의 모습대로, 본질 그대로의 모습대로, 자유롭고 떳떳하고 당당하게 즐기고 행복하게 살 수 있는 시대를 가리키는 말이다. 이제 그런 위대한 정오의 시대가 곧 오려 하고 있다.

나의 사명은 인류가 타고난 본래의 자기 자신으로, 자연인으로, 자신의 개성 그대로 자유롭게 살 수 있는 시대를 만들도록 돕는 것이다. 그러기 위해 이 세상에 왔다. 니체가 말했던 위대한 정오의 시간이 지금 바로 이때라는 것을 알리고, 모든 사람들이 천연 그대로의, 본연 그대로의 삶을 기뻐하고 즐길 수 있는 시대를 맞이할 수 있도록 의식 혁명의 성공을 위해 돕는 것이 나의 사명이다.

위대한 정오란 오전도 아니요, 오후도 아닌, 밝은 광명이 있는 대낮 정각 12시를 이르는 말이다. 빛이 없는 암흑의 밤도 아니고 태양이 힘을 잃고 지려고 하는 저녁도 아닌, 그렇다고 아직 아무런 빛도 에너지도 힘도 생기지 않은 새벽도 아닌, 모든 생명을 살리는 시뻘건 태양의 불덩이가 이글이글 불타오르는 정각 12시가 바로 정오이다.

그 긴긴, 빛이 없는 암흑의 터널을 막 빠져나와 인류의 새로운 첫 번째 태양이 막 떠오르려는 첫날의 새벽이 왔음을, 나는 첫닭 울음 소리로 알린다. 위대한 정오란, 바로 인간의 인생의 목적인 자유와 평화와 정의와 행복을 마음껏 누릴 수 있는 시대, 과학기술의 혜택으로 인류가 돈과 노동에서 해방되는 시대를 말한다. 과학기술의 발전으로 모든 노동을 기계들에게 맡기고 나면 돈이 사라질 수밖에 없다. 돈과 노동이 없는 시대, 인간 한 사람 한 사람이 자신이 살고 싶은 대로, 타고난 대로 살 수 있는 시대가 바로 위대한 정오임을 알린다.


## 3. 인생의 수수께끼를 푸는 자

내 안에 있는 이여, 내 안에 존재하는 이여, 나를 초의식으로 이끄는 이여, 당신은 당신의 초의식으로 나에게 인생의 수수께끼를 풀어주었다.

그대들의 과거는 다 허물어버리고, 미래를 위해 노동과 화폐를 폐지해버리고, 인류가 생존하는 데 필요한 생필품들과 노동을 전부 과학기술과 기계들에게 맡겨라.

낙원에서의 신선들처럼 먹고 마시고 춤추고 노래하고 온갖 즐거움과 기쁨과 행복만을 느낄 수 있도록 창조하고 사랑하라. 삶은 즐기기 위해 주어진 것이라고.

인생은 전쟁과 슬픔과 고된 노동과 돈의 노예로 살라고 만들어진 것이 아니라, 자신의 기쁨과 행복과 자기 완성을 위해서 주어진 것이라는 것을.

내 안의 나의 존재는 나를 통해 그동안 감추어져 있던 인생의 비밀을, 인생의 수수께끼를 풀어주었다.


## 4. 니체가 말한 위대한 정오의 의미

인간이란 무엇인가? 인생이란 무엇인가?

인간에게는, 동물로 태어나서 신의 경지까지 발전할 수도 있는 단 한 번의 삶의 기회가 주어져 있다.

인간은 사람의 얼굴과 육체를 가지고 태어났지만, 지금까지의 인류 사회는 먹이만을 쟁취하기 위한 벌레와 같은 수준에서 시작해서 인간에 이르는 길을 걸어왔다.

하지만 수많은 점에서 아직도 벌레의 수준을 못 벗어나고 있는 것이 인류의 현주소다. 어떤 벌레가, 어떤 동물이 자신이 사는 집과 고향(지구)의 환경을 파괴하고 수탈하고 파멸시킨단 말인가? 지구의 모든 자원과 물자와 생태계가 파괴되고 멸종되고 나면 인류도 살아남을 수 없다는 것을 생각이라도 하는지 의문이다.

곤충이나 새 등 모든 동물은 태풍과 지진을 미리 감지하고 대피하고 안전을 도모한다. 그러나 인간들은, 그들이 살아갈 유일한 집이자 고향인 하나밖에 없는 지구를 다 파괴하고 망가뜨리고, 각종 전쟁과 핵실험, 방사능 오염, 생태계 파괴 등으로 이미 수만 종의 동식물들을 멸종시켜 복원할 수 없는 지경에 이르렀다.

인간은 아직까지도 벌레보다 지혜롭지 못하며, 벌레 수준에서 벗어나지 못한 상태로 살아왔고, 많은 점에서 벌레보다 못하다.

지금까지 정치권력의 중심에서 이런 역사를 만들어온 자들은 만물의 영장이라고 하는 인간이었고, 지금도 그 어떤 예지력도, 한 치 앞을 내다볼 수 있는 예견과 덕도 갖추고 있지 못하다.

그러나 이제 서서히 인간의 두뇌 속에서 가끔씩 초인의 기질을 가진 의식들이 깨어나고 있다. 초인이란 인간 중에 가장 뛰어난 지혜를 지니고, 마치 자신을 사랑하듯 인류를 사랑하는 천재적인 지성을 가진 자를 일컫는 말이다.

인간의 오랜 역사, 그 암울했던 시대의 가치관들을 통찰, 직관하고, 그 어두웠던 과거를 과학 시대에 걸맞게, 신인류에 알맞게 새로운 가치관으로 바꾸고 창조하려는 자들이 이미 태어났다.

그들은 오랜 시간 동안 고착된 낡은 사고와 전통, 관습, 관행들을 몰아내고, 인간 사회의 돈과 노동을 전부 폐지시키기 위해, 과학적 혜택의 세상에 딱 맞는 새로운 정신, 밝은 눈과 귀, 생기발랄한 사고, 새로운 가치관을 가지고 태어나고 있다.

새 술은 새 부대에 담아야 터져버리지 않는 법이다.

이미 독일의 철학자 니체가 말했듯이 위대한 정오가 다가오고 있다. 니체가 말했던 정오란 바로 지금 이때이다.

12시는 하루에 두 번으로, 정오와 자정으로 구분해서 말한다. 그중 정오란 해가 하늘의 한가운데, 즉 중천에 있을 때를 말하는데, 오전도 아니고 오후도 아닌, 오전에서 오후로 넘어가는 그 순간의 시각을 말하는 표현이다. 광명의 날이 열리는 정확한 시간을 말한다.

지금까지의 역사 속에서 인류가 항구적인 평화를 맞이했던 적이 있었던가? 인류는 지금까지 종신형 노예처럼 돈과 노동의 노예가 되어 평생을 살았다.

광명의 시대는, 전쟁의 역사가 끝나고, 지구의 역사 속에서 처음으로 항구적인 평화가 정착되고, 지금까지의 벌레와 같은 삶에서, 동물보다도 못한 수치스러운 삶의 역사에서 처음으로 인간답게 살 수 있는 삶이 창조될 수 있는 시대를 예고하고 있다.

정오란, 밝은 광명만이 비추고 모든 것을 누릴 수 있는 사회와 삶이 열릴 날이 반드시 오고야 말 것이라는, 니체의 책에서 말한 차라투스트라 예언의 시간으로, 그때가 바로 지금이다.

과거의 벌레나 짐승 같았던 광란의 광신과 광분의 전쟁의 역사를 깨끗이 청산하고 인간 존재의 본래 모습대로, 본연의 자신의 존재 그대로 자유롭게 인권과 정의와 평등과 평화 속에서 자신이 살고 싶은 대로 마음껏 인간답게 살 수 있는 세상이 오고 있다.

과학적 기술의 혜택으로 돈과 노동이 사라진 세상에서 마음껏 자유롭게 자신이 하고 싶은 것을 즐기고, 음식 기계에서 원하는 메뉴

버튼만 누르면 무엇이든지 나오며, 서로 마음과 사랑을 나누고 자신이 살고 싶은 대로 살 수 있는 세상이 올 것이다.

국경선도 없고, 비자와 여권 없이 세계 곳곳을 마음대로 여행하고, 놀면서 삶을 즐기고 먹고 싶은 음식을 마음껏 먹는 환상적인 세상이 올 것이다. 인간은 놀고 즐기며 자신의 삶을 기쁘게 받아들이고 온갖 예술 활동과 창작과 창조의 기쁨을 누릴 때 행복할 수 있다. 우리는 서로 사랑하며 평화롭게 자신의 삶을 각성시키고 개화하고 완성시키기 위해 존재하는 것이다.


## 5. 국가란 거짓 우상이다

만약 지금까지 국가라는 거짓 우상이 없었다면, 많은 젊은이들이 꽃다운 나이인 10대, 20대에 자신의 인생의 꽃을 미처 피워보지도 못하고 전쟁터에서 못다 핀 꽃이 되어 그들의 인생을 마감하지는 않았을 것이다. 젊은이들은 거짓 우상인 국가라는 괴물의 덫에 걸려 진실도 모른 채 속아서 전쟁터 끌려갔다. 거기서 창에 찔려 피를 토하고 죽으면서도 자신의 죽음은 결코 헛된 것이 아니며, 국가와 민족을 위해 위대한 희생을 한 것이라고 착각한다. 자신의 이름은 애국자로서 영원히 빛날 것이라는 착각과 환상에 젖어, 개죽음보다도 가치 없는 죽음으로 희생되는 것이다.

국가처럼 더럽고 추악하고 냉혹한 괴물은 없다. 이 국가라는 괴물은 그 백성들의 살과 피를 뜯어먹으면서 연명해간다. 백성들의 단단한 믿음과 신뢰를 얻어내기 위해 국가는 '민족'이라는 속임수를 쓴다.

민족이란 무엇인가? 조상이 같은, 한 조상의 피와 살을 나눠 가진 족속들, 즉 핏줄이 같다고 주장한다. 그러나 그것은 새빨간 거짓말이다. 그럴싸한 속임수로 '민족'이라는 것을 창조해내고, 그 '민족'이 하나의 신앙이 되어 종교처럼 믿고 따르고 매달리게 만들고, 모든 위대한 영혼들을 짓밟아 자신의 인생으로 살지 못하도록 철저하게 온 영혼을 갉아먹고, 평생 '국가'라는 거짓 종교에 매달려서 벗어날 수 없게 만든다. 각종 세금 부과로 평생을 다 뜯어 먹은 다음에는 진이 빠져서 죽게 만드는 것이 국가라는 것의 실체이다.

이런 거짓 신앙과 종교를 만들어낸 자들은 권력자들이었고 파괴자들이었다. 아직도 민족이 있다고 믿는 자들에게 민족의 증표를 말해주려 한다.

지구 상 제각각의 민족은 수천, 수만, 수십만 개로 분리·분열되어 있으며, 모든 민족은 제각각 자신들이 믿는 신앙과 종교가 다르다. 진실을 말하자면, 각자가 믿는 선과 악의 가치 기준이 모두 다 다르다는 것이다.

이 민족의 입은 이렇게 말하고, 저 민족의 혀는 또 저렇게 말한다. 마주 대고 살고 있어도 민족이 이름이 다르면 그 말하는 혀도 다르다. 듣는 귀도 제각각이다.

각각의 민족은 습관과 관습과 법률 속에서 권력자들이, 지배자들이 자신의 구미에 맞는 언어를 만들어냈던 것이다.

국가는 선과 악에 대한 온갖 말로써 백성들을 속이고 길들여왔다. 국가가 무슨 말을 하든 그것은 거짓말이다. 국가가 무엇을 가지고 있든 그것은 다 훔친 것들뿐이다. 왜냐하면 실제 국가란 존재하지 않기 때문이다. 국가가 어디에 있는가? 실체는 그저 한 사람 한 사람만이 존재하고 있을 뿐이다.

누가 국가인가? 대통령이 국가인가? 공산당 주석이 국가인가? 그저 한 사람 한 사람이 있을 뿐이다.

국가란 훔치고 빼앗은 자들의 지배 수단일 뿐이다. 권력을 가지고 지배하는 지배자, 그리고 지배를 받는 피지배자가 있을 뿐이다.

지배자들은 양같이 순하디순한 양민들을 속이고 기만하고 더 많이 훔치고 빼앗으며, 국가라는 큰 덩치를 키우기 위해 '애국자'라는 거짓 명예로 국가라는 환상을 부풀려서 포장한다. 여기에 어떠한 가치가 있기는커녕, 이러한 행위는 합법적 살인에 불과하다.

그것도 대량 살인과 살상을 했을 경우에 더욱더 커다란 '애국자라는 명예'와 '살인자로서의 합격 훈장'을 목에 걸어주고 그 가문에도 수치스런 명예와 계급을 준다.

합법적인 대량 살인자들이 가진 명예를 보라. 순진무구한 어린애들에게까지 그 수치스럽고 더러운 거짓 명예를 학교에서 오늘날까지도 가르치고 있다. 보라! 세계 모든 국가들의 학교 도서관에 버젓이 꽂혀 있는 위인전이나 영웅전에 한니발, 진시황, 칭기즈 칸, 나폴레옹, 알렉산더 등등을 볼 수 있다. 그들은 하나같이 대량 학살자들이고 살인자들이다.

이 어찌 인간으로서 수치스럽지 아니한가? 우리의 세계는 아직도 원시적이고 야만적이다. 아직도 원시시대이다. 선과 악에 대한 언어적 혼란, 나는 세계인들에게 이것이 국가의 징표임을 알리며 잠에서 깨어나길 바란다.

이것은 악몽이고 인간으로서의 수치이다. 아직도 우리가 이 죽음의 징표에서 깨어나지 못한다면 인류에겐 이제 미래가, 희망이 없다는 징표이다.

국가란 아무 죄 없는 순진한 인간들을 자신들의 노예로 써먹기 위해 고안된 교활한 자들의 발명품이다. 아무것도 모르는 무고한 사람들을 어떻게 집어삼키고 또 되씹을지, 국가는 소처럼 위장이 네 개, 아니 무한의 위를 가지고 있다.

착한 자와 악한 자 모두 자신을 상실하는 곳, 그곳이 곧 국가이다. 모든 사람들이 진정한 자기 삶의 목적도 모른 채 자신의 꽃도 피워보지 못하고 서서히 죽어가는 곳, 자살해가는 곳, 그것을 애국이라고 믿게 하는 곳, 그곳이 국가라고 부르는 곳이다.

국가라는 곳에서는 선한 자도 바보가 되고 악한 자가 되며, 악한 자는 당연히 더 악해지며, 모든 현자들의 보물들까지 다 훔쳐서 지배자들의 배만 불리고 국가를 더 악독하게 키운다.

모든 천재들의 발명품들을 훔치고 빼앗아서 대량살상무기, 핵무기 등 전쟁 무기만을 개발하고 발전시켜서, 인류는 곧 자멸할 위기에 처하게 되었다. 이 인간쓰레기들을 보라! 그들은 부를 끌어모았지만, 그

때문에 점점 더 가난해진다. 그들은 권력을 탐하면서 권력의 지렛대인 많은 돈을 탐한다. 그 무능한 자들은 그 모든 것을 차지했다고 착각하겠지만, 마지막에 가서는 모든 것을 잃게 될 것이다. 왜냐하면, 그들은 약은 척하지만 겉똑똑이들이고, 서로 짓밟고 서로 못 올라가게 뒷발질 치면서 앞다투어 기어오르려고 뒤엉켜 있기 때문이다.

그들은 권력의 마지막 자리가 왕좌라고 믿는다. 그 행복의 왕좌에 앉아 있으리라 착각하면서 말이다. 그것이 그들의 망상이다. 그들의 망상의 악취 속에서 그들은 반드시 질식하리라.

차라리 이 국가라는 감옥의 창문을 깨부수고 신선한 바람이 부는 시원한 대지로, 자연으로, 바깥으로 뛰쳐나가라.

이 인간쓰레기들이 벌이고 있는 국가라는 명칭의 우상 숭배들을 두들겨 부수어버리고 창살이 없고 대문이 없는 바깥으로 뛰쳐나가자.

국가가 없어지는 곳, 그곳에서 비로소 인간이 인간답게 살 수 있는 삶은 시작된다.

모든 민족과 국가는 인간에게는 필요 없는, 창살 없는 감옥이다. 우리 모두는 다 같은 지구인이다. 다 같이 지구가 고향이고, 그 지구가 영원히 함께 살아갈 삶의 터전이다. 왜 서로 분리되어 싸워야 하는가? 왜 분열되어 서로 죽여야 하는가? 이제 더 이상 분리되고 분열되면 우리 인류에게 남아 있는 것은 공멸과 몰락과 멸망뿐이다. 깊은 잠에서 깨어나라! 악몽에서 깨어나자! 단 한 번 남아 있는 이 기회를 놓치지 말고 붙잡자. 사랑하는 인류 형제들이여!

# 6. 변혁

변화, 개혁, 혁신, 혁명. 자기 자신부터 먼저 변화되지 않는다면 세상은 바뀌지 않을 것이다. 영원히 변화되지 않을 것이다.

우리 모두는 아무런 교육도 정보도 기억도 없이 태어난다. 그러나 태어난 후에는 자신이 사는 지역과 사회 속에서 관습과 전통과 문화의 영향을 받고, 교육 프로그램에 따라 생각하고 반응하며, 그렇게 다른 사람들이 만든 세상에 순종하며 살게 된다. 우리는 지금까지 그렇게 살아왔다. 아무도 이 세상에 대한 반문도 질문도 의견도 내지 못하며, 자신의 개성에 따라 살지도 못하고 사회에 순응하면서 살아왔다. 그랬기 때문에 지금의 세상이 이렇게 비정상적인 세상이 된 것이다.

모든 분리와 차별을 뛰어넘은 세상으로 변화시키려면 먼저 자기 자신을 변화시켜야 한다. 우리들은 다른 사람들이 가르치고 주입해온 잘못된 정보들로 꽉 차 있다.

감수성이 가장 민감한 시기인 사춘기 때부터 자신의 개성을 제대로 드러내지 못하게 전부 똑같은 교복을 입히고 똑같은 머리 모양과 똑같은 신발, 똑같은 생각과 말과 행동을 하게 하는, 마치 쌍둥이 로봇처럼 만드는 교육을 받아왔다. 똑같이 울고 웃고, 똑같이 박수 치도록. 그러나 우리들은 똑같은 기계가 아니다.

지금부터라도 스스로 생각하고, 스스로 웃고, 스스로 자신의 의사대로 자유롭게 선택해야 한다.

스스로 변화하고 스스로 결정하게 하라!

변화를 시작하는 때는 아무리 늦어도 너무 늦는 법은 없다. 우리는 지금 당장 직업을 바꿀 수도, 좋아하는 것을 바꿀 수도, 자신이 살고 싶은 데서 살 수도 있는 자유로운 새로운 변화를 시도할 수 있다.

당신의 직업, 당신이 사는 지역, 당신이 원하지 않은 모든 것을 당신이 진정 좋아하는 것으로 지금 바꿀 수 있다.

이것은 자신의 인생이며 자기 혁명이다. 자신을 변화시키려면 우선 우리가 가졌던 어린 시절의 꿈을 다시 찾아야 한다.

당신은 행복한 사람이 되고 싶어했을 것이다. 남의 머리를 멋지고 아름답게 꾸며주는 이발사나 미용사가 되고 싶었을 수도 있고, 무용가, 만화가, 소방관이 되고 싶었을 수도 있다. 무엇이든 좋다. 자신이 되고 싶었던 사람이 되라! 모든 사람들이 자신이 살고 싶은 대로 살 수 있을 때, 자신이 원하는 삶을 살 수 있을 때 인간은 진정으로 행복하게 존재할 수 있다.

자신이 원하는 삶을 살 때 진정한 자유와 행복과 존재의 목적에 도달하게 될 것이다. 모든 사람들이 자신이 원하는 삶을 살 수 있다면 이 세상은 저절로 전쟁이 사라지고 평화가 올 것이다. 평화가 유지될 것이다. 우리 인류도 자연의 일부이다. 생태계의 일부이다. 동물의 일부이다.

자연법을 따르자. 그러면 정치권력이 한 사람 한 사람을 통제하고 구속하고 억제하지 않고도 개미들의 사회처럼, 꿀벌들의 사회처럼 협동과 협력을 통해 타인들을 돕고 서로서로에게 이익과 선의를 베푸는, 그런 행복한 사회를 만들 수 있다.

정치권력자들이 우리 인간 한 사람 한 사람을 규제하고 통제하고 억압하는 것을 허용해서는 안 된다. 타인의 자유와 인권을 존중해야 한다는 규칙만 지키면 된다. 이 규칙과 법을 어기는 사람들, 남에게 해악을 끼치는 사람은 병든 환자이다. 우리 사회는 감옥 속에서 이 환자들의 병을 더 키워서 중증 환자가 되게 하며, 감옥에서 나온 후에도 다시 범죄를 저지르게 만드는, 잘못된 원시적인 사회 시스템을 가지고 있다. 앞으로는 병원에서 치료하여 정상인으로 살 수 있도록 해야 하며, 의료 과학으로 치료할 수 있다.

다른 사람 위에 앉아서 권력을 부리려는 것도, 권력의 지배 아래 있는 것도 다 원시적인 사회이다. 이제 우리 인류 세계는 대변혁을 통해 새로운 문명을 만들어야 한다. 의식적인 혁명을 통해서!


## 7. 세계 평화 유지군

자신들을 자멸시킬 수 있을 만큼의 충분한 과학기술이 발전하고 나면 반드시 선택해야 할 길이 있다. 그것은 죽느냐, 사느냐의 두 갈래 길밖에 다른 길은 없다. 햄릿의 말은 옳다. 인간에게는 매 순간, 사는 길과 죽는 길, 두 가지 길밖에 없다.

핵무기를 나라마다 산처럼 쌓아놓고 사는 이 시대에, 자멸과 멸망의 길을 선택할 것인가, 아니면 모든 폭력성을 극복하고 모든 살상용 무기와 핵무기를 폐기하고 군대를 해체하고 평화의 길을 선택할 것인가, 우리는 분명한 선택을 해야 한다.

인류는 반드시 둘 중 하나를 선택해야 한다. 만약 아무 의식 없이, 아무 생각 없이 과거의 수많은 전쟁들처럼 폭력과 무력을 사용해서 모든 인류의 문제를 해결하려고만 한다면, 인류는 물론이고 지구의 모든 생명체들은 영원히 지구에서 사라지고 말 것이다.

그러나 우리에게는 아직 한 번의 기회가 남아 있다. 더 늦기 전에, 후회해도 소용없는 시간이 다가오기 전에, 아직 조금 남아 있는 시간 안에 이 귀중하고도 소중한 기회를 붙잡자.

어쩌면 이미 늦어버렸을지도 모르겠다. 이미 수많은 핵실험들로 지구 생태계가 파괴되었을 뿐 아니라 수많은 생명체들이 멸종되는 등 지구의 환경은 다 망가져버렸다.

지구의 모든 생명체들은 우리가 만든 것이 아니다. 이 지구를 비롯하여 모든 자원들과 생태계의 동식물들, 모든 생명체들을, 우리가 만들지 않았다. 지구 과학자들도 이미 인공생명 창조에 성공한 것처럼, 우리보다 훨씬 높은 지성을 가진 존재들에 의해 만들어졌을 것이라고 생각한다. 우리는 이 지구에 존재하는 모든 생태계의 생명체들을 몰살하고 말살시키고 지구의 환경을 파괴하고 죽일 권리가 없다. 우리는 살아 있는 동안 이 지구의 모든 것을 잠깐 빌려 쓰고 가는 사람들이다. 그것도 돈 한 푼 내지 않고, 아무런 대가도 치르지 않고 말이다. 고맙게 쓰겠다고, 망가뜨리지 않고 잘 쓰겠다고 고마워하지는 못할망정 다 죽이고, 다 파괴하고, 다 망가뜨려버렸다.

지구는 우리가 영원히 살아가야 할 터전이자 고향이자 집이다. 자신이 사는 집을 이렇게 황폐하고 피폐하게 망가뜨리는 동물이 어디에 있단 말인가?

자신이 사는 집을 다 무너뜨리고 쓰레기장으로 만들고 나면 이후엔 어디에서 산단 말인가? 어떤 동물도, 자신이 사는 집을 이렇게 다 망가뜨리는 동물은 아마 아무도 없을 것이다. 우리들은 바보인가? 천치인가? 동물보다 더 지능이, 지성이 떨어진단 말인가? 이제 더 이상 돌이킬 수 없을지도 모른다. 그러나 마지막 기회를 한번 붙잡아보자.

산에 나무를 다시 심고 초목을 가꾸고 생태계를 복원시키자. 그리고 무엇보다 다시는 전쟁이 필요 없는 세상과 환경을 만들어야 할 것이다. 전쟁이 필요 없는 조건은 아주 단순하고 간단하다. 국가라는 분리감, 분열된 땅을 하나의 개념으로 융합해야 한다.

지구도 하나요, 인류도 하나요, 인간도 다 똑같은 인간이다.

똑같은 하나의 인간들이다. 인류는 처음 시작할 때도 하나에서부터 시작했다. 생명공학자들과 유전학자들은 우리 조상의 DNA를 분석해 거슬러 올라가면 최초에는 같은 조상들로부터 유래했다는 것을 밝혀내고 있다. 그리고 여섯 개의 대륙도 최초에는 하나의 대륙이었다는 것도 밝혀지고 있다. 우리는 분열과 분리감으로 흩어졌던 것이다. 다시 처음처럼 세계인이, 인류 전체가 하나의 인류가 되자! 우리 모두는 하나다!

모두 다 하나로 융합하고 나면 더 이상 분리감도 분열도 전쟁도 필요 없게 된다.

그렇게 되고 나면 세계 각국에 분리되어 존재하던 군대와 군인, 무기, 각종 국방비 등 전쟁에 필요했던 모든 돈과 인원과 전쟁 물자 등을 쓸 필요가 없게 된다.

그리고 마지막으로 '세계 경찰', 즉 '세계 평화 단일 정부' 밑에 '세계 평화 유지군'을 창설하면 된다. 말 그대로 '세계 평화 유지군'은 전쟁을 하기 위한 군대나 군인이 아니라, 어떤 지역에서 호전성을 보이거나 타인의 자유와 인권을 침해하는 사람들을 통제하기 위한 세계 경찰인 것이다.

세계 평화 유지군을 창설하면 세계 평화는 영원히 유지될 것이다. 항구적인 평화의 시대가 될 것이다.

세계 평화 유지군 만만세!

## 8. 세상에서 가장 위험한 일신교주의자들은 인류의 끔찍한 비극의 책임을 져야 한다

지금까지 인류의 역사 속에서 초기의 전쟁은 여타 동물들의 영역 싸움에 지나지 않는, 땅을 넓히기 위한 전쟁이었을 것이다.

그다음 더욱더 끔찍한 전쟁들은 일신교주의자들에 의해 일어났다. 진실은, 전지전능한 유일신에 대한 믿음이 인류가 겪어온 가장 끔찍한 비극들의 원인이 되어왔다는 것이다. 그리고 이러한 전쟁이 수천 년 동안 계속되어 왔다는 사실이다.

세계의 모든 군대들이 신은 우리와 함께 우리 편에서 우리를 돕고 있다고 외치면서 자신과 똑같은 사람들을 죽이려고 나갔다. 그것도 영광스럽게 생각하면서 말이다.

회교도들의 유럽 점령, 예수의 무덤을 차지하기 위해 일으킨 십자군전쟁, 종교전쟁, 종교재판, 유태인종 청소의 나치즘, 그리고 현재까지도 계속되고 있는 파키스탄과 인도의 분쟁 코소보, 중동 사이프러스, 북아일랜드 기타 수많은 전쟁에서 사람들은 언제나 전지전능한 신의 이름으로 서로 찢어 죽이는 전쟁을 끝없이 하고 있다.

인간보다 지능이 훨씬 낮은 어떤 동물도 전지전능한 신을 믿으면서 같은 종끼리 대를 이어 수천 년씩 전쟁하지는 않는다. 또 자신들이 사는 고향을, 환경을 파괴하고 수탈하지도 않는다. 그럼 인간이 동물보다, 짐승보다 나은 점은 무엇일까? 일신교가 그렇게 중요한 것일까? 신을 위해 전쟁을 하라고 신이 말했던가? 신이 인간을 사랑과 평화로 인도하지 않고 전쟁만 부추긴다면, 그 신은 인간들에게 좋은 신인가? 왜 신을 위해 같은 인간끼리 그리 끔찍하게 서로 죽이고 죽는 전쟁을 해야 한다는 말인가?

만약 같은 사람끼리 그렇게 비참하게 서로 죽이는 전쟁을 시키는 신이 있다면 그것은 신이 아니다. 만약 신이 있다면, 신은 서로 사랑하고, 서로 돕고, 서로 평화롭고 행복하게 살기를 바랄 것이다. 니체는 신은 죽었다고 말했지만 나는 다시 고쳐 말하노니, 신은 단연코 존재한 적도 없다!

신은 아예 존재한 적도 없는데, 신을 위해 소중하고도 귀중한, 한 번밖에 없는 자신의 생명을 바쳐가면서 전쟁터에 나가, 같은 인간을 살인하고 죽이다니!

꽃다운 나이에 자신의 인생을 한번 꽃피워보지도 못하고, 아무런 의미도 가치도 없는, 신이라는 덧없는 환상의 희생물이 되다니, 참으로 어리석고 어리석도다.

이런 모든 합법적인 대량 살인과 악행의 근원은 바로 자비롭고 사랑이 넘치는 신으로 묘사되고 있는 일신주의, 그 신에 대한 잘못된 믿음 때문이다.

이러한 악행과 관습의 잘못을 인식하고 잘못된 관행과 역사를 고쳐야만 한다. 잘못된 경전에 쓰여 있는 신에 대한 잘못된 묘사는, 수세기 동안 자신들의 이익과 권력을 유지하기 위한 정치적 목적으로 본래의 경전을 왜곡시킨 사람들에 의해 쓰여진 것들이다.

구약성경이든 복음서든, 코란이든 토라든, 모든 성스럽다는 경전들은 미움과 불관용, 폭력, 야만적 행동 등을 부추기는 내용들을 담고 있다. 어떻게 그토록 극악한 짓을 사랑이라는 신의 이름으로 성스러운 경전에 써놓았을까?

이제 우리는 이 무서운 악몽에서 깨어나야 한다. 지금도 어린이들은 일신교, 유일신의 종교를 가르치는 학교에서 광신과 불관용에 빠져들도록 교육받고 있다. 그리고 학교에서는 다윈의 진화론을 가르친다. 아직 자신의 자아와 주체적 의식이 발달하지 못한 어린이들은 혼란의 벽에 부딪히고 있다. 어떤 것이 옳은지에 대한 갈등이 생기는 것은 당연한 결과일 것이다.

'눈에는 눈, 이에는 이', 이 일신교, 유일신의 교회는 그 시작부터 자신들의 권력을 강화하려는 목적을 뚜렷하게 드러내고 있다. 너의 오른손이 죄를 범하면 그 손을 잘라버리라고 한다거나, 유대교 교리 또한 유태인이면 누구나 자동적으로 이스라엘 국적을 취득할 수 있지만 비유태인의 경우 국적 취득이 불가능한데, 이 교리 또한 인종청소의 목적으로 이용되고 있다. 현재 팔레스타인 사람들에게 이 법이 적용되고 있고 이슬람교의 경전들도 그들이 열등하다고 간주하는 여성들과 이교도들에게 폭력을 행사할 수 있다고 아주 분명하고 명백하게 부추기고 있다.

코란 경전에는 또 이렇게 쓰여 있다.

"성스러운 달들이 지나고 나면 어디서든 이교도들을 발견하는 대로 죽이고 포로로 잡고 공격하고 또 그들을 잡기 위해 매복하라. 만약 그들이 회개하고 기도문을 외우고 빈민 구호세를 바치면 그들을 자유롭게 풀어주라. 이같이 알라는 관대하고 자비로우시다."(코란 슈라 9-5)

이슬람교는 공식적으로 인종주의와 차별을 장려하고 있는데, 이것은 세계 인권헌장과 민주주의 법률에 위배되는 것이다. 또한 세계 인권헌장과 민주주의적 권리에 위배되는 것으로서, '남성은 여성보다 우월하게 만들어졌다'는 구실을 대며 가정에서 폭력을 사용하도록 부추긴다. "남자는 여자의 경영자이다. 왜냐하면 알라는 인간들 중에 남자를 여자보다 뛰어나게 만들었기 때문이다. 복종하지 않는 여성들에게는 벌을 줄 것이다. 다른 침실에 가두고 매를 쳐라." 그것이 어떤 종교든 간에, 세계 인권헌장과 민주주의의 법률에 위배되는 이 세 가지 행위와 같은 살인과 인종차별과 아내 구타를 공식적으로 장려하는 종교가 현재 인간의 문명이 이렇게 발전한 시대에 용납된다는 것은 인간의 수치이다.

만약 어떤 신흥종교의 교주가 동일한 교리와 행위들을 설파하고 가르쳤다면 그 교주는 벌써 감옥에 쳐넣어졌을 것이다. 오랜 전통을 가진 종교가 광신에 빠져서 민주 국가들의 법률과 세계 인권헌장을 존중하지 않고 인권을 해치는 권리를 부여받는 것은, 인간의 양심과 인권에 위배되는 있을 수도 없는 일이다.

인류가 앞으로 어떠한 분쟁과 분열과 전쟁의 소지 없이 영원한 평화에 이르기 위해서는 함부로 인권을 유린하고 짓밟는 것, 특히 전통이 오래된 종파라고 해서 기득권을 주어서는 안 된다.

신흥종교든 소수파 종교든, 모든 종교들의 과거와 현재의 경전들을 모두 조사하여 세계 인권헌장과 민주주의 법률에 위배되거나 증오심과 폭력을 조장하는 모든 내용을 삭제하고 폐기시켜야 한다.

그러나 정말 중요한 것은 지금도 아이들에게 학교나 전통 교회에서 이러한 폭력적인 내용의 경전을 가르치고 있다는 것이다. 내일의 테러

리스트들을 키워내고 있고, 다른 종파들을 증오하고 투쟁하게 만드는 광신적 교육을 받고 있는 현실이 존재한다는 것이다.

우리 인류가 역사상 처음으로 과학의 혜택으로 낙원 세상을 만들 수 있는 새로운 시대의 새벽에 문에 들어선 이때, 광신적인 교리로 또 다시 폭력을 조장하는 모든 사상들을 엄밀하게 조사하여 그런 나쁜 사상들을 영원히 발을 붙일 수 없게 해야 한다.

우리는 이제 과거의 모든 분쟁이나 테러, 분열, 전쟁 등 나쁜 사상을 일으켰던 모든 나쁜 뿌리들을 뿌리째 뽑아 없애야 한다. 우리는 이제 새로운 과학적 기술의 혜택으로 인간의 삶이 혁명적으로 바뀌는 광명 시대의 새벽으로 들어가고 있다.

유전공학의 발전으로 모든 질병들이 치료 가능한 시대로 들어가고 있으며, 영원히 고갈되지 않고 환경에 아무런 해가 없는 열에너지, 생명공학, 인공지능 AI, 나노 기술, 로봇 공학의 발전, 복제기술, 줄기세포 기술 등으로 인해 인간은 늙지 않고 10~20대의 젊은 육체를 가지고 몇천 년, 몇만 년씩 행복한 삶을 누릴 수 있게 될 것이다.

이 지구의 인류를 중세 시대의 고통과 폭력의 암흑 시대로 다시 물들이려고 아직도 어리석은 믿음을 움켜쥐고 있다는 것은 너무도 어리석은 일이다.

이제 인류는 암흑으로 돌아갈 수 없다. 뒤를 돌아보면, 인류는 멸망과 몰락의 낭떠러지로, 죽음의 골짜기로 다 함께 자멸하는 길만이 남아 있다.

몇 번 얘기해도 부족하지 않다. 인류는 물론이고 지구의 모든 것을 박살내고도 남을, 제2차 세계대전 때 히로시마와 나가사키에 투하된 핵폭탄보다 몇백 배의 위력을 가진 원자폭탄과 핵미사일이 세계 각국에 산처럼 쌓여 있는 현 실정을 말이다.

이제 인류는 과거의 유일한 사상이었던 일신교를 청산하고, 인류 자체가 힘이 될 수 있는 과학만이 유일한 종교가 되어야 한다. 과학은 지성이고, 일신교는 어리석음과 암흑이다. 과학은 사람의 생명을 구하는 일이며, 일신교는 생명을 죽이는 일이다.

유엔(UN)의 진정한 책임과 임무는, 세계 인권헌장에 부합되지 않는 모든 폭력적인 내용을 경전들에서 제거할 수 있는, 특별 권한을 부여받은 특별 기구를 창설하는 일이다. 이것은 종교의 자유를 억압하는 것이 아니라, 증오와 폭력을 조장하는 경전을 배운 어린이들이 훗날 신의 도구로 행동하고 있을 뿐이라고 믿으면서 끔찍한 범죄를 저지르는 것을 예방하기 위한 조치이다.

증오심과 분열과 분쟁과 전쟁의 측면에서 고찰해볼 경우, 일신교의 경전들은 무기보다, 전쟁보다 더 위험하다. 이교도들을 다 죽이라고 부추기고 있기 때문이다. 여러분이 이 글을 읽고 있는 중에도 많은 이슬람 국가들에서는 이슬람교를 믿지 않는다고 해서, 부정했다는 이유만으로도 사람들을 감옥에 보내고 사형시키고 있으며, 여성들의 히잡이 벗겨졌다는 이유만으로 가족들에 의해 명예 살인을 당하고 있다.

참으로 불행한 일이다. 같은 인간으로서, 달이나 화성까지 우주 여행을 하는 시대에 이러한 일이 벌어지고 있다는 것은 너무도 수치스러운 일이다. 유엔은 세계 인권헌장을 준수하지 않는 국가들에 대해 강력한 제재를 가하고, 이런 국가들에서 이슬람교로부터 떠나고 개종하기를 원하는 사람들을 보호하고, 개종하려는 사람들이 안전하게 망명할 수 있는 나라를 찾는 데 도움을 주어야 한다.

유엔이 이런 책임과 의무를 실행한다면 폭력과 테러는 영원히 사라지고 우리 세계는 자유와 인권과 항구적인 평화를 유지할 것이다.

과학만이 종교로 완전히 대체되어야 한다.

사실은, 진실은 '인간 자체가 과학'인 것이다. 세계 인권헌장이 학교에서 가르치는 유일한 사상이 되어야만 하고, 이렇게 되었을 때 인류는 드디어 항구적인 평화와 진정한 행복의 시대인, 인류 처음으로 맞이할 황금시대, 낙원시대로 들어설 수 있을 것이다.


## 9. 생(生)과 멸(滅) 사이에서 오는 자

인간의 태아는 해와 달이 바뀌어 엄마의 자궁 속에서 열 달이 차야 세상 밖으로 태어난다. 인류도 마찬가지다. 지금까지의 역사는, 인류라는 아기가 사느냐 죽느냐의 기로에서 아직도 자궁 문을 찾지 못하며 헤매고 있는 형국이다.

이때 생과 멸 사이에서 자신의 인생의 수수께끼를 풀 자가 먼저 태어날 것이다. 자신의 수수께끼를 풀 수 있는 자는 인류가 나아갈 방향을 제시할 수 있다. 그것은 한 인간으로서의 인간성과 정체성 그리고 삶의 목적이 모든 인류와 같기 때문이다.

더없는 고독이 온몸을 뱀처럼 칭칭 감고 목을 조여와도 끝까지 포기하지 않고 뱀이 스스로 지쳐 감았던 몸을 풀어주고 도망간 사이에, 내 안에서 나의 주인이 소리쳤다. 나의 두려움, 나의 공포, 나의 고독, 나의 증오, 나의 역겨움, 나의 연민, 내 속에 있던 나쁜 것이든 좋은 것이든 모든 것들이 한꺼번에 내 안에서 토해져 나왔다. 나는 나의 두려움을 살해했다.

그리고 나의 공포심, 나의 증오, 나의 고독까지도 속 시원히 살해해 버렸다. 이제 나를 붙잡고 늘어지는, 나의 앞길을 막는 것은 모두 먹어치우고 있다. 맛있게 냠냠. 더 이상 나를 두렵게 할 것들은 없다. 더 이상 나를 공포스럽게, 불쌍하게, 불행하게 할 권력을 허용하지 않겠다. 이제 나는 나의 두려움을 이겨냈고, 나의 고독과 싸워서 승리했다. 나를 더 이상 불행하게 놔둘 권리는 나에게 없다.

나의 정체성과 나의 수수께끼는 다 풀렸다. 그것은 하나의 환영이며 희망과 열정의 예견이다. 나의 수수께끼가 풀림으로써 인류의 수수께끼도 저절로 풀릴 것이다. 인류의 초의식이 태어났으므로 인류 전체도 복낙원과 함께 태어날 것이다.

나의 환영이, 나의 희망이, 나의 예견이 인류의 것이 될 것이다. 이제 인류라는 아기는 곧 태어날 것이며, 일찍이 이 지상에서 처음으로 크게 웃는 자들이 태어나게 될 것이다.


# 10. 환상

우리를 둘러싸고 있는 모든 것들은, 그것이 좋은 것들이든 나쁜 것들이든 전부 가짜이다. 왜냐하면 우리를 둘러싸고 있는 모든 것들은 그것을 지배하는 자들에 의해 만들어진 것들이기 때문이다.

그들은 말한다. "이웃에 있는 자들은 나쁜 자들이니 다 죽이고 부숴버려야 한다."

"저쪽 이웃은 좋은 자들이다. 저들의 땅에서 금은보화, 검은 보물(석유)들이 쏟아져 나오고 있다. 그리고 그들은 우리와 친하다. 동맹을 맺은 친구다." 이렇게 선과 악을 구분 짓고 적과 동맹으로 분리, 분열시킨다.

그리고 모든 천재들의 발명품들을 빼앗고 훔쳐서 국유화해버리고, 지배자들의 전리품이 되어 그들만이 모든 것을 독점하고, 과학기술로 전쟁 무기만을 만들어내며, 대중들에게는 발견된 과학과 의학 기술들은 비밀로 감추고 공개하지 않는다.

그러나 그들이 이미 자신들의 검은 배 속에 몰락을 임신하고 있다는 것은 그들만 모르고 있다.

달도 차면 기울고, 밤이 깊으면 새벽이 오는 법. 여명을 몰고 새벽을 알리는 닭 울음소리가 들린다. 삶의 99% 이상은 거짓이고 환상이다. 우리는 환상의 희생자들이 되어서는 안 된다. 삶의 진실은 자기 자신이 되어 자기 자신으로 존재하는 매순간에 있다.

삶의 중심에 도달하기를 두려워하고 도망치는 겁쟁이들은 언제나 삶의 언저리에서 환상의 노예가 되고, 그들 주변 사람들까지도 피지배자로 만들어 환상의 전쟁의 희생자가 되도록 만든다. 그들의 죗값은 다 그들 자신에게 돌아갈 것이다.

우주의 법칙은 회귀 본능을 가지고 있다. 씨 뿌린 자에게 그 열매도 돌아갈 것이다.

우리를 둘러싸고 있는 대담한, 부질없는 환상가들이여, 부질없는 악의 탐험자들이여. 그대들 자신에게로 돌아갈 부질없는 씨앗을 뿌리기 위해 미지의 바다를 항해하는 자들이여. 그대들 삶의 진실을 찾을 생각은 아예 하지도 않고 그저 수수께끼 자체를 즐기는 자들이여.

니체가 말했던 수수께끼의 비밀이 밝혀지는 시대, 진실이 밝혀지는 시대, 나는 평생 동안 고독 속에서 이 삶의 수수께끼를 풀어왔다. 그것은 하나의 예언이며 예고였다. 언젠가 반드시 꼭 오고야 말 그자는 누구인가? 양치기도 아니고 양도 아닌 변화한 자.

빛에 둘러싸여 웃고 있는 자의 웃음으로 만인을 근심에서 놓이게 하고 같이 웃게 되리라.

# 11. 니체는 『차라투스트라는 이렇게 말했다』에서 이런 말을 했다

정확한 뜻을 전하기 위해 아래 니체가 쓴 책의 내용을 그대로 인용한다.

"아니다! 아니다! 삼세번 말하지만. 아니다! 나는 여기 산속에서 다른 사람들을 기다리고 있다. 그들이 오지 않는 한 나는 여기서 단 한 발짝도 떼어놓지 않을 것이다. 더 차원 높은 인간, 더 강한 인간, 승리에 승리를 거듭하는 인간, 더 쾌활한 인간, 몸과 영혼이 반듯한 자들을 기다리고 있다. 웃는 사자들은 오고야 말 것이다. 아, 나의 손님들이여, 그대들 유별난 자들이여. 그대들은 내 아이들에 대해서 아직 아무것도 듣지 못했는가? 그리고 내 아이들이 내게로 오고 있다는 것도 말해다오. 나의 정원, 나의 행복이 넘치는 섬, 나의 새롭고 아름다운 종족에 대해 말해다오. 어찌하여 그대들은 그것들에 대해 아무 말도 않는가? 내 그대들의 사랑에 호소하노니, 부디 이 선물을 잊지 말아다오. 내 아이들에 관해 얘기해달라는 것이다.

그 아이들 때문에 나는 부유하며 또 그 아이들 때문에 나는 가난해졌다. 내 무엇을 주지 않았던가? 이 하나를 얻기 위해 무언들 주지 못하리. 이 아이들이 생기발랄한 새싹들. 내 의지와 내 최고의 희망인 이 생명나무를 위해서라면!"

— 프리드리히 니체, 장희창 옮김, 『차라투스트라는 이렇게 말했다』, 민음사, 2017, pp.496~497

이 말의 뜻은, 그동안의 인류의 고난과 역경은 인간의 두뇌 역할을 할 의식과 초의식이 아직 태어나지 않은 상태를 말하며, 초의식의 탄생을 니체는 "웃는 사자들은 오고야 만다."고 표현하고 있다. 벌레 수준에서 또는 짐승과 같은 수준에서 수많은 분열과 전쟁, 실수와 실패의 경험을 통해 호전성과 무력과 폭력의 시대를 청산하고 인간이 신의 경지로의 다리를 무사히 건너가기만 하면, 황홀하리만치 아름답고 평화로운 낙원 같은 세상이, 행복한 시대가 오고야 만다는 예고와 예지, 예언을 하고 있음을 알리기 위해 니체의 글을 인용한다.

위대한 시대란, 비인간적이고 냉혹하고 비참했던 모든 과거를 청산하고, 새로운 인류, 아기 인류라는 새로운 가치를 가지고 인간의 역사를 새로 쓸 인류가 시작되는 시점을 알리는 예언이다. 인간 두뇌 속 가장 깊은 곳에는 누구나 다 초의식이라는 세포가 있다는 것이 인류 역사상 처음으로 뇌과학자들에 의해 밝혀지는 시대가 온다는 것이다. 이 초의식이야말로 진정한 인간의 자아이고 의식이다. 인류는 지금까지 초의식이 존재한다는 사실도 몰랐고, 초의식을 사용하지도 않았다.

나비에 비유하자면, 그동안의 인류는 나비의 애벌레였던 것이다. 그러나 애벌레는 자신의 일부였던 자신의 과거의 껍데기인 허물을 벗어버려야만 죽지 않고 나비가 될 수 있다. 먹이만을 구하기 위하여 온 땅을 기어 다니던 과거의 습관과 가치의 대변혁을 위해, 고질화되고 고착화된 과거의 사고로부터 가치의 급전환을 하지 않으면 안 된다. 과거의 껍질과 허물을 벗어 던지지 못하면 애벌레는 영원한 자유의 날갯짓 한번 못 해보고 푸른 고공의 창공 한번 날아보지도 못하고 죽고 말 것이다. 인류의 운명도 이와 똑같다.

## 12. 때는 무르익었다

인류여! 이제 우리 인류는 새롭게 태어날 준비가 다 되었다. 때가 무르익었다.

이제 신인류가 태어날 시간이다. 그동안 때가 성숙하지 못해 정의롭고 올바른 사람들이 축축하고 곰팡이 핀 너저분함, 침울함, 암울함 속에서 외롭게 기다렸기에 지쳐 있겠지만, 이제 때는 무르익어가고 있다.

이제 일어나라! 이제 깨어나라! 그동안 행복을 거부당하고 남들이 하는 대로 따라 하며 억지 행세를 당했던 모든 정의로운 사람들이여.

이제 일어나라!

방랑자의 그림자와 가장 지루한 기다림과 가장 고요해야만 했던 시간들. 그 모든 것을 이제 벗어버리고 시원한 바깥바람 속에 날려버려라. 이제 인류에게 밝은 햇살이, 광명이 열쇠 구멍 안으로 불어 들어오고 있다. 나의 오직 하나였던 열망이 내게 다가오고 있음을 알리고 있다.

그동안 어리석은 사람들의 욕심에 사로잡혀서 사슬에 묶여 일어나지도 못하고 누워 있지도 못하고 편안하게 잠들지도 못했던, 올바르고 정의롭지만 순하디순한 양 같은 사람들이여. 이제 일어나고 싶으면 일어나고, 먹고 싶으면 먹고, 눕고 싶으면 편하게 눕고, 자고 싶으면 마음껏 편안하게 잘 수 있는, 그리고 마음껏 인생을 즐길 수 있는 시간이 다가오고 있다.

우리들에게 이런 올가미를 씌웠던 늑대 같은 야수들에게서 해방될 날이 얼마 남지 않았다. 이제 우리들에게 올가미를 씌웠던 사람들은 때늦은 후회를 하게 될 것이다. 사람은 소유할 수 없는 것. 사람은 소유될 수 없는 것.

일어나고 싶을 때 일어나고, 앉고 싶을 때 앉고, 배고프면 먹고, 졸리면 잘 수 있는 것이 뭐 그리 어려운 것이라고 인간들은 천 년이 지나도, 만 년이 지나도, 못 자고 못 먹고 못 앉게 했단 말인가?

웃음이 난다, 너무 어이가 없으니. 그냥 허허허허 웃음이 난다.


## 13. 나는 새로운 평화와 선의의 시대를 알리는 하나의 서막이다

그대들은 왜 그렇게 굴욕적이고 연약하고 유순한가?

그대들은 왜 그렇게 시시한 운명밖에 받아들이지 않는단 말인가?

큰 포부를 가져라. 하늘만큼, 땅만큼 무한한 우주처럼 내 안에도 무한히 있고 내 밖에도 무한히 있는 내 영혼의 섭리여.

내 언젠가는 위대한 정오를, 낙원 세상을 맞이하기 위해 지금까지 나의 불행을 딛고 또 딛고 그대들의 자유와 평화와 행복이 나의 것이 되는 날을 위해 지금까지 모든 고난과 역경을 견뎌왔느니.

그대들은 아는가? 이해하는가? 그대들의 전쟁이 곧 나의 전쟁이었고, 그대들의 찢겨지는 살과 피가 내 상처가 됐으니.

내 그대들의 살을 다시 붙이고 꿰매주고, 피를 닦아주고, 상처를 치유해주기 위해 나의 고난과 고통의 나날을 견디어왔다는 것을.

그대들은 나의 살이고, 나의 피이며, 나의 육신이다.

아! 아! 그대들이여! 참으로 오랫동안 기다려온 것에 감사드린다.

나의 고통을 끝까지 견딜 수 있었던 나의 인내가 곧 나의 승리였음에 감사한다.

그대들, 사랑하는 인류 형제들이여.

평화와 행복의 달성이라는 승리를 위해 뼈를 깎는 고통의 나날을 견디어왔음을, 나 그대들로 인해 인내하는 마음을 키워왔음을 감사드린다. 나 자신이 인류의 일부이고 인류가 나 자신인 내 필연의 운명이여.

나는 나의 운명을 사랑한다. 사랑하는 인류의 형제들이여.


## 14. 삶의 최고의 가치

인간은 누구나 한 번 태어나고 반드시 한 번 죽는다. 누구나 다 어김없이 언젠가는 늙고 병들어 죽는다는 점에서는 아주 공평하고 평등하다. 부자이든 권력가이든, 이 지구 전체를 지배하며 마치 황제처럼 쥐락펴락 마음대로 할 수 있는 부와 명예와 권력 모든 것을 다 가지고 있다 해도, 지금의 우리 과학기술로는 언젠가는 반드시 한 번은 죽어야 한다는 것이다.

그렇다면 어떻게 사는 것이 가장 가치 있고 의미 있고 보람 있고, 자신이 죽을 때 후회 없이 행복하게 죽을 수 있을까?

나는 돈도 없고 권력도 없는, 아무 명예도 없는 가장 평범한 가정에서 아주 평범하게 자랐다. 나의 아버지와 어머니는 아주 지혜롭고 사랑이 많은 분들이셨다.

특히 나의 아버지는 공무원이셨지만 언제나 정직하고 진실하며 청렴한 분이었고, 겸손한 분이셨다. 자녀들에 대한 훈육은 대체로 올바르게 크도록 엄격하게 훈육하셨다. 그런 아버지를 나는 늘 존경하며, 나의 인생의 긍지로 생각하며 살아왔다.

어린 시절 장난꾸러기로 자라다가 어느 날, 만 14세쯤 사춘기를 맞으면서 인생에 대한 비밀을, '인생이란 무엇이며, 인간은 어떻게 살아야 하는가?'에 대한 고민을 정말 진지하게 하게 되었다. 앞으로 어떻게 살아가야 하는지에 대한 수수께끼를 풀기 위해서, 그것 한 가지만 생각하면서 살아왔다고 해도 과언이 아닐 것이다.

만 14세가 되면서, 그동안 아무런 고민이 없다가 나는 갑자기 우울하고 침울해지기 시작했다. 그때 처음으로 전화나 텔레비전, 오디오, 라디오 등 각종 가전제품들이 나오기 시작했고, 그 신기한 TV 상자 속 세상에서는 매일 사람들이 죽어나가는 장면과 각종 사건, 사고, 강도, 상해, 살인, 그리고 다른 나라들의 전쟁 장면까지 여과 없이 자세하고 상세하게 보도하는 것이었다. 뉴스를 보도하는 기자나 전쟁 현장 리포터들도 별 감정 없이, 마치 무슨 스포츠 중계를 하듯 냉혹하고 비참하게 죽어가는 장면들을 자세히 촬영하고 보도했다.

사춘기 소녀였던 나는 충격을 받았고, '인생이란 도대체 무엇일까?', '나와 똑같은 인간들이 왜 이렇게까지 하면서 살아야 하는 걸까?' 하는 생각을 하면서 도무지 이해할 길이 없었다. 그때의 경험은 트라우마가 되어, 평생토록 나를 침울하고 우울하게 했으며, 그리고 지금까지 불행한 삶을 살게 되었다고 해도 과언이 아닐 것이다.

우선 나는, 내 인생의 정체성과 인간성에 대한 고찰과 통찰을 통해 나와 동떨어진 곳에서 사는, 한 번도 보지도 만나지도 못한 사람들로 인해 내가 왜 이렇게 고통받고 불행감을 가지고 살아가야만 하는지에 대한 이유를 알기 위해, 내 내면의 정신세계를 깊이 파헤쳐가기 시작했다. 처음에는 어디서부터 어떻게 해야 할지 방향조차 알 수 없어서 당황하고 방황했지만, 하나하나 짚어나가보기로 했다.

우선 나의 기원과 인류의 기원, 그리고 인생의 목적을 알기 위해서는 먼저 살다 간 사람들의 삶의 경험의 소리를 들어보아야 했고, 그래서 책을 읽어보기로 했다. 이 책, 저 책 각종 철학서 등을 탐구해보았지만, 그들도 나와 똑같은 입장이라서 그런지 무수한 질문만 있을 뿐 내가 원하는 시원한 해답은 없었다.

나는 원래 종교가 없었다. 그러나 나의 근원, 인류의 기원을 알아내는 데 도움이 되지 않을까 해서 성경, 불경, 코란, 그리고 다윈의 『종의 기원』 등을 읽었다. 하지만 그 어디에서도 내가 찾는 합리적인 답변을 찾지는 못했다.

결국 나는, 내 마음속에서 내 존재에 대한 의문과 질문이 나왔으므로, 그 답을 나의 내면에서 찾아볼 수밖에 없었다. 사춘기인 14세 때부터 지금의 73세가 될 때까지, 나는 내 삶 속에서 내가 원하는 해답을 찾는 데 성공했다.

한 번도 탐구해본 적도, 탐사해본 적도, 탐험해본 적도 없는 미지의 어두운 동굴 속 같은 나의 내면을 구석구석 탐사하고 탐험해 얻은 결과는, 인류의 불행 때문에 나 역시 평생 불행을 느끼면서 행복하게 살지 못했던 것이었으며, 인류는 나와 깊게 연결되어 있는 또 다른 나 자신이라는 것을 깨달았다. 내가 한 번도 직접 보거나 만나지 못했지만, 인류의 냉혹하고 비참한 고통과 불행이 어린 내 가슴에 못 박혀 들어와 그 고통이 곧 나의 고통이 되었던 것이다. 인류는 바로 나 자신의 연장선이었던 것이다. 인류는 나와 떼려야 뗄 수 없는, 하나로 연결되어 있는 바로 나 자신임을 깨달은 것이다.

그렇다. 인류는 하나의 커다란 몸이다. 우리의 몸에 비하면 거시적인 신체인 것이다.

나는 한번 생각해보았다. 나의 몸이 소화가 안 되고 배변이 잘 안 되어서 아프고 괴로울 때, 내 몸속의 위, 간, 심장, 대장 같은 모든 신체기관이나 세포들을 내가 직접 눈으로 들여다보고 만져볼 수는 없다. 그렇지만 내 몸이 나의 일부분이듯이, 인간 한 사람 한 사람도 인류라는 거대한 신체를 이루는 세포와 같다.

우리 모두는 하나다. 인류라는 하나의 거대한 신체다. 지금까지 인류는 그것도 모르고 서로서로 총으로 쏴 죽이고 대포로 한꺼번에 죽였으며, 그러다 못해 이제는 아예 전부를 파괴할 원자폭탄과 핵미사일로 인해 인류 전체가 멸망, 자멸할 위기에 처해 있다.

내가 평생을 몸과 마음과 정신이 아프고 불행하고 침울하게 살아온 이유가, 인류가 서로서로를 파괴하고 죽이는 전쟁을 하고 행복하게 살지 못했기 때문이라는 것을 깨달은 것이다.

우리는 행복하게 살기 위해 삶이 주어졌고, 인생을 즐기고 자신을 완성시키고 개화시키기 위해 삶의 기회가 주어졌다. 나는 14세 때 내 마음속에 가만히 물어보았다. 마음은 주저 없이 내게 '인생은 기쁘고 즐겁게 살기 위한 놀이'라고 말해주었다.

내 안에 존재하는 진정한 나의 자아인 진아(眞我)는, 나의 존재는 내가 위기에 처했을 때 나에게 길을 안내해준 적이 가끔 있었다. 아직까지 뇌과학자들도 발견해내지 못한 것 같지만, 나는 그것이 '초의식(超意識)'이라는 생각이 든다.

나는 나의 사상과 철학이 인류를 평화와 행복의 길로 이끌 수 있기를 바란다. 무엇보다도 내가 인류의 한 사람으로서, 단 한 번이라도 진정한 삶의 목적인 '행복한 삶'을 살아보고 싶기 때문이다.

사실 지금이라도 인류의 지도자들이 각자의 이기적 욕심을 버리고 서로 조화롭게 화합하고 융합한다면, 전 세계의 정치 권력자들과 과학자, 경제가, 재벌들이 함께 모여 인류의 파멸을 맞기 전에 지금이라도 사태를 파악하고 서로 평화적인 합의를 이루어낸다면, 인류는 오히려 전화위복을 맞을 수 있을 것이다.

전쟁과 무기 제조 등 사람들을 죽이기 위해 쓰던 과학기술을, 목숨 걸고 노동하는 사람들을 해방시키는 데 사용해야 한다. 지금까지 발전시켜온 고도의 과학기술을 이용해 인간이 하던 모든 노동을 기계에게 전부 맡기고, 전쟁에 사용되었던 모든 비용을 전부 인류 복지에 사용해야 한다. 그렇게 과학기술이 인간의 노동을 대신해주는 세상에서는 돈이 저절로 필요 없어질 것이고, 종이짝에 불과한 돈을 전부 불태워버리는 세상이 반드시 올 것이다.

평화의 사도들인 정의롭고 의식적인 혁명가들은, 전쟁과 무기 생산, 주가 조작, 쓸데없는 세금 부과, 부당한 재산 축적 등으로 얼룩진 이 세상을 자유와 인권이 존중되며 도덕적이고 정의롭고 올바른 사람들이 인정받는 세상으로 반드시 바꿔야만 한다. 오래되어 낡아 썩어빠진 항아리에 새 술을 담을 수는 없다. 새 술은 새 그릇에 담아야 한다. 지금까지의 모든 부도덕, 거짓, 위선을 다 쓸어버리고, 진실하고 순수한 사람들이 살 수 있는 세상으로 거듭나야 할 것이다.

지금까지 인류를 이끌어온 사람들 중에 평화를 사랑하는, 평화주의 철학을 가진 '수장 중의 수장'이 있다고 나는 생각한다. 대다수의 인류는 평화를 원한다. 진정한 영웅은 진정한 인류 역사에 길이 남아 숭상받을 것이다. 누구나 다 아는, 겉으로만 드러나 있는 각국의 대통령 같은 사람이 아닌, 인류에게 실질적인 영향을 끼치고 인류를 끌고 나아가는 진정한 인류 지도자들 중에, 진정으로 인류를 사랑하고 인류의 평화를 원하는 평화주의자, 최고의 지도자가 반드시 있다는 것을 나는 믿어 의심치 않는다. 그 평화주의의 수장은 인류를 평화로 이끈 인류 역사상 최초이자 최후의 진정한 영웅이 될 것이다.

사람을 많이 죽이면서 일시적인 통일을 이루어낸 중국의 진시황, 몽골의 칭기즈칸, 마케도니아의 알렉산더, 프랑스의 나폴레옹 같은 전쟁광들은 새 역사에서는 살인마, 대량 학살자, 악마들로 재평가될 것이다.

전 세계 매스컴과 정치 무대 위에서 연기를 하는 각국의 대통령 같은 배우들 말고, 그 뒤에서 실질적인 파워를 가지고 있는 사람들, 이 세계를 진짜 책임지고 이끌어가는 사람들 중에는 정말 인류를 사랑하고 인류의 평화와 행복을 원하는 진실한 지도자들도 있다고 나는 믿는다.

지금이 바로 지구 인류의 운명을 바꿀 수 있는 유일한 기회이다.

니체의 『차라투스트라는 이렇게 말했다』라는 책에서 "위대한 정오는 반드시 오고야 만다."라고 밝힌 것과 같이, 그 위대한 정오의 시간은 바로 지금이다. 위대한 정오란, 밝고 환한 광명의 시간이며, 태양이 머리 위 한가운데에 왔을 때, 즉 과학기술이 인류를 돈과 노동에서 벗어나게 하며 모든 사람들이 평화롭고 정의로운 세상에서 다 같이 행복하게 살 수 있는 황금시대를 말한다.

우리 모두가 꿈꾸던 낙원 세상을 건설할 수 있는 시대를 말한다. 과학기술로 인간의 모든 노동을 기계가 대신하게 하고, 모든 사람들은 인류애와 사랑과 평화 속에서 젊은 육체로 영원히, 행복하게 살아가는 세상을 건설할 수 있는 시대를 말한다.

니체의 초인과 경쾌한 사자가 온다는 말은, 인류를 자신의 몸처럼 사랑하는, 진실하고 순수한 인류애를 가진 사람들이, 초인 즉 초의식을 가진 사자와 같은 사람들이 출연하는 시기를 말한다. '우리는 어디에서 왔는지'가 아니라 '지금 인류는 어디로 가고 있는지' 초의식으로 초인으로 인식하지 못하면 결국 인류는 사라지게 될 것이다. 초의식이란 삶의 대변자, 고뇌의 대변자, 인생의 수수께끼를 푸는 자로서, 인류의 미래를 함께 설계하러 온 자이다.

지금까지 한 번도 없었던 미래의 시대를 우리는 함께 만들어야 할 것이다. 위대하고 경쾌한, 초의식의 지성을 가진 사자들과 함께.

위대한 사자란 명확하게 인식하고, 정직함을 낚아채고, 진실하고 순수하지만 쓸모없는 것은 과감히 뽑아버리는, 사자의 용맹성과 진리를 깊이 심기 위한 순결한 의지이다. 진짜 인간, 올바른 자, 진리를 아는 단순한 자, 명료한 자, 정직 그 자체인 자, 지혜의 그릇, 인식의 성인, 위대한 인류의 황제와 함께 지금까지의 썩고 병든 땅을 갈아엎고 새로운 문명의 씨앗들을 새 인류의 밭에 심어야 한다. 아주 완전히 깨끗한 씨앗으로. 순수하고 순결하고 진실하고 정직하고 자비심이 가득한 씨앗들은 사랑과 동정심, 정의와 평화의 꽃만을 피울 미래의 인간 씨앗들이다.

# 15. 삶이란

인간의 삶이란 무엇인가? '삶'이란 탄생과 죽음 사이에 있는, '살아있음'과 '살아감'을 의미한다. 그러면 '살아감'이란 또 무엇인가? 인간은 누구나 성장하면서 지식과 경험에서 얻은 기억과 감각을 가지고 있다. 두뇌는 그것들을 통해 생각, 판단하면서 자신의 삶의 가치관, 주체적 의식, 고유한 개성의 색깔을 다른 사람들과 교감하고, 사회적 가치 질서를 공유한다. 공유를 통해 상호 보완, 협력하고, 조화를 통해 자신을 이해해나가는 과정이 삶인 것이다.

인간은 자신을 이해해나가면서 자신의 유전자 속에 새겨진 것을 바탕으로 타인과 교감, 교류하고, 그러면서 조화와 행복을 증진시키고 자신이 원하는 삶의 방식으로 자신을 프로그램하는 생물 컴퓨터인 것이다. 결국, 개인의 행복이 사회 전체의 행복으로 연결·확산되어 인류 전체의 삶의 질을 진보시키는 것, 이것이 바로 삶의 정체성이다. 삶의 질을 향상시킨다 함은, 자신의 인생이 기쁘고 즐겁고 행복해지도록 타인과의 조화 속에서 함께 성장해나가는 것이다. 자신의 인생을 각성시키고 개화시키고 완성시켜나감으로써 완전한 행복에 이르기 위해 나아가는 것, 그것이 바로 삶의 정체성이다.

## 16. 나는, 니체가 말한 위대한 정오의 시간이 지금 바로 이때라는 것을 알리러 왔다

이미 오래전에 예고되었던 '위대한 정오'가 오고 있음을, 인간의 세상에 '초의식'들이 왔음을 나는 경쾌한 사자들과 함께 세상에 알리러 왔다. 나는 73년 동안 내 영혼과 이야기를 나누며 오랫동안 내 입을 열어 말할 시간을 기다려 왔다. 그대들이 불행함으로써 나도 견딜 수 없는 엄청난 부자유와 속박 속에 있었다. 쇠를 단련하듯 불구덩이에 던져져 시뻘겋게 달궈지고 물에 처박혔다가 또다시 망치질 당하면서, 나는 나를 탐구하는 자가 되었다. 나 자신에 대한 탐험자가 되었다. 나 자신의 발견자가 되어 나의 무한한 우주를 질주해왔다. 그리하여 나는 내 유전자 속에 숨겨져 있던 비밀의 수수께끼를 풀었다.

이제 그 수수께끼를 푼 자로서 그대들에게 말하려 한다. 이제 언젠간 오고야 말 것이며 그냥 지나가버리지 않을 것이라는 '위대한 정오의 시간'이 아주 가까이 다가오고 있다. 우리들의 위대한 시간, 위대한 정오의 시간, 바로 천년만년 지속될 환상적이고 위대한 문명의 문이 곧 열리리라.

서로 피 흘리고 찢고 찢기던, 냉혹했던 시대는 영원히 저 멀리로 물러나고, 따뜻한 봄바람이 살랑살랑 불어오는 꽃피는 봄이 오고 있다. 이 봄은 예전에는 한 번도 없었던 새롭게 시작되는 봄이다. 그동안 한 번도 없었던 진짜 인간, 올바르고 명료한 자, 정직과 진실 그 자체인 자, 지혜로운 자, 현명하고 올바르게 인식하는 자, 위대한 인간성을 가져 선의와 평화가 승리하게 할 자들이 왔다.

태양이 머리 위 한가운데 왔을 때인 위대한 정오가, 영원한 평화의 시대가, 낙원 세상이 다가오고 있음을 인류 역사상 처음으로 알린다. 위대한 정오의 시간이란, 긴긴 어두운 광란의 밤을 지나고 밝은 광명이 머리 위 중앙에 와 있는 시대(낙원 시대), 인류의 발달된 과학기술로 돈과 노동에서 해방되어 각 개인의 개성이 꽃피우고, 자유, 인권, 정의, 평등, 그리고 영원한 평화를 맞이하는 시대를 일컫는 말이다.

# 17. 어두운 알 속에서 새로 깨어나는 인류

우리는 지금 새로운 인간의 탄생을 보고 있다. 새로 태어난 사람은 모두 실업자가 될 것이다. 아기가 자궁 밖으로 나오게 되면, 어머니 자궁 속에서 아기를 키울 때까지 필요했던 자궁 속의 세포들은 더 이상 필요 없게 된다.

다른 길은 없다. 새로운 거시 구조적 인류, 거대한 새 인류, 새로운 아기 인류가 태어나고 있다. 아기 인류는 그런 과정을 거쳐야 다음 단계로 상승하여 우주적 인간으로 발전할 수 있다.

이것이 현 인류에게 일어나고 있는 일이다. 그래서 일자리가 부족하고 사람들이 남아도는 것이다. 아마 일시적인 재정적 어려움이 있을 것이다. 새롭게 다가오는 시대에 맞추어 마음의 준비를 해야 한다.

새롭게 다가오는 시대는 새로운 태양이 밝게 비추는 새 시대로서, 먹고살기 위한 고된 노동으로 돈을 벌어야 할 필요도 없고, 싫어하는 일은 할 필요도 없는, 모든 사람들이 공평하게 실업자가 되는 시대이다. 일자리가 없어서 실업자가 되는 것이 아니라, 인간의 의식주에 필요한 모든 일, 특히 힘든 일은 전부 과학기술을 이용하여 기계들(AI, 나노테크놀로지, 나노 로봇, 생물 로봇 등)이 다 해주게 될 것이다. 뿐만 아니라 4D, 5D의 기술은 물론이고, 버튼만 누르면 기계에서 모든 요리와 의복 등 실생활에 필요한 모든 것이 무상으로 제공될 것이다. 이런 세상에서는 재미있게 놀고 춤추고 노래하고 온갖 스포츠와 예술을 즐기기 위해 누구나 선택적으로 실업자가 될 것이다.

그런 시대가 다가오고 있다. 준비하라!


## 18. 위대한 정오의 때가 되었다

어두운 골목길과 막다른 길목에서 새벽이 오고 있음을, 여명의 새 날이 밝아오고 있음을, 새 역사가 오고 있음을, 신인류가 탄생할 것임을 알린다. 유사 이래 이런 시간과 시대는 일찍이 한 번도 없었다.

참으로 위대한 정오가 다가오고 있음을 알린다.

하지만 진실한 사람들, 영혼이 맑고 투명한 자, 그대들의 시간도 다가온다. 더욱더 나의 시간도 더불어 다가오고 있다. 시시각각으로 다가오고 있다. 다가오고 있다. 위대한 정오의 시간이. 정오란 새로운 날의 첫 번째 정오이다. 암흑의 밤이 지나고, 여명의 시간이 지나고, 찬란한 광명의 밝음이 하루의 가장 중앙에 와 있는 시간이다. 새로운 인류가, 새로운 아기 인류가 처음으로 광명의 시대, 황금시대, 낙원 시대가 열리는 시간을 알리는 소리이다.


## 19. 인간은 어디에서 왔으며, 무엇이며, 어디로 가는가?

과학자들은 최근 들어 갑자기 현존하는 모든 생물의 기원은 단세포에서부터 시작하여 인간에 이르기까지 진화했다고 주장하고 있다.

현재의 과학은 식물에서부터 동물, 인간에 이르기까지 다양한 생명공학, 분자생물학, 유전공학을 발전시켜왔으며, 생명체의 유전자 조작이 가능한 수준에 와 있다. 앞으로는 인간의 유전자 조작과 함께 질병 치료와 노화 방지, 수명 연장이 가능할 것은 물론이고, 심지어는 늙지 않고 젊은 상태로 영생을 꿈꾸는 수준에 와 있다.

그러나, 만약 인간을 비롯한 모든 생명체들이 전부 자연발생적으로, 자연 도태에 의해, 돌연변이에 의해 생겨난 우연의 결과라면, 인간의 자유의지로 유전자 조작 등의 과학기술을 이용해 질병, 노화, 수명을 마음대로 바꿀 수 있다는 것은 인간이 자연 발생·진화됐다는 논리와는 상반되는, 이율배반적인 논리이다. 만약 단세포에서부터 물고기, 양서류, 원숭이, 고릴라, 침팬지, 인간으로까지 진화한 것이라면, 지금 수없이 많은 원숭이를 비롯한 영장류들은 어째서 인간이 되지 못하고 그대로 남아 있다는 말인가? 그 원숭이와 침팬지들은 왜 인간으로 진화하지 못했단 말인가?

만약 자연적으로 우연히 진화한 것이 맞다면, 인간이 과학을 일으키고, 과학기술로 자신들의 노화와 질병을 다스리고, 유전자 조작과 수명 연장, 나아가 영원한 생명에 대한 꿈인 불사(不死)까지 과학기술로 가능하다는 것 자체가 논리적으로 모순이다. 더군다나 급속한 과학기술의 발달로 이미 인공지능 시대에 돌입했는데, 인간이 자신들보다 능력, 재능, 기술, 지적 수준이 더 높은 인공지능을 설계하고 만들 수 있는 존재라는 것은 인간이 창조자와 똑같은 존재가 된다는 의미인 것이다. 인간이 자연발생적으로 우연히 진화되었다가 갑자기 자연적 진화가 끝나고 지적 설계를 할 수 있는 존재가 되었다는 것은 과학적으로도 근거가 없는, 그야말로 논리적으로 말도 안 되는 제멋대로의 억지 상상에 불과한 것이다. 인간이 자연에 의해 진화된 존재라면, 인간이 과학기술로 생명을 창조, 설계할 수 있는 존재라는 것 자체가 과학적으로 전혀 논리에 맞지 않는다. 인간이 자신들보다 더 우월하고 우수하고, 훨씬 높은 차원의 지적 설계로 또 다른 인공지능 로봇과 바이오 로봇을 만들 수 있다는 것은, 인간이 또 다른 생명체를 창조하는 것과 같다. 이것이 어찌 원숭이가 갑자기 진화하여 인간이 되었다는 자연 진화의 결과라는 말인지, 논리적으로도 너무 이치에 맞지 않는다.

그렇다면 역으로, 인간이 인간보다 더 우수한 인간을 만들 수 있다면 우리 인류 또한 우리보다 과학이 훨씬 먼저 발달한 존재들에 의해 지적으로 설계되었다고 보는 것이 더 과학적으로 납득되는 설명이며, 이치에 맞는 논리라고 생각한다.

자연적으로 진화한 인간이라는 존재가 어떻게 자기들과 똑같은, 아니 인간보다 더 우수한, 인간을 능가하는, 인간과 똑같은 인간성을 가진 인공지능이라는 존재를 만들 수 있겠는가? 인간이 과학기술을 가질 수 있다는 사실은, 인간이 똑같은 과학기술을 가진 지적 생명체들의 창조 작품일 때만 이론적으로나 논리적으로 가능할 것이라고 생각한다.

지구의 모든 생명체가 저절로 우연히 진화했다는 것은 잘 이해가 안된다. 가을이 되어 온갖 열매를 수확할 수 있다는 것은, 누군가가 밭에 그 씨앗을 뿌린 결과인 것이다. 사과나무, 배나무가 존재한다는 것은 과수원에 과일 나무를 심은 사람이 반드시 존재하기 때문인 것처럼, 씨앗이 저절로 우연히 나와 진화했다는 것은 과학적인 논거도 증명도 될 수 없다고 본다. 모든 생명체는 누군가 뿌린 자가 있기 때문에 존재하는 것이다.

과학자들은 모든 생명체가 자연에 적응해가기 위해 진화했다고 주장하지만, 오히려 진화에 방해가 되고 실생활적으로 불편하여 천적들에게 멸종되기에 더 쉬운 쪽으로 진화됐다는 생물들도 많다. 예를 들어, 새이면서도 날지 못하고 빨리 달리지도 못하는 키위 새, 너무 모습이 화려해서 천적의 눈에 띄기 쉬운 색깔의 극락조, 아주 불편해 보이는 날개를 가져, 천적들로부터 도망갈 수도 날 수도 없는 공작새, 천적으로부터 도망치기엔 아주 거추장스런 뿔을 가진 사슴들, 특히 루돌프 사슴은 천적을 만나면 도망가다가 나뭇가지에 뿔이 걸려 죽을 수밖에 없는 구조라고 한다. 생태계에는 살아남기 위해 진화했다는 말로는 설명되지도 납득되지도 않는 생물들이 부지기수다. 이런 점들을 진화론자들은 어떻게 설명할 수 있는가?

원숭이, 침팬지, 오랑우탄은 왜 더 진화하지 못했는가? 더 진화했다면 영장류들은 다 인간이 되었을 텐데, 왜 지금은 진화하지 않는가?

생명의 기원은 진화가 아니라, 고도로 발달한 과학자들의 창조품일 수도 있다. 인간이 인간을 낳는 법이며, 인간만이 인간을 만들 수 있는 법이다. 진화는 과학적인 아무런 증거도, 근거도, 논리도, 과학적 증명도 되지 않는 가설이다.

지금 지구에는 불가사의한 증거들이 남아 있다. 세계 7대 불가사의(기자의 피라미드, 바빌론의 공중정원, 올림피아의 제우스상, 에페소스의 아르테미스 신전, 할리카르나소스의 마우솔레움, 로도스의 거상, 파로스 섬의 등대)를 비롯하여, 나스카 산기슭에 그려져 있는 비행기 활주로 같은 그림, 주변엔 돌이라곤 찾아볼 수 없는 이스타 섬에 세워진 거대한 돌석상들, 밀밭 속의 미스터리 서클, 이슬람 사원의 돔 형식 건축물 등이 그것이다. 이런 기념비적 건축물, 고도의 기술이 빚어낸 건축물들은, 지구를 벗어나 달에 인간의 발자국을 남기고 오는 시대임에도 아직까지의 기술로는 흉내도 못 내고, 지금의 건축 기술로는 똑같이 만들 수 없다. 이것을 어떻게 설명할 것인가? 7대 불가사의도 자연 진화했단 말인가?

모든 것은 무한 우주 안에 하나로 연결되어 있고, 무한 우주라는 하나 속에 포함되어 있다.

우리 인간 역시 무한 우주와 연결되어 있는 하나이며, 무한 우주의 속성과 법칙과 원칙과 원리에 따라 왔던 곳으로 되돌아간다. 무한 우주는 창조하고 성장시키고 자신의 성장이 끝나고 나면 왔던 곳으로 되돌아가는, 영원히 순환하는 원리, 순환 본능의 성질을 가지고 있다.

인간이 인간보다 더 우월한 존재를 과학기술로 만들어낼 수 있다면, 우리들 인간도 누군가가, 아니 우주에서 온 과학자들이 지적 설계의 결과물로서 살아 있는 생물 컴퓨터 기계인 인간을 포함한 모든 생명체를 만들었을 가능성은 없을까? 우리 지구인들도 외계 별의 입장에서 보았을 땐 우주인, 외계인이라고 부를 것이다. 이 창조자들을, 당시 과학이 없었던 우리 조상들은 신이라고 생각했었을 수도 있다.

우리도 언젠가는 우리와 똑 닮은 인간을 과학기술의 결과물로 만들어내지 않을까? 그때가 되면 지구의 인류가 어디서 와서 어디로 가고 있는지에 대한 확실한 증거와 증명을 과학이 답해줄 것이라고 믿는다. 우주의 역사는 모양과 형태를 바꾸어가면서 영원히 과학기술에 의한 생명 창조의 씨를 뿌리고, 씨를 뿌렸던 대지로부터 거두어들이고, 또 만들고 또 거두어들이는 창조 놀이를 하는 것이다.

이 세상에 저절로 진화되어 나오는 생명체는 없다. 한번 생각해보

자. 집 지을 모든 재료를 한 장소에 모아놓기만 하면, 모래와 시멘트만 있으면 만 년, 십만 년의 시간이 지나면 저절로 진화해서 집이 되는가? 초가집이 되고, 방갈로가 되고, 기와집이 되고, 마천루가 되도록 저절로 진화될 수 있는가?

또는 유리, 쇠붙이, 초침, 시침 등 시계의 모든 부품들을 한 군데 모아놓기만 하면 저절로 진화해서, 몇만 년이 지나면 저절로 시계가 될 수 있는가? 어딘가에 그 시계를 만든 시계공이 반드시 있듯이, 더군다나 시계하고는 비교할 수도 없는, 인간같이 고도의 기술과 능력과 재능을 지닌, 완벽에 가까운 생명체가 진화될 가능성은 없다고 생각한다. 인간을 이루고 있는 물질들인 산소, 질소, 탄소, 수소, 마그네슘, 단백질, 철 등 모든 생명에 필요한 양자들을 아무리 만 년, 십만 년 오래도록 놔두어도 저절로 인간으로 진화될 가능성은 전혀 없다.

지적 생명체의 창조는 고도의 과학기술의 걸작품인 것이다. 과학자들이 인간을 만들고, 그 인간이 성장하여 또 따른 인간을 만들고…. 우주는 이렇게 생명의 고리를 형태를 바꾸어가면서 무한히, 영원히 순환하는 것이다.


# 20. 인류의 기원

인류의 동기와 기원은 과학이다. 인간은 과학자들의 최고의 기쁨의 결과물들이다. 인간은 과학에서 시작되었고, 과학의 결실이며, 인

간은 과학 그 자체이다. 인간의 최후의 종교는 과학이다. 과학기술을
인류 복지와 행복만을 위해서 사용하는 과학 말이다.


# 21. 삶을 이해하기

나는 사춘기가 되면서부터 진정한 자아가 발현되었던 것 같다. 열네 살
이 되기 전까지 나는 그저 잘 웃고 까불고 놀기 좋아했으며, 생활하는
데 큰 어려움이 없는 평범한 가정에서 다복하고 행복하게 어린 시절을
보냈다고 기억한다. 하지만 내 마음 한구석에서는, 늘 나 자신에 대해 무
언가 풀어내야 할 과제가 내 마음을 무겁게 억누르고 있었던 것 같다.

억눌려 있었던 에너지가 때가 되면 폭발하고야 마는 화산처럼, 갑자기
내 마음속에서 폭발이 일어나기 시작했다. 나의 가정환경은 윤택한 편
이라서, 생계에 대해서는 어린 내가 고민해야 할 게 하나도 없었던 것 같
다. 하지만 나의 고뇌는 생계나 생활에 대한 것이 전혀 아니었다. 존재에
대한 고민과 고뇌였던 것이다. 나는 열네 살이 되면서, '나는 누구인가?',
'나는 어디서 왔는가?', '또 나는 어디로 가고 있는가?' 등 삶과 죽음에 대
한 본질적인 의문들을 갖기 시작했다. 그러면서, 왜 이렇게 복잡한 생각
을 많이 해야 하는지, 왜 이렇게 번민하고 고생해야 하는지, 겨우 100년
도 못 사는데 그 비중과 균형이 안 맞아 보였다. 한 5만 년이나 10만 년
쯤 산다면, 자신이 행복할 수 있는 제일 좋은 사상과 철학을 선택해서

자신의 인생을 꽃피울 수 있도록 이런 고민, 저런 고뇌, 이런 사상, 저런 철학, 이런 종교, 저런 종교 다 섭렵해볼 시간이 있겠지만 말이다.

과거에는, 내가 어렸을 때는, 수명이 겨우 50~60세, 조금 길면 70세가 고작이었다. 그렇게 짧은 시간을 살다 가는데, 하루 24시간 중 30~40%인, 잠자고 먹는 등 생체 유지를 위해 소비되는 시간을 제하고 나면, '사색하고 자신에게 맞는 사상과 철학을 완성시킬 수 있는 시간이 도대체 얼마나 될까?' 하는 의문이 들었다. 나는 앞으로 살아갈 내 인생에 대한, 삶에 대한, 나라는 존재에 대한 의문에 본격적인 질문을 나 스스로에게 하기 시작했다. 내가 가진 이 의문에 대한 답을 알아내고 이해하고자 하는 이 중대한 문제를 해결해야 하는 상황에서, 나에게 학교 공부 따위는 하찮은 문제로 생각되었다. 내가 왜 살아야 하며, 삶의 의미와 가치는 무엇인지, 도대체 나는 누구인지, 나는 무엇 때문에, 무엇을 위해 살아야 하는지 등에 대한 해답이 없는 한, 나는 다른 아무것도, 그 무엇도 생각할 수 없었으며, 다른 길을 향한 내 발걸음은 한 발자국도 내디딜 수 없는 기분이었다. 나는 그때부터 내 인생의 의문을 풀기 위해서만, 내 존재가 무엇인지에 대한 해답을 찾기 위해서만 인생을 살기로 했다.

그때부터 나는 조금씩 심각하고 심오한 아이로 변해가기 시작했다. 여자로서의 육체적인 성장과 변화도 동시에 시작되었다. 그때를 계기로 나는 나 자신을 탐구하는 마음으로 고등학교 시절을 다 보냈다. 그 후 대학 진학을 결정할 시점이 되었지만, 내게는 대학에 대한 흥미도 필요성도 전혀 느껴지지 않았다. 그리고 솔직히 말해서, 내 존재에 대한 이해를 해나가는 것도 벅차서 대학 갈 기본 지식도 갖추어 놓지 못했다는 말을 이 기회에 솔직히 덧붙이고 싶다.

이제 나는 일흔 살이 넘었고, 소위 인생이라는 내면의 고유한 여행, 즉 나만의 경험, 나만의 체험, 나만의 기억들을 가지고 있다. 열네 살에 처음 자아가 발현되면서부터 나는 '지식의 길'은 내 길이 아니라는 것을 직관적으로, 육감적으로 느껴서 알고 있었던 것 같다. 잠시 은행원이 되어 몇 년 동안 근무하다 통상적인 결혼 적령기가 되자 잠깐 고민을 해야만 했다. 마음속에서는 '누구나 다 당연히 결혼을 하는 것이니까 나도 결혼을 해야만 하는 걸까?' 하고 질문도 던져보았다. 그러나 내면의 대답은 '결혼이 인생의 의무와 책임은 아니다.'라는 것이었다. 그 당시 여성들의 직장 생활이라는 것은, 대부분 조건 좋은 남성들과 결혼하기 전에 잠깐 머물다 가는, 그런 것이었다. 시대를 거슬러 여성이 경제를 개척해나가는 일은 결코 만만하지 않은, 거의 불가능해 보이는 현실이었다. 나는 결혼이라는 미지의 세계에 한번 뛰어들어보기로 결심했다.

나는 나를 포용해줄 수 있는 도량 넓은 남성과 결혼하였다. 그리고 1녀 1남을 낳아, 키우고 성장시켰다. 이런 경험을 가지고 있는 나는 겉으로 보기에 다른 여성들과 별반 다를 바 없는 평범한 인생 경로를 가지고 있다. 그렇지만 나의 내면으로의 여행은 겉으로 보이는 것처럼 평범하지도 평탄하지도 않은, 수많은 고뇌와 번민 속에서 얻은 수많은 상처와 아픔이었고, 죽고만 싶어지는 인생의 쓰라린 고통이었으며, 무엇보다도 나 자신과의 고통스런 싸움이었다.

나 자신과의 전쟁에서 패배자가 되지 않고 우뚝 살아남는 것이 성공인 양, 내 인생의 전쟁에서 최후의 승리자가 되어 많은 사람들에게, 많은 여성들에게 작은 희망이 되어 앞을 밝혀주는 등불이 되었으면 해서 이 글을 쓰게 되었음을 밝히는 바이다. 70년이 넘도록 살아오면서, 전쟁과도 같은 삶을 포기하지 않고 살아남은 자로서 앞으로 살아가야 할 사람들에게 그동안 내 내면으로의 여행에서 얻은 사상과 철학을 밝히고 싶었다.

앞에서도 말했듯이 열네 살 이전까지는 잘 까불고, 잘 웃고, 잘 놀던 어린아이였던 나는 어느 날 갑자기 찾아온 인생의 의문을 접한 이후 큰 슬픔과 불안, 불행을 느끼기 시작했다. 내 주변 모든 사람들이 아무도 자신의 인생에 대해 행복해하지 않는 것처럼 보였다. 사람들은 아직 살아서 밥도 먹고 잠도 자고 일터에 나가기도 하지만, 모든 사람들이 살아 있는 유령처럼 보였다. 무덤덤한 것이 인간의 본능인 것처럼, 얼굴에 웃음도, 기쁨도, 환희도, 희망도 없는, 아무것도 느끼지 못한 채 그냥 살아 있기만 한 유령들처럼 느껴졌다.

나는 어린 나이에 '왜 사람들은 저렇게 불행한데 살아가야만 하는지?'에 대해 이해할 수가 없었다. 사실 내가 속했던 우리 가족들 안에서도 웃는 것을 그리 자주는 못 봤던 것 같다. 그저 아침에 일어나면 세수하고, 밥 먹고, 직장 나가고, 학교 가고, 저녁이면 다들 돌아와서 저녁 먹고, 밤이면 잠자고, 그다음 날 아침이면 똑같이 다람쥐 쳇바퀴 돌듯 돌아가는 것이 그저 인생의 전부인 것 같았다. 이렇게 쳇바퀴 돌듯, 달라지는 일 없이 똑같은 일상이 영원히 반복되는 것이 인생이란 말인가 하는 의문과 함께 인생에 대해 실망에 빠졌다.

그리고 그것도 모자라 라디오나 TV에서는 매일 사건, 사고, 전쟁 이야기가 주된 스토리였다. 그러다 보니 모든 사람들은 이런 부정적이고 폭력적인 뉴스에 중독되었고, 그러한 사건과 사고, 전쟁 보도와 내용이 안 나오는 뉴스는 인기가 없으니 점점 더 자극적이고 강한 사건과 사고를 다루는 것 같았다.

나는 어렸을 때 내가 살고 있는 나라와 관계가 없는 다른 나라에서 전쟁이 난 장면을 보았는데, 너무나 놀랐다. 파리 죽이듯이 마구 사람을 죽이는 장면들을 게임을 보도하듯 방송하는 것을 보고 충격을 받았다. 사람의 양심과 인간성을 마비시키고 중독시켜온 모든 미디어들에게 그 책임을 묻고 싶다. 어쨌든 현생 인류 약 1만 4천여 년 동안 역사의 수레바퀴 속에서 전쟁이 없었던 날은 하루도 없었다고 해도 과언이 아닐 것이다. 나는 열네 살 이후 너무도 슬프고 불행하고 침울했으며, 이런 세상에 대해 고통받아 왔다. 왜냐하면 '먼 나라, 이웃 나라', '내 나라, 남의 나라'라는 분리감이 내게는 없었고, 그저 그들이 나와 똑같은 슬픔과 고통과 아픔과 불행을 느낄 수 있는 사람들이라는 생각밖에 들지 않았다. 똑같은 인간이 똑같은 사람을, 어찌 그렇게 파리 목숨처럼 수많은 사람들을 죽여야 하는지.

전쟁이 무슨 그렇게 가치 있는 일이라고 부모와 형제와 가족을 분리, 분단시켜 놓고 70~80년이 다 되어도 다시는 볼 수도 없는 쓰라린 한을 심어놓는단 말인가?

나는 인간성을 이해할 수 없었다. 지도책에는 수많은 국경선이 각 나라마다 수도 없이 갈갈이 찢겨져 그려져 있다. 그러나 지금 우리의 과학기술은 로켓을 타고 지구 궤도를 돌거나 달에 가서 직접 지구를 내려다볼 수도 있고, 또 사진을 찍어서 다 같이 공유하며 볼 수도 있다. 그렇게 찍은 지구 사진 어디에도 국경선이 그려져 있거나 다니지 못하도록 분리되어 있지 않다. 이것은 인간에게, 인류에게 무슨 뜻일까? 무슨 의미인가?

만물의 영장이라고 하는 인간은 모든 동식물을 마음대로 지배하고 파괴하여 거의 대부분이 멸종되어가는 것이 현실이다. 이 지구 상에 살아 있는 모든 생명체 중에 인간이 만든 것은 하나도 없다. 우리 인간의 소유가 아니다. 우리 인간들이 모두 죽이고 멸종시킬 권리가 없다. 우리는 살아 있을 때 잠깐 빌려 쓰는 자들이다. 소중히 가꾸고 보존하여 우리 후손들에게 아름답고 행복하게 살 수 있도록 잘 물려주어야 한다.

그렇게 만물의 영장이고 생태계의 제1인자라는 인간이 새들보다도 더 자유롭고 행복하게, 더 나은 삶을 살고 있다고 감히 말할 수 있을까? 모든 살아 있는 생물의 '가장 평화롭고 행복한 점, 더 나은 점'을 우리가 감히 정의 내릴 수 있을까? 불행하게도 인간은 날아다니는 새들보다 자유롭지도, 행복하지도 못하다고 믿는다. 새들은 어떠한 허가도, 신분증도, 비자도, 여권도 없이 자유롭게 국경선을 넘나들며 날아다닌다. 그리고 행복하게 자신들의 삶을 즐기며 노래하고 있는 것 같다. 어쨌든 모든 동물들과 비교해봐도 지금의 인류는 여타 동물들보다 자유롭지도 행복하지도 평화롭지도 않은 것만은 사실이다.

나는 살 만큼 산 인류의 소시민이다. 그러나 민심이 천심이라고 했던가? 나 같은 소시민이 깨달은 문제를 인류를 이끌어가는 권력 있는 정치가들은 모른단 말인가? 아니면 모르는 척하는 것인가? 자신들의 권력과 금력에만 관심이 있고, 힘없고 '빽' 없고 돈 없고 권력 없는 소시민들은 다 굶어 죽고 병들어 죽어도 상관없단 말인가? 자신들만을 위한 불의와 결탁하여, '타국'이라는 이름을 가지고 있는 같은 지구인을 전쟁을 통해 지배하고 식민지화하고, 전쟁을 통해 돈 버는 데만 주력하는 등, 이런 정치인들의 광기의 폭력에 그저 순응하면서 살아가서는 안 되는 시대에 접어들었다. 왜냐하면, 이제 우리는 몇백 년 전, 몇천 년 전 고작 칼과 창으로 전쟁하던 시대와는 전혀 다른 시대에 살고 있다. 인류는 하나이고 지구도 하나뿐이라는 인식을 인류 한 사람 한 사람이 자각하지 못한다면, 우리 인류는 태양계에서, 아니 우주에서 사라질 운명을 가지고 있는 것이다.

이제 핵무기는 도처의 여러 나라에 있다. 미국이나 영국, 프랑스, 러시아, 중국, 인도, 파키스탄 등, 심지어 북한에도 핵무기가 있다. 이제 이 나라 저 나라, 우리나라 남의 나라, 이런 가치관은 우리 인류 전체의 파멸이라는 위기를 초래할 뿐이다. 내가 인류를 살릴 수 있는 길이 있다면, 나는 인류의 평화만을 위한 삶을 살고 싶다. 지구인, 인류, 우리 모두는 하나라는 것을 깨닫는 길뿐이다.

과학자들은 인류 자멸 100초 전이라고 말하고 있다. 정말 시간이 얼마 남아 있지 않지만 살아남을 가능성과 희망은 아직 남아 있다. 이 귀중한 아주 작은 기회를 놓치지 말고 붙잡자. 이제는 서로 싸워봤자 승자도 패자도 없는 시대에 우리는 살고 있다. 인류가 자멸하길 바라는 사람은 한 사람도 없을 것이라고 믿는다.

내가 열네 살 때부터 침울하고 불행했던 이유가, 인류가 망가트린 낙원을 다시 일으켜 세우는, 복락원을 건설하는 사명을 가졌기 때문은 아니었을까 하는 생각마저 드는 것이 사실이다. 왜냐하면, 진정으로 불행해본 자만이 행복을 꿈꾸고 행복한 세상을 만들고 싶어하는 것이 아니겠는가? 불행이나 대참사를 막으려면 인류 한 사람 한 사람이 의식과 정의감을 가져야 한다.

한편으로, 내가 어렸을 때 '왜 주변의 모든 사람들이 그토록 측은할 정도로 불행해 보였을까?' 생각해보니, '오직 돈을 벌기 위해 온갖 노동에 시달리면서 사는 게 인생인가?' 하는 생각과 함께 모든 인류가 아무런 희망도 없어 보였기 때문이다. 나의 아버지는 6·25 동란, 그리고 가난한 나라 '10인 가족'의 가장으로서 책임과 의무라는 무게 때문에 별로 웃지도 못하셨던 것 같고, 그로 인해 집안 전체가 엄숙한 분위기였다. 그 시대나 지금 이 시대나 마찬가지로 자신을 돌아볼 여유도, 자신이 무엇을 좋아하는지 생각해볼 겨를도 없이, 한 가족을 책임지고 죽

을 때까지 노동으로 생계를 유지하기 위해 돈을 버는 것이 고작 인생의
목표였던 것이다.

인간이 고작 개미처럼 먹이를 찾아 먹기 위해 태어난 존재란 말인가? 먹기 위한 것만이 인간 존재의 목적이라면, 인간은 왜 그렇게 복잡한 사고와 사색과 사상과 철학이 필요한 것인가? 이것은 이치에 안 맞는 일이다.

어렸을 때 자신의 내면에 가만히 질문들을 해보았다. '인생의 목적은 무엇인가?' 나의 내면의 깊은 의식 속에서 가만히 속삭여주었는데, 인생의 목적은 '살아 있음의 기쁨을 누리기 위해서, 그리고 행복하기 위해서'라고, 그리고 '인생은 재미있게, 재미있는 놀이처럼 살아야 하는 것'이라고, 패밀리 네임, 국경선, 인류와의 분리감, 권력, 이런 관습과 폐습을 타파하고 통합된 지구촌 나라, 인류, 자연주의, 평화주의, 지구 행성 통합정부, 정의, 타인과 인류와 자신은 하나라는 깨달음이 내 마음속 깊은 곳에서 속삭여주었다. 그때부터 나는 세계 평화를 이루기 위해서 '지구촌 행성 단일 정부', '인류는 하나다.', '우주와 무한도 전부 우리는 하나로 연결되어 있다.'는 것을 널리 알리기 위해서만 살아왔다고 해도 과언이 아닐 것이다.

생각해보면, 과거부터 지금까지 수많은 전쟁이 있을 수밖에 없었던 이유 중 하나는, 자신들의 권력과 금력만을 생각하는 이기주의자들에 의한 전쟁이 더 많았겠지만, 그중에는 진정한 평화를 위한 마음에서 진행된 전쟁도 많았다고 생각된다. 어떤 권력자라도, 인간성과 양심이 파괴된 정신질환자가 아닌 이상 아무 이유 없는 희생과 살상과 살육을

좋아하지는 않을 것이다. 원시시대에는 평화적인 방법도 대화도 통하지 않을 때 할 수 있는 방법으로, 무력이나 전쟁으로 상대방 국가의 승복을 받아내서 평화를 유지시킬 수 있다고 생각했을 것이다. 그러나 과거의 역사가 증명해주듯이, 전쟁과 무력으로는 평화에 도달할 수가 없다. 이제는 총이나 칼로 몇백 명, 몇천 명만 죽일 수 있는 시대가 아니라, 핵무기가 아닌 지금의 재래식 무기만으로도 도시 전체를 파괴시켜 날려 보낼 수도 있는 시대이다. 그렇게 되면, 그에 따른 자연 파괴, 부작용은 고스란히 우리 인류에게 재앙으로 부메랑이 되어 메아리치듯 되돌아올 것이다. 이제 무력이나 전쟁으로는 인류 평화에 도달할 수 없다는 것이 증명되었다.

남아 있는 방법은 오직 하나, 인류 한 사람 한 사람이 이러한 사실을 깨달아 전쟁을 반대하고, 평화만이 인류를 공존시킬 수 있는 길이라는 것을 모두가 외쳐야 할 것이다. 다 같이 단결하여 전쟁은 무조건 반대하고, 평화적인 인류 정치개혁 혁명을 하는 것이다.

인류의 생계에 대한 고민과 고통은 곧 다 사라질 것이다. 인간이 살아가는 데 필요한 모든 것들은 생명공학, 분자생물학, 유전자공학, 나노테크놀로지 등 과학과 의학에 의해 자동화 기술로 사회에서 전부 제공되는 시대가 올 것이다. 각 개인은 자신의 본성대로, 개성대로 재능에 따라 예술과 창작 활동, 발견과 발명 등 자신이 하고 싶은 일만 하는, 사랑과 놀이를 마음껏 하는 시대로 접어들 것이 확실하다. 실로 우리가 이 마지막 기회를 놓치지 않고, 영구적인 평화를 원한다면 말이다.

지구에 있는 하나의 나라도 빠짐없이 세계 평화 불가침 동맹을 맺으면, 적국이라 여겼던 나라들은 다 사라지고 동맹과 우방만 남게 된다. 우방은 '친구의 나라'이다. 우방인 나라들과는 전쟁을 할 필요가 없게 된다. 다시 한번 우리에게 주어진 마지막 기회를 놓치지 말고 붙잡자. 지구를, 인류를, 세상을 바꾸는 평화혁명! 인류 각자 한 명 한 명씩 자신의 목소리를 내자.

"인류 전쟁 NO, 인류 평화 YES."

평화 지구행성 연합 단일정부 창설을 이루고 나면 인류는 항구적인 평화의 시대로 접어들 것이다. 전쟁 NO, 평화 YES.


## 22. 나는 초의식을 느껴보았다

어느 날 나는 빛이 별로 들어오지 않는 어두컴컴한 마룻바닥에 누워 심호흡을 하며 명상을 하고 있었다. 똑바로 누워서 팔은 편안하게 내려놓고 손바닥은 위를 향해 편안하게 폈다. 그리고 코, 목, 폐를 의식하면서 깊은 숨을 단전 깊숙이까지 들이마셨다가 내쉬기를 20~30분 하고 난 다음, 몸과 마음을 편안하게, 그리고 아무런 생각을 하지 않고 양쪽 발가락부터 발등, 발바닥, 발목, 종아리 이렇게 천천히, 그러나 집중한 의식 상태로 무릎, 허벅지, 성기, 아랫배에서 가슴, 중요한 목을 지나 입, 코, 눈, 이렇게 나의 몸 한 부분도 빼놓지 않고 두뇌 정수리까지 집중된 의식을 끌어올렸다. 그리고 양미간에서부터 시계방향으로 의식하면서 두뇌 속을 회전시켰다. 은하수에 회오리가 치는 것처럼 돌아가는 모양으로 두뇌 속 세포들을 나선형으로 의식하고, 하나하나 눈으로 보는 것처럼 상상하며 회전시켰다. 시계방향이 끝나고 나면, 이번에는 시계 반대 방향으로 두뇌의 호두같이 생긴 주름살을 하나하나 의식하면서 나선형으로 회전시켜서, 두뇌 가장 깊은 곳까지 완전히 의식하면서 끝냈다.

그때의 그 명상 후 나는 처음으로 우주적 오르가즘을 느껴보았다. 성적 오르가즘과는 명확히 다른, 생존하는 존재 전체에서 존재하고 있음의 우주적 오르가즘, 뭐라고 말로 표현하기 어렵지만, 존재의 생존해 있음의 지복감이라고나 할까? 그리고 온몸 세포들의 합일된 조화감에서 오는 일체의 파동들은 마치 아름답고 조화로운 완벽한 오케스트라의 연주와 같아서, 나의 몸 구석구석의 세포들이 춤을 추듯이, 기분 좋은 지복감의 경련들이 일어나면서 입에서는 기쁨의 소리들이 마구 튀어나왔다.

사실 나는 사람의 몸에서 어떻게 이런 명상의 효과가 일어나는지 놀라웠다. 교성 같은 신음 소리에 주변 사람들에게 부끄러운 생각이 들어서 얼른 평상심으로 되돌린 적이 있다. 그리고 더 신비한 점은 눈을 감고 명상을 했는데, 명상의 최고조에 다다르자 나의 육체는 뜨거운 프라이팬에 올려놓은 초콜릿처럼 다 녹아서, 사라져 느껴지지 않는 가운데, 이 세상이, 이 우주가 전부 밝은 주황색으로 변해 있었다. 그러나 그 주황색은 단순한 주황색이 아니라, 밝은 주황색 속에 밝은 노란색이 조화를 이룬, 형광색 같은 붉은 주황색이라고나 할까. 어떻게 표현하기 어려울 정도의, 아주 밝은 노랑과 빨강, 주황이 복합적으로 빛을 내고 있었다.

우리는 정신과 육체라는 이분법적 분리감을 갖도록 교육받아 왔다. 정신은 고귀하고, 육체는 정신보다 하위에 있는, 무언가 더럽고 추한 것 같은 이미지를 심어 놓음으로써, 우리는 자신의 신체에서 오는 모든 감각을 터부시하는 교육을 받아왔다. 그러나 정작 우리의 몸은 정신을 담는 그릇이고, 몸이야말로 가장 정직한 이성이고 직관적인 정보를 전해주는 도구이다. 앞으로 올 신인류 시대의 학교는, 모든 어린이들에게 자신의 몸을 사랑하고 감각을 개발시키는 명상을 통해 전인적 인간 교육을 하는 곳이 되었으면 한다.


## 23. 초의식을 사용하자

인간은 이 지상에서 잠깐 머물다 가는 여행객들이다. 그것을 확실하게 인식하고 의식하는 사람들은 쓸데없는 허영심이 없다. 부질없고 덧없는 환상의 노예가 절대 될 수 없다. 왜냐하면 자신에게 주어진 이 지상에서의 여행이 아주 짧다는 것을 알고 있기 때문에, 아무 의미도 가치도 없는 쓸데없는 데 한눈팔고 시간을 허비할 수가 없기 때문이다.

인간 내면의 수수께끼를, 미지의 정신세계를 이해하고 알아내고 키우고 가꾸고 꽃피우고 완성시키기 위한 시간도 모자란다는 것을 잘 알고 있기 때문이다.

자기 자신을 다스리는 데도 가지고 있지 못한 권력을 왜 타인에게 남용하려 하는가? 자기 자신도 지배하지 못하면서, 왜 남을 지배하려고 욕심내는가? 다른 사람을 지배할 수 있다고 생각하는 자들은 너무 심한 착각에 빠져 있다. 인간은 누구도 지배할 수 없는 존재이다. 한 사람 한 사람은 바로 우주이고, 바로 무한이기 때문이다. 가장 비루하고 마음이 가난한 자만이 남을 지배하려고 한다. 겉으로는 돈과 권력으로 그 사람을 무릎 꿇리고 굴복시켜 지배했다고 착각할 것이다.

희미하게라도 자신이 자유를 그리워하고, 자유 그 자체이며, 무한한 우주 자체의 일부라는 것을 이해한 사람은, 자신이 방랑자 외에 어떤 것도 아님을, 이 무한 우주 속에서 인식하고 의식할 수 있는 하나의 먼지에 불과함을 느낄 수 있다. 인간에게는 자신을 정복하는 것 외에는, 그리고 타인을 위해, 사회를 위해 더 나은 삶의 질을 높일 수 있는 사랑을 나누어 주는 것 외에는 아무런 다른 가치가 없음을 깨달아야 한다.

인간의 위대한 점은, 동물로 태어났지만 '신과 같은 삶'이라는 목적을 이루기 위해 짐승에서 신으로 도약하고 거듭날 수 있는 기회가 주어졌다는 것이다. 이쪽 낮은 곳에서 저쪽 더 높은 곳으로 건너갈 수 있는 다리, 바로 삶이라는 기회가 주어졌다는 것이다. 이제 새로운 의식이, 새로운 정신이 새로운 과학 시대에 걸맞은 새로운 정신과 새로운 주체적 가치 창조, 새로운 세계에 대한 새로운 해석이 필요하다. 지금까지 닫혀 있었던 시간과 공간에 대한 관념을 깨고 들어가, 과거의 가치에 균열을 내는 실천이 필요하다. 닫혀 있는 좁은 문을 깨부수고 무한한 세계를 향해 나 있는 문을 활짝 열어젖히는 것이다. 인습과 관습과 관행에 맞서 세상의 문을 여는 혁명이 필요하다.

자신의 인간성도, 의식도 이해하지 못한 자들이 지배하는 이 세상의 폐습으로부터 모든 사람들을 자유와 평화로 해방시키는 일이 우리가 해야 할 시급한 문제이다. 왜냐하면, 지금의 폐습으로는 인류 몰락의 시간이 얼마 남아 있지 않기 때문이다. 우리 모두가 알고 있지 않은가? 식물에서 인간까지 지구의 모든 생명들을 파멸시킬 수 있는 핵무기를 수만 개씩 지구 곳곳에 쌓아 놓고 있다. 사정이 이런데도 새로운 가치관, 새로운 인식, 새로운 의식으로 바꾸지 않는다면, 우리 지구인 모두에게는 승자도 패자도 없는 공멸의 결과밖에 남아 있지 않다.

'어떻게 할 것인가?'에 관한 선택의 자유가 없는 지구인 모두는 이미 막다른 골목에 와 있다. 지금까지 자신의 정체성을 이해하지 못한 사람들이 지배해왔던, 불행했던 과거의 습관과 관습에 대한 인식도 없이, 자신들이 만든 이 원자폭탄 괴물들이 바로 자신들을 잡아먹는 악마라는 것조차 예견하지 못하고 있다. 이 원시적인 사람들에 의해 착한 사람들까지 모두 멸망시킬 수도 있는 이러한 시대를 만들어낸 책임은 누구에게 있는가? 이러한 원시적인 사람들이 주인 노릇 하고, 순수한 인간들을 노예로 전락시킨 결과를 빚어낸 책임은 누가 질 것인가?

이 전도된 결과를 역전시킬 기회는 단 한 번 남아 있다. 더 늦기 전에 이 상황을 깊이 인식하고 이 전도된 결과를 역전시키기 위해 지금까지의 모든 가치관을 급전환해야 한다. 볼 수 있는 자는 밝은 눈으로 보고, 들을 수 있는 자는 더 늦기 전에 빨리 들어야 한다. 밝은 눈과 밝은 귀로.

경쾌한 걸음걸이로 도덕의 광막하고 아득한, 숨겨져 있는 미래 시대를 예시하고 예언한다. 일과 노동, 사회와 국가라는 폭력 집단에 의해 수천, 수만 년 동안 대물림되고 고질화되고 고착화된 원시성에서 우리 세계인들은 탈출해야 한다. 벗어나야 한다. 우리 현대인들은 수천 년에 걸쳐 양심을 무시하고 찢어발기고, 서로가 서로를 밟고 지배하기 위해 아무 가치도 없는, 오직 권력을 유지하기 위해 결국에는 자신들도 구제받을 수 없고 벗어날 수 없는 죽음의 마지막 골목길의 끝에 다다랐다. 우리 인간은 빈약하지도 어리석지도 않다. 우리 스스로가 인식과 견해를, 관념을 급회전하기만 하면 된다. 그곳에 마지막 구원의 길이 남아 있다.

지금까지 발달해온 과학기술을 살인용·살상용 무기, 핵무기, 화학무기, 기후무기 등으로 악용할 것이 아니라, 모든 살상용 무기를 폐기하고, 전 세계 국가들은 적국, 동맹국으로 더 이상 분리, 분열시키지 말아야 한다. 전 지구의 국가들을 하나로 통합, 융합하여 세계 평화 단일 지구로 통일시킨다면 서로 싸울 이유도, 전쟁할 일도 없어진다. 전쟁을 하기 위해 조직된 지금의 군대들은 다 해산시키고 대신 '세계 평화유지군'을 창설한다면, 전 세계인은 다 같은 지구 나라, 지구촌 사람으로 항구적인 평화 속에서, 자유와 인권과 사랑과 정의를 누리며 영원히 행복하게 살 수 있다.

모든 힘든 노동은 인공지능(AI), 나노테크놀로지, 각종 로봇에 맡기고, 생명공학, 유전공학 등을 이용하여 모든 병을 다 고칠 수 있다. 돈과 노동의 종신형 노예 생활에서 해방되는 낙원 세상을 건설할 수 있을 것이다. 젊은 나이로 천년만년 살면서 평화와 자유와 평등과 정의 속에서 영원히 행복하게 인생을 즐기면서 서로 사랑하면서 살기만 하면 되는 것이다.


## 24. 니체가 『차라투스트라는 이렇게 말했다』에서 한 말의 의미는?

독일의 유명한 철학자 니체의 책, 『차라투스트라는 이렇게 말했다』에서 말한 '초인'이란 뜻은 실제로는 의식과 초의식을 일컫는 말이다. 초의식은 무한의식, 우주의식을 일컫는 말이다.

그대 위대한 별이여, 그대가 빛을 비추어준다 하더라도 그것을 받아들일 존재가 없다면 그대의 행복은 무엇이겠는가?

니체가 말한 위대한 별의 빛을 비추어준다는 말의 빛은 인생의 의미와 가치, 그리고 진리를 표현한 것으로, 아무리 진리의 말(빛)을 비추어준다고 해도 그 진실의, 진리의 진정한 의미와 가치를 알아듣고 행할 사람이 아직 없다는 뜻이다.

내가 생각하건대, 진정한 인류는 아직 태어나지 않았다. 왜냐하면, 진정한 인간은 싸움이나 투쟁을 좋아하지 않는다. 이 지구가 아직도 조각조각 잘리고 분리되고 찢겨서 전쟁으로 죽어나가는 사람들이 있다는 사실만으로도 진정한 인간은, 진정한 인류는 아직 태어나지 못했다는 증거이다. 진정한 인간은 불행을 원하지 않는다. 진정한 인간은 행복을 원하고 평화와 자유를 원한다. 아직 이 세계에 자유와 인권과 평화가 정착하지 못했다는 것이, 바로 아직 인간이 되지 못했다는 증거이다.

인류란 다른 누군가가 아니라, 바로 인간 한 사람 한 사람이 모여서 지구에 살고 있는 전 세계인을 일컬어 말하는 것이다. 인간 한 사람 한 사람이 들을 귀가 생기면 인류는 곧 태어날 것이다. 인간은 실수하고 또 실수하고, 실패의 쓴맛을 보고 나서 배우는 법이다. 이제 인간들은 그동안의 인류 역사에서 수많은 쓰라림과 전쟁의 비참한 고통을 충분히, 넘쳐나게 배웠다. 더 이상 배울 것이 있다고 생각한다면, 인류는 다시는 돌아올 수 없는 강을 건너게 될 것이다. 그것은 바로 인류의 몰락만이 남아 있을 뿐인 것이다. 왜냐하면, 인류는 스스로를 충분히 멸망시키고도 남을 핵무기를 산처럼 쌓아 놓고 있기 때문이다.

차라투스트라는 들을 수 있는 귀를 가졌다. 그리고 이해할 수 있는 초의식도 가졌다. 그리고 올바른 말을 할 입도 가졌다. 이제 인류는 그동안의 모든 고통과 불행을 뛰어넘어 극복할 때이며, 이제 초인도 뛰어넘어 초의식을 사용할 때이다. 인간들은 벌레로부터 짐승의 길을, 원숭이로서의 길도 걸어왔다. 많은 점에서 아직도 벌레 같은 점이 더 많다. 원숭이보다 더 원숭이스럽다. 그러나 이제 원숭이의 수준에서 탈피해야 한다. 원숭이 수준에서 벗어나서 한 바퀴 껑충 뛰어올라 원숭이를 초월해야 한다.

이제 인류는 곧 태어나려 한다. 태아는 엄마 배 속에서 달수를 다 채웠기 때문이다. 이제 자궁문이 열리고 인류라는 아이가 태어나려 하고 있다. 그 증거는, 아이는 커서 들을 귀가 생겼기 때문이다. 그리고 초인으로 표현할 의식과 초의식도 생겼다. 더구나 말할 수 있는 입까지 생겼다. 차라투스트라는 말했다. "존재한다는 것은 초의식을 사용하는 것이며 초의식을 사용하지 않는다면 벌레나 다름없고, 그리고 짐승보다 더 나을 것도 없다."고.

이제 만삭이 다 된 우주는 자신의 아이를 낳으려고 한다. 용맹스럽고 불의에 대항하는, 사자 같은 아이에게 일과 노동에, 전쟁에, 국가와 사회에 충성해야 한다고 말하던 시대는 지나갔다. 불의에 대항하는 쾌활하고 경쾌한 사자들은 "나는 원한다. 자유와 인권과 평화를, 그리고 더불어 행복을 원한다."고 선포해야 한다. 자유와 인권과 평화는 저절로 굴러떨어지는 것이 아니다. 인류의 형제들이여! 불의와 전쟁 앞에서 "아니요."라고 신성하게 말할 수 있기 위해서는 불같은 열정을 지닌, 자유와 사랑을 사모하는 쾌활한 사자가 되어야 한다.

이제 쾌활하고 경쾌한 희망이라는 이름으로 자유와 행복을 전하기 위해 초인들과 초의식의 신생아 인류 아기가 태어났다. 그 이름은 초의식이라는 사자이다. 니체의 "위대한 정오의 때가 가까이 오고 있다."라는 말의 위대한 정오란, 한낮의 태양의 빛, 그 광명의 시간이, 평화와 행복의 시간이 다가왔음을 알리는 말이다. 마침내 인류의 전쟁은 영원히 종식되고, 온갖 과학적 발전의 기술을 이용하여 인류는 돈과 노동의 종신형 노예에서 영원히 해방되어 더 이상 일하지 않고 천년만년 자신이 살고 싶은 대로만 인생을 즐기면서 자신을 개화하며 영원한 평화 속에서 황금시대를 맞이하게 될 것이다.


## 25. 인간의 정의 (1)

인간이란 무엇인가?

과거에는 물질에 대해 과학적으로 이해할 수 없었기 때문에 진정한 인간성과 인간에 대해 정의할 수 없었다. 지금은 과학의 발달로 인해 인간의 존재 이유와 존재의 목적, 존재의 동기, 존재의 기원, 모든 삼라만상의 기원을 알 수 있게 되었고, 설명할 수 있게 되었다.

인문학을 다루는 TV 프로에서 뇌과학자들이 인간을 한마디로 '살아 있는 생물 컴퓨터 기계'라고 정의하는 것을 들은 적이 있다. 인간의 몸은 여타 다른 동물들과 똑같은 동물이다. 그러나 정신(지능과 지성)은 동물 중에 제일 높고, 의식은 명상을 통해 무한한 의식 수준으로 끌어올릴 수 있다. 인간은 우주 의식의 무한의 대변자이며, 무한의 현현(顯現)이다. 인간의 초의식으로 상상하는 모든 것을 현실 세계에 실현할 수 있으며, 과학지식과 과학기술과 지혜와 현명함이 넘치면 지구 상의 모든 생명체도 똑같이 창조할 수 있다.

그러나 여타 다른 동물들과 달리 인간은 오감을 통한 학습으로 인한 경험과 체험만으로 살아가는 존재가 아니라, 오감을 통해 들어온 정보로 지식을 축적하여 더 나은 삶의 질을 높인다. 이뿐만 아니라 자기 스스로 연산 학습을 통해 예지, 예감, 예측, 통찰이 가능하며, 자기 성찰과 각성(깨달음에 이르는 상태)을 통해 주변의 사람들과 인류의 삶 전체의 질을 높여나간다. 인간의 본성이 아닌 일과 노동을 폐지하고 창조와 사랑과 평화와 자기 개화만을 위해 살 수 있는 시대로 발전시켜나가는 존재이다.

## 26.  인간의 정의 (2)

인간은 무한이 만들어낸 컴퓨터 기계이다.

인간은 생물학적 컴퓨터 기계인 것이다.

살아 있는 동안 자신의 정신성을 높일 수 있는,

각성시킬 수 있는,

개화시킬 수 있는 기회가 주어진 생물학적 컴퓨터 기계이다.

만약 인간성이 무엇인지, 자신이 누구인지 이해하지 못하고,

자신의 의식을 고양시키지도 개화시키지도 못했다면,

완성시키지 못했다면, 삶이라는 기회를 그냥 낭비해버린 것이다.


## 27.  참된 관조

참된 관조를 통해 초의식에 도달할 수 있다.

참된 관조는 청각적 또는 시각적인 것만이 아니라, 모든 감각을 동시에 또는 따로따로 사용하면서 이루어진다. 여러분 주변의 모든 모양과 환경 그리고 자연을 관조해보라. 관조는 올바른 관찰을 하도록 도와준다. 올바른 관조에 도달하기 위해서는 원하지 않는 감정, 쓸데없는 생각, 쓸데없는 잡념이 없어야 한다. 자신이 존재하는 것으로부터 멀어지게 만드는 현재의 문화 속에서, 우리 사회는 잘못된 교육으

로 인해 관조의 중요한 의미를 잃어버린 지 오래되었다. 관조만이 의식을 높일 수 있는 유일한 길이다.

관조란 사물 또는 자연과 주변 환경이 우리에게 기쁨을 느끼게 해주는 것을 더 효율적으로 배가시키는 방법이다. 우리는 사물에 대한 욕망과 소유욕에 사로잡히지 않고, 동시에 그것으로부터 분리되지도 않으면서, 사물로부터, 주변 환경이나 자연환경으로부터 기쁨을 얻을 수가 있는 것이다. 무언가 존재에서 의미 있는 것을, 기쁨을 주는 것을 바라보라. 내면의 평화와 행복의 상태, 즉 존재의 기쁨을 느끼는 상태에 늘 있어야 한다. 모든 것을 집약하지 않게 관조하기 위해서 존재해야만 한다.

의식을 가지고 살아 있는 시간은 그리 길지 않다. 아름다운 꽃을 관조하는 것은 쉽지만 자기 자신을 스스로 관조하는 것은 매우 어렵다. 한발 물러서서 자신의 존재를 관조해야 한다. 자신의 존재를 관조하는 것이다. 자신의 의식을 관찰하는 것이다.


# 28. 과학에 의해 인류의 기원과 삶의 목적이 밝혀진다

인류는 유사 이래 수많은 철학과 사상과 지식을 통해 인류의 기원과 삶의 목적을 이해하기 위해 많은 노력들을 기울여왔다.

그러나 인류의 과학기술이 자신의 행성을 벗어나 달과 화성에 우주

여행을 할 수 있을 만큼 과학적 발전을 했음에도 불구하고 아직까지 인류의 기원에 대해 과학적으로 인정할 만한 공식적인 명백한 해답을 내리지 못하고 있는 것이 현실이다.

인류의 기원에 대한 설은, 우선 크게는 신에 의한 '창조론'과 찰스 다윈의 『종의 기원』에 근거한 '진화론'이 있다. 그리고 또 하나는 캐나다 중학교 생물 교과서에도 실린 '고도의 문명을 가진 외계인 창조설'도 등장했다.

다윈의 진화론의 경우 아무것도 없던 것에서 갑자기 생명체가 생기고 진화해서, 원숭이가 진화해서 인간까지 되었다는 것으로, 이것은 과학적인 논거 가치조차 없는 허위 가설로서, 과학적으로 확실하게 증명된 것이 없는 것으로 알고 있다. 그리고 신에 의한 창조론은, 많은 사람들이 하나의 종교나 신앙을 통해 정신적으로 믿고 있는 것이 사실이지만, 이것 또한 과학적으로 아무런 증명도 할 수 없는 것이 사실이다.

나 또한 자아가 깨어날 무렵부터 나 자신의 인간성과 정체성, 또 인류의 기원, 수많은 생명체들에 대한 기원과 목적에 대한 많은 의문과 질문을 지금까지 해왔다.

내가 73년 동안 살아본 후 깨달은 결론은, 인류의 기원과 삶의 목적은 인류 자신에게 의문을 가진 주체자인 나 자신의 내면 안에 있다는 것이다.

자신에 대한 정체성을 이해하지 못한다면 인간은 의식적인 발전을 할 수가 없다. 자신이 누구인지, 무엇인지, 삶의 목적도 모르면, 자신에 대해 아무것도 아는 것이 없고 자신을 명백하게 이해할 수 없다면 어떻게 자신의 삶을 살 수 있겠는가? 어떻게 자신이 원하는 것이 무엇인지도 모르면서 어떻게 자신을 탐구하고 탐험하고 개화시킬 수 있겠는가?

자신을 개화시키고 완성시키려면, 우선 자신이 어디에서 와서 어디로 가고 있는지 원인과 목적을 알아야 한다.

우선 인간은 무한한 우주의 별 먼지로 만들어졌고, 죽고 나면 다시 별 먼지로 돌아간다. 의식이 없던 별 먼지, 흙먼지로 만들어졌지만, 우리가 의식을 가지고 살아 있는 동안 자신의 세포 설계도인 DNA 유전자 정보에 의해 생명체는 스스로 살아 있도록 프로그램되어 생명 활동이 유지된다. 물론 인간이란 기계는, 아니 모든 살아 있는 생물들은 살아가기 위해 에너지, 즉 외부로부터의 영양 공급이 기본 전제이다.

모든 살아 있는 동식물은 이미 전부 완전하게 프로그램되어 있으므로, 자신이 프로그램되어 있는 대로 살아가는 것이 그들의 삶이고 올바르게 존재하는 것이다. 다른 생명체들은 에너지 공급만 원활하게 잘 되면 별 부조화 없이 행복하게 살 수 있도록 설계되어 있다.

예를 들어, 새들의 경우 충분한 먹이를 먹으며 고공을 날 때 기분이 좋고 행복하도록 이미 완벽하게 설계되어 있다. 지렁이에서 개미, 여우, 늑대, 사자에 이르기까지 모든 동물들은 자신들의 생명 활동에 필요한 조건만 갖추어지면, 먹고 자고 생식하는 데 불편함이 없다면 모두 다 행복하고 만족하도록 만들어져 있다.

그러나 인간의 경우는 그렇지 않다. 인간은 배가 부르고 잠을 잘 자고 생식을 잘해도 여전히 완벽하게 행복할 수는 없다. 왜냐하면 인간은 빵만으로는 만족할 수 없게 만들어져 있기 때문이다.

아무리 배가 불러도, 잠을 잘 자고 집이 있어도, 인간은 항상 '왜?'라는 의문을 가지고, 더 나은 내일을, 더 나은 미래를 꿈꾸는 동물이기 때문이다.

과학자들은, 인간의 유전자 중 겨우 15%만 사용되고 나머지 85%는 아무데도 쓰이지 않기 때문에, 인간의 85% 유전자는 쓸모없는 쓰레기 유전자로 알고 있었다.

그러나 과학이 발달함에 따라, 쓰레기 유전자로 알고 있었던 85% 유전자들이 후천성 유전자들로서, 자신의 의지로 재프로그램하는 데 쓰여질 준비가 되어 있는 유전자들이었다는 것을 알게 되었다.

과학이야말로 인간에겐 필수불가결한 재산이고 유산이다. 인간은 '왜?'라는 의문과 질문을 제기함으로써, 자신이 처한 환경과 운명을 자신이 진정으로 원하는 방향으로 재프로그램하여 아주 새롭게 완전히 바꿀 수도 있다.

예를 들어, 아버지와 어머니, 형제들이 이미 구축해놓은 가족관계에서의 사고와 생활방식과 가치관이 마음에 들지 않을 경우 자신이 원하는 대로, 자신이 행복할 수 있도록 재프로그램하는 것이다.

인간은 자신의 환경을 개선하고 창조하고 개발할 수 있도록 만들어져 있다. 인간이 발전할 수 있는 가능성은 실로 무한하다. 그러나 그것은 정치권력의 통치적 수단을 유지, 세습하려는, 이기적인 야망을 목적으로 한 제한과 규제의 사회구조 아래에서는 불가능하다. 그러나 타인에게 해를 끼치지 않는 한 개인의 자유와 인권이 보장된 사회에서 인류의 평화 복지를 위해서 발전된 과학기술을 사용하기만 한다면, 인류의 가능성은 무궁무진하다.

인류가 과학기술을 올바르게 사용한다면, 줄기세포 기술 등 발전된 유전자공학에 의해 평생을 젊은 육체로 영원히 늙지 않으면서 건강하게, 행복하게 살 수 있는 그러한 날들을 맞이하게 될 것이다. 그리고 온갖 과학기술을 이용한다면, 모든 험한 일, 힘든 노동은 인공지능(AI), 나노테크놀로지, 나노로봇, 생물로봇 등 기계들에게 맡기는 등 인간의 모든 의식주를 과학의 혜택으로 다 해결할 수 있을 것이다.

모든 물질은 양자역학에 의한, 양자들(원자, 중성자, 전자 등)의 화학 작용이기 때문이다. 우리가 먹는 음식들도 전부 양자들, 원소들과 분자들의 화학적 합성의 과학기술로 다 만들어낼 수 있다.

즉, 음식이든 의복이든 집이든, 인간이 살아가는 데 필요한 모든 생필품들은 발전된 과학기술에 의해 기계에서 전부 생산해낼 수 있는 것이다. 멘델의 분말 가루인 원소들을 조합하면, 3D, 4D, 5D 프린터로 간단하게 모든 의식주에 필요한 것들을 생산해낼 수 있다.

모든 생산품과 발명품, 지적 발명품들을 세계 인류 공동체인 '평화 단일 정부'에서 생산, 관리, 배급하고, 공동체가 무상으로 모든 사람들에게 공급하면, 돈은 저절로 필요 없게 될 것이다. 이렇게 되면 드디어 인류는 돈과 노동에서 해방되어 인류의 오랜 숙원이자 꿈이 이루어지는 것이다.

여기에서, 그동안 돈과 권력을 독점하고 있던 세계 재벌들과 권력에 중독된 이기주의자들인 통치자들은, 인류는 굶어 죽든 말든, 피가 터지고 살이 찢기는 전쟁으로 죽어 나가든 말든 자신들의 이기적인 욕심과 야망을 놓지 않으려고 할 수도 있을 것이다. 그러나 나는 믿는다. 통치자들 중의 진짜 통치자, 진짜 정의와 평화를 원하고 이를 실현하려는 의식을 가진 분들이 반드시 있을 거라고 믿어 의심치 않는다. 왜냐하면, 이것이 인류에게는 이미 정해져 있는 운명이고, 은하계 운동 속에 포함되어 있는 운명이기 때문이다. 이 정해진 정의와 평화의 운명을 거스르는 자, 그들에겐 하늘의 영원한 응징과 징벌이 있으리라.

다시 "인류의 삶과 기원은 어디에서 시작되었을까?"라는 처음의 질문으로 돌아가보자.

다시 말하지만 다윈의 진화론은 논거의 가치도 없는 허위의 가설이라고 생각한다. 그리고 나머지 신에 의한 창조설을 한번 고찰해보자.

우리 인류의 지식과 역사의 발전을 더듬어 보면, 많은 고대 문헌과 고고학적 유적들이 있다는 것을 우리는 알고 있다. 고대의 문헌들 중에는 구전되는 전설이나 설화 또는 각 국가마다의 건국신화들이 있는데, 거기에는 하늘에서 신이나 신선들, 선녀들이 구름을 타고 내려왔었다는 공통점이 있다. 그리스·로마 신화에서부터 힌두교의 수많은 신들, 성경책, 티벳의 『사자의 서』, 중국의 여와 신과 농사의 신, 그리고 한국의 '단군', '고주몽', '박혁거세', '김수로' 등의 건국신화가 그 사례이다.

신선들이 하늘에서 3천 명을 거느리고 구름을 타고 내려와서 개천

(開天)을 했다는 신화인데, 이 신화들의 특징은 먼저 천부지모(天父地母)의 결합이다. 그 특징은 남성 쪽이 천신계(天神系), 여성 쪽이 지신계(地神系)에 속한다. 일본도 아마테라스라는 여성이 하늘에서 내려와 남자와 아이를 갖게 되었는데, 그 아들이 일본의 첫 번째 천황이었다는 설화이다. 전 세계의 모든 신화를 다 열거할 수는 없지만, 이렇게 이루 말할 수 없이 많은 신화들과 유적들이 있다.

그리고 세계 7대 불가사의 중 하나로, 세계 도처에서 발견된, 땅에 새겨진 거대한 문양의 미스터리 서클, 이것은 하룻밤 사이에 갑자기 나타난 것으로, 대단히 정교하고 아름다운 기하학적인 형상들을 이룬다. 특히 고대의 거석 문명의 유적지 근처나 UFO 출몰 지역에서 자주 나타났다고 한다. 쓰러져 있는 밀 싹의 마디는 꺾여 있으나, 지구의 과학자들도 밝힐 수 없는 기술로, 에너지로 정교한 새로운 마디가 만들어져 계속 자랄 수 있는 구조로 되어 있다. 또한 수확에도 전혀 지장을 주지 않는다는 이 고도의 기술은 지구의 과학기술로는 설명이 불가능한 것이라고 한다.

이런 현상을 어떻게 보아야 하며, 어떻게 생각하고 어떻게 설명할수 있을까?

그리고 이집트 기자의 피라미드를 보면, 각 능선은 동서남북을 가리키는데 그 오차는 최대의 것이라도 5.3도에 지나지 않을 만큼 극히 정교한 것으로서, 피라미드가 지어질 당시에 현재의 지구에도 없는 고도의 장비가 있었다는 이야기일까? 여기에 쓰인 석재는 종이 한 장 끼워지지 않을 정도로 정밀하게 쌓아져 있다고 한다.

바다를 향해 서 있는 이스터 섬의 모아이 석상, 페루의 나스카 평원의 지상화(地上畵)로 불리는, 황량한 사막 위에 그려진 동물, 식물, 곤충, 인간, 물고기, 새 등 기하학적 모형들과, 하늘에서 내려다봐야만 보인다는 거대한 비행기 활주로 등, 지구인의 과학기술이나 건축 기술로는 만들 수 없는 수없이 많이 남아 있는 유적들을 어떻게 이해하고 설명해야 할까? 의문이 들지 않을 수 없다.

인류 기원에 관한 또 한 가지의 사상으로 외계인들의 지구 생명체 창조설이 있다. 캐나다에서는 중학교 생물 교과 과정에서 인류의 기원설 중 하나로 '외계인 지구 생명체 창조설'도 다른 기원설과 다를 바 없이 가르치고 있다고 한다. 물론 지금으로서는 어떤 기원설도 과학적으로 확실한 단정을 짓지 못한다.

그러나 나는 언젠가는 인류의 과학이 누구도 부정할 수 없는 확실한 증명으로 이를 밝혀내리라 믿는다.

인류 기원설은 수많은 철학자들과 종교 창시자들 또는 예언자라고 하는 사람들이 미래에 일어날 일들을 미리 예고하거나 예시 또는 예언 등을 통해 그 맥을 이어왔다. 그들 중 근대 독일의 사상가이자 철학자인 프리드리히 니체라는 인물은 세상에 잘 알려진 철학자인데, 그는 자신의 저서를 통해 인류 전체에 대한 사랑으로써 인간의 정체성과 인간 고유의 정신성 그리고 의식 등을 매우 정확하고도 진실하고 올바르게 통찰한 것으로 생각된다. 니체는 인류 사회가 매우 삐뚤어지고 인간들의 삶이 진실에서 멀어지는 잘못된 길을 가고 있는 병폐적인 사회구조적 모순에 대해 매우 신랄한 비판을 하고, 인간이, 인류가 나아가야 할 방향을 천재적일 만큼 정확하고도 사실적이며 진실하게 진단하고 있다.

그러나 역사는 언제나 그랬듯이, 안타깝게도 동시대인들에게는 진실의 말이 들리지 않는다. 어쩌면 들을 준비가 안 되어 있었을 것이다. 예언자나 예지자들은 삶을 직관적으로 이해하고 통찰하기 때문에 미래에 일어날 일들을 미리 예측할 수 있다. 내가 보기에 니체 또한 수많은 천재들 중의 한 사람으로서 손색없는 철학자라고 생각한다.

니체는 수많은 저서를 남겼는데, 그중『차라투스트라는 이렇게 말했다』에서 예언자의 입을 빌리는 형식으로 자신의 삶과 인생을 이해하고 초인(의식, 초의식)의 통찰력으로써 인간의 삶을 정통으로 이해한 것 같다.

과거 원시적인 사람들은, 인간을 창조할 수 있는 수준의 존재들은 전부 신으로밖에 인식할 수 없는, 그런 이해력밖에 지니지 못했을 거라 생각된다. 왜냐하면, 과학이 전혀 없는 원시적인 사회에서 원시적인 생활밖에는 보고 들은 것이 없으니, 모든 것들을 원시적인 한계 속에서 인식할 수밖에 없었을 것이다. 2천 년 전의 과거 사람들을 타임머신을 태워 현 시대로 데려온다면, 그들은 우리가 신들이며, 이 세상이 신들의 세상이라고 생각할지도 모른다. 그들은 아주 큰 시간적 차이로 인해 과학적 기술의 메커니즘을 이해할 수 없기 때문이다. 몇백 년, 몇천 년 후 인류의 과학기술 또한 현재의 우리가 상상할 수 없을 정도로 발전될 것이며, 신선들의 세계와 같은 세상이 되어 있을 것이다.

인간은 본능적으로 행복을 추구하는 존재이다. 본능적으로 기쁨과 즐거움과 쾌감을 추구하는 존재이다. 평생 종신형 노예처럼 생계를 이어가기 위해서만 돈을 벌어야 하고 중노동을 해야 한다면 누구도 행복할 사람은 없다.

지금 우리의 현실은, 과학기술을 사람들을 살리는 방향으로 올바르게 사용하는 것이 아니라, 사람들을 죽이는 전쟁을 위해, 각종 살상 무기와 핵무기 등을 만들기 위해 엄청난 돈을 낭비하고 있다. 한쪽에서는 가난으로 굶어 죽고, 병들어 죽어가고 있으며, 아무런 희망도 없는 현실 속에서 사람들은 1분마다 한 명씩 자살하고 있다. 이런 인류의 모든 문제를 그냥 내버려두고 방치한다면, 인류는 결국 폭동과 폭력적인 혁명으로 이어지거나 세계대전과 같은 파멸의 길로 들어설 수밖에 없게 된다.

우주의 법칙을 어리석은 자들의 손바닥으로 가린다고 해서, 어찌 무한한 하늘을, 무한한 우주를 가릴 수 있겠는가?

모든 인류가 파멸하기 전에 인류를 통치하고 있는 권력자들과 위정자들은 진실을 있는 그대로 받아들이고, 인류 전체가 공평하고 평등하게 상생하는 길만이 우리 전부가 상생하는 방법이라는 것을 하루 빨리 깨달았으면 좋겠다.

니체는 과학 시대가 되면 초인들과 초의식들이 태어나고, "위대한 정오는 반드시 오고야 만다."는 것을 차라투스트라의 입을 빌려 예언했다. 니체가 말한 초인 즉 경쾌한 인식자인 초의식을 사용하여 과학적 기술을 통해 세상을 낙원처럼 건설할 사자들은 이 세상에 이미 와 있다. 니체가 표현한 이 글은 하나의 예언으로서, 지금 바로 그 시대가 왔음을, 바로 이때임을 알린다.


## 29. 인류의 역사 고찰

인류의 역사를 잠시 한번 살펴보자. 처음에 권력을 가진 사람들은 힘이 센 사람들이었다. 힘이 센 것만으로는 사람들의 마음을 사로잡을 수가 없었다. 그다음은 지혜가 있고 돈이 있는 사람들이 힘이 센 사람들을 고용했다. 그러나 그다음엔 군대, 그다음엔 말을 그럴싸하게 잘하는 웅변가 같은 직업 정치가들이었다.

그리고 처음 인류는 나약함과 두려움 때문에 토템 신앙(원시 신앙), 큰 돌이나 큰 나무, 각종 동물들을 수호신으로 믿다가, 석가모니 부처, 모세, 예수, 마호메트 등 여러 선각자들이 시대를 달리하며 원시적인 마음을 가진 사람들을 일깨우는 데 많은 가르침을 주었다.

그러나 유대교, 기독교, 불교, 이슬람교, 조로아스터교 등 수많은 종교들이 인류를 구원하겠다고 일어났지만, 인류 구원은커녕 서로 자기 종교가 최고이고 자기 종교만이 옳다고 주장하면서 서로 죽이고 싸우며 종교전쟁과 영토전쟁 등 하루도 전쟁이 없었던 적이 없었다.

종교가 본래 추구해야 하는 인류의 단합, 합일, 융합, 평화를 이끌어낸 것이 아니라, 반대로 분리와 분열, 호전적인 파괴와 폭력 등 파멸만을 만들어냈을 뿐이었다. 그러한 결과로 살인을 자행하는 종교전쟁으로까지 이어지면서, 종교의 진정한 의미를 잘못 이해해온 것, 그리고 종교인들의 과실이 역사적 사실 속에서 증명되고 있다.

이제 인류가 존속할 수 있는 평화의 시간은 얼마 남아 있지 않다. 과학자들은 인류 멸망의 시계가 몇 초밖에 남아 있지 않다고 경고한다. 이제 누구의 잘못을 따지거나 책임지울 시간마저 없다. 초읽기에 들어갔다. 마지막 남은 기회를 놓치지 말고 다 같이 붙잡자. 인류가 살아나야 한다.

방법은, 이러한 세상을 허용한 우리 인류 한 사람 한 사람이 그 책임감을 가지고 의식적인 혁명을, 개혁을 하는 것이다. 달콤한 말과 거짓으로 약속을 지키지도 않는, 양심이 비뚤어지고 위선적인 거짓말쟁이 정치가들에게 더 이상 속지 말고, 이제 꺼져가는 우리 인류의 운명을, 미래를 맡겨서는 안 된다.

인류 한 사람 한 사람이 각자 자신의 목소리를 내고, 다 같이 촛불을 밝히고 평화적인 혁명, 평화적인 방법으로 인류의 문제를 해결하자. "여권이나 비자 없이 지구 전체가 하나의 지구촌으로 통합하여, 전쟁 없는 평화 속에서 영원히 살고 싶다."고 손과 손에 촛불을 들고, 각 나라에서 같은 날짜, 같은 시간에 촛불 평화 혁명을 해야 한다.

# 30. 인생

인생은, 삶은 예술이고, 삶의 완성이고 감동이다.


# 31. 인류의 과학

지구의 과학 수준은 조금씩 꾸준히 발전되어오다가, 백여 년 전부터 가속화하기 시작했다. 각종 인공지능(AI) 컴퓨터, 인간의 노동을 대신해주는 각종 로봇, 나노테크놀로지, 천체에 대한 지식과 물리화학적 지식, 지구 대기권 밖 우주를 여행할 수 있는 로켓, 거시 생물학을 비롯하여 미시 세계를 이해할 수 있는 미시 생물학 등이 그것들이다. 지구 인류 과학자들도 아직 초보 단계이지만 새로운 단백질을 합성하거나 새로운 인공 생명체를 창조하기 시작했다. 아마 언젠가는 우리를 닮은 인간을 실험실에서 창조하는 날이 반드시 올 거라고 확신한다.

새로운 생명체에 대한 창조는 물론이고, 지금의 과학과 의학의 발달로 인간의 수명도 끝없이 늘어나서, 진시황이 바랐듯이 늙지 않고 죽지 않는 날이 반드시 올 것이다. 제1차 산업혁명, 제2차 산업혁명, 제3차 산업혁명, 제4차 산업혁명을 거치는 동안 많은 기술들이 인간의 노동을 대신해주고 있다. 예를 들면 전기, 수도, 세탁기, 전화, 전

철, 자동차, 고속 기차, 배, 비행기, 컴퓨터, 자율 자동차, 드론뿐 아니라, 생산방식의 변화로 대부분의 분야에서 기계화, 자동화가 이루어지고, 첨단기술, 인공지능 같은 수많은 과학적 발명품들이, 미처 마음의 준비도 못 한 상황에서 다양한 분야에서 눈부신 발전을 이루고 있다.

니체는 "인생은 동물에서 초인으로 건너가기 위한 밧줄이다."라고 했던가? 인류는 아직 인간으로 태어나지 못한 태아의 상태이다. 겨우 인간이 되었다 해도, 자신의 인생 목적은 초인으로서 초의식에 도달하기 위해 기회가 주어진 인생의 여정이라고 말하고 싶다. 현재 지구의 과학자들조차도 우리의 두뇌 속 어디에 초의식이 위치했는지 밝혀내지 못하고 있으며, 이는 미개척 분야로 남아 있다. 인류는 아직 문명화되지 않았다고 생각한다. 진정한 문명이란, 진정한 인류란 폭력을 완전히 극복하고 전쟁에서 벗어나 항구적인 평화와 문명적인 시대에 도달했을 때로서, 그때야말로 진정한 인류가 탄생하는 것이다. 아직 인류는 태어나지도 않았다.

## 32. 진정한 문명의 세계 건설

문명이란 전쟁이 없는, 살상용 무기가 없는 시대를 말한다. 그러나 지난 인류의 역사에서 전쟁과 무기가 없었던 적은 단 한 번도 없었다. 다시 말하면, 지구 인류는 진정한 문명의 시대에 도달했던 적이 없었다는 얘기이다.

우리가 더 나은 세계인으로서 문명세계를 건설하기 위해서는, 평화와 자유, 인권과 정의가 새 인류가 지켜야 할 제일 중요한 규칙이 되어야 한다.

## 33. 자아를 이끄는 안내자

감각과 마음은 도구이자 장난감에 지나지 않는다. 감각과 정신의 뒤에는 초의식이 있다. 초의식은 감각의 눈으로 찾고 영혼의 귀로 듣는다.

인간 두뇌의 깊은 곳에는 존재자, 관찰자, 주시자인 진정한 자아, 즉 현자가 있으니, 그 이름이 바로 초의식이다. 그는 우리 몸속에 살고 있고, 그것은 바로 우리의 몸이다.

몸은 거짓을 모른다. 최고의 지혜 속에 있는 것보다 더 많은 이성이 우리 몸에 들어 있다. 초의식은 자아를 이끄는 안내자이며, 자아가 갖고 있는 개념과 의식을 귓속말로 알려주는 자이다. 자신의 몸이 알려주는 신호인 직관을 따라야 한다.

직관은 자신의 보물섬에 도달하기 위한 지도책이다. 정확하고 올바른 길에 도달하기 위한 지도책이다. 우리의 직관을 따르자.

# 34. 우주와 인간, 그 마법의 세계

우주는 무한한 스토리를 만들어내는 제조기이다.

양자물리학(量子物理學)의 세계는 우리가 상상하는 모든 것을 실현시킬 수 있는 마법과 같은 세계이다.

양자(量子, 원자나 전자와 같은 미립자)를 자세히 살펴보면 입자와 파동이라는 두 가지 성질을 가지고 있다. 관찰자가 관찰하고 있을 때 양자는 입자, 즉 형태를 지니고 있는 입자, 즉 물질로 관찰된다. 동시에 관찰자가 관찰하고 있지 않을 때는 물결 모양의 파동의 형태로 증명이 된다.

다시 말해서 양자가 관찰자의 생각과 행동에 밀접한 영향을 받고 있다는 것이 증명된 것이다. 주변의 조건에 영향을 받는 것으로 보인다.

양자의 두 가지 성질을 쉽게 다른 방식으로 설명하자면, 잔잔한 호수에 돌을 던지면 그 돌은 처음 던진 진원지에서부터 하나의 진동, 곧 물결 모양의 파문을 일으킨다. 우리는 어릴 적 놀이를 통해 누구나 이런 경험이 있으며, 상식으로 이 정도의 지식은 누구나 다 알고 있다. '양자의 세계'에서의 입자는 곧 우리가 던지는 돌에 해당하고, 던져진 돌이 잔잔한 호수에 파문을 일으키는 것은 파동(움직임의 운동, 그림자 또는 잔상)이라고 말할 수 있을 것이다.

그렇다면 돌을 던질 때마다 항상 똑같은 파동이, 파문의 잔상이 생기는 것일까? 아닐 것이다. 던지는 돌의 크기와 무게와 부피와 모양에 따라 파동의 성질과 모양과 잔상이 다르게 나타날 것이다. 바로 이 점에 아주 커다란 마법과 같은 비밀이 숨어 있다.

우리의 생각, 말, 행동 하나하나는 '무한한 우주'라는 호수에 던져지는 돌과 같은 것이다. 어떤 종류의 돌을 던졌는가에 따라 현실이라는 호수에 나타나는 파동의 결과는 파문이라는 형태의 잔상으로 현실이 되어 나타나는 것이다. 그리고 한 가지 더 말하고 싶은 것은, 그 던진 돌의 파동이 파문이 되어 퍼져나갔다가 종국에는 그 돌이 떨어진 진원지, 그 장소로 정확하게 되돌아온다는 사실이다. 마치 부메랑처럼, 마치 메아리처럼. 진실의 돌을 던지면 진실이 돌아오고, 진리의 돌을 던지면 진리가 돌아오고, 사랑의 돌을 던지면 사랑이 돌아오고, 연민의 돌을 던지면 연민이 돌아오고….

질투와 분노와 시기와 교만의 돌을 던지면 그것들은 진원지로, 즉 돌을 던진 자신에게로 돌아오는 것이다. 이 우주는 이러한 원리와 법칙으로 되어 있는 것 같다. 우리의 기도, 명상, 텔레파시, 이미지네이션이 전부 양자물리학의 법칙과 깊은 관련이 있는 것이다. 그러므로 우리는 '인류가 대파국을 겪고 자멸할 수도 있다.'는 생각을 절대로 해서는 안 된다고 생각한다. 희망을 버려서는 안 된다. 왜냐하면 모든 생각은 현실에 지대한 영향을 미치므로.

인류는 반드시 공평하고 평등하고 정의롭고 항구적인 평화만이 가득한, 낙원과 같은 신세계를 건설하게 될 것이다. 정의롭고 평등한 사회 속에서, 평화 속에서 인생의 새로운 의미와 가치를 가진 신인류로서 새로운 삶을 시작하게 될 것이다.

# 35. 살아 있는 생명체들의 유전자 지도, DNA

유전자 게놈 지도의 완성으로 인해 인간을 비롯한 모든 생명체는 고도로 진보된 정밀한 기술로 설계되었다는 것이 밝혀졌다. 이미 DNA 세포 설계도, 단백질 합성, 단세포 창조에 성공하고 있다.

이것은 곧, 우리가 새로운 생명체를 만들 수 있다면 과거에 다른 고도의 과학 지식을 가진 지적 생명체에 의해 우리도 만들어졌다는 것을 의미하는 말이기도 하다.

인간은 고도의 외계 과학자들이 모든 물질을, 모든 원소(탄소, 수소, 질소, 산소 등)를 전기적 충격으로 조합, 배열, 설계하여, 분자생명공학을 통해 만들어낸 일종의 생명 창조의 결과가 아닌가 싶다. 캐나다 같은 선진국에서는 진화론과 함께 신에 의한 창조설, 외계 우주 과학자들에 의한 창조설도 함께 중학교 생물 교과서에서 가르치고 있다고 한다.

어쨌든 인간을 한마디로 정의한다면, '살아 움직이는 생물 컴퓨터로서, 우주의 본질과 원리를 대변하고 표현, 표출하는, 우주에서의 자신의 위치를 스스로 파악하고 더 나은 삶의 질을 위해 평화롭게 발전, 진보시켜 행복을 창조해나가는 존재'이다.

## 36. 진화론은 과학적으로 가능성 제로

　인류와 지구상의 모든 생명체가 자연발생적으로 진화했다는 가설은 거짓이다. 인류와 지구상의 모든 생명체가 우연에 의해, 자연발생적으로 진화할 가능성은 0%에 가깝다.

　모든 동물들의 기본 구성 물질은 단백질로, 수백 가닥의 아미노산 염기서열이 꼬이고 꼬여서 단백질이 되는데, 수많은 염기서열 중 단 한 번의 순서가 바뀌거나 단 하나의 염색체가 없거나 많아도 단백질은 될 수가 없다. 모든 생명체가 우연에 의해 이렇게 완벽하게 진화했다는 가설은 이미 지금의 과학적 지식으로도 폐기해야 할 가설이다. 우연에 의한 진화설은 그 가능성이 제로이다.


## 37. 신은 없다

　니체는 "신은 죽었다."라고 선언했다. 그러나 나는 아예 "원래 신은 존재한 적도 없었다."고 말하고 싶다. 과거 우리의 원시적 조상들이 신으로 믿었던 것뿐이다. 인간은 나약함과 두려움 때문에 기대야 할 신이라는 지팡이가 필요했을 뿐이다.

　신이 없듯이 영혼도 없다. 그러나 우리가 인간이고 인간임을 나타낼 수 있는 각자의 유전자 코드는 있다. 앞으로 인류는 과학기술의 무한한 발전으로 인간의 수명을 늘릴 수 있고, 영원한 생명을 누릴 수 있는 날도 반드시 올 것이다. 그래서 지금같이 이렇게 무한한 가능성을 제시하는 과학 시대에는 생각과 사고와 가치관의 급격한 변환이 필수적으로 필요하다. 신인류의 종교는 바로 과학과 조화하는 마음이 되어야 한다.

(최근 국제 학술지 『셀』에는, 스스로 생명을 유지할 뿐만 아니라 자손 번식까지 가능한 진정한 의미의 인공 생명체가 세계 최초로 탄생했다고 발표했다. 생명체가 살아가는 데 필수적인 최소한의 유전자를 갖추고 생명체의 기본 조건을 갖춘 것으로 평가받았는데, 그렇다면 이 과학자들이야말로 신이 아닌가?)


# 38. 인간은 자신의 유전자를 재프로그램할 수 있다

무한한 우주 공간은 아무것도 없는 진공상태가 아니라 양자(量子, 원자·전자·양성자·중성자·쿼크) 등 수없이 많은 미립자들로 꽉 차 있다. 이 양자들은 입자와 파동이라는 두 가지 성질을 가지고 있다. 관찰자가 관찰하고 있을 때는 어김없이 눈에 보이는 물질 상태, 곧 입자로 보이지만, 관찰자가 보고 있지 않으면, 즉 관찰자가 개입하지 않으면 파동 상태로 있는 것이다.

그러니까 이 우주 공간은 전부 각종 파동으로 꽉 차 있다. 그러다가 관찰자가 개입하면 입자로 나타난다. 즉, 양자의 파동은 관찰자의 생각에 따라 모양을 바꿀 수 있다는 얘기가 된다.

하나의 예를 들어 보자. 인간인 우리 몸은 70~80%가 수분으로 만들어져 있다. 이 물 분자들은 인간의 정신과 의식인 생각에 따라 모양이 시시각각 바뀐다. 우리가 기분 좋거나 기쁘거나 행복할 때는 물 모양이 정육각형으로 아주 아름다운 모양을 하고 있다. 그러나 기분이 나쁘거나 불쾌하거나 슬프거나 분노하여 화를 낼 때, 우리 몸속 물 분자들의 모양은 형편없이 찌그러지고 망가지고 깨지고 뒤틀린다.

이런 상태를 계속 유지한다면 우리 몸은 곧 망가질 것이다. 이것이 바로 우리가 행복해야 하는 이유이다. 자신을 사랑하고 타인을 사랑할 때 우리는 행복해진다. 우주의 모든 생명체는 쾌감을 지향하도록 만들어져 있다.

이와 같은 원리로 우주 공간은 양자들로 꽉 차 있다. 이 양자들은 우주의 의식인 인간들의 생각에 의해 모양과 형태, 내용들을 창조해낸다. 지구, 지금 우리의 지구 모습도 의식의 결핍으로 인해 우주를 향해 마음을 열 수 없었던 먼 우리 조상들로부터 만들어진 세상인 것이다.

우리가, 우리 인류가 우주의 의식이다. 앞에서도 말한 것과 같이, 우주는 생각하는 사람들에 의해, 의식자에 의해 만들어지는 세상으로, 홀로그램으로 되어 있다.

이제 우리가 어떻게 인류 역사의 시나리오를 새로 고쳐 써야 하는지, 어떻게 인류 역사를 올바르게 재창조해야 하는지를 알고 있다. 옛날에는 1차원, 2차원의 영화밖에는 만들지 못하던 시대도 있었다.

그러나 요즘에는 3D, 4D 등 입체감을 나타내는 영화나 애니메이션을 만들어내고 있다. 앞으로는 오감(五感, 청각·시각·후각·촉각·미각)을 전부 느낄 수 있는 5D 영화도 나올 예정이라고 한다.

그리고 이미 3D 프린터로 귀가 잘린 사람에게 귀를 붙여주고, 마실 수 있는 컵을 복사하고, 또 예를 들어 집이나 건물도 설계도만 입력하면 3차원적인 물건을 그대로 복사해서 뽑아낼 수 있는 것이다.

이것이 무슨 말인가 하면, 우주 양자의 세계에서는 인간이 생각하는 대로, 인간이 상상하는 대로 모든 일이 기적과 같이, 요술이나 마술, 마법과 같이 현실로 만들어질 수 있다는 것이다. 이것이 이 우주가 홀로그램으로 되어 있고, 홀로그램은 파동의 형태로 있다가 인간의 생각과 의식의 영향으로 입자로, 물질의 형태로 바뀌어서 나타난다는 것이다.

그러나 주의하자. 우리는 그저 기계에서 뽑아낸 단순한 생물 로봇이나 기계가 아니라, '우리는 우주의 의식'이라는 사실을 잊지 말자. 우주의 의식은 평화와 사랑과 박애를 필요로 한다. 그래야만 인류가 평화롭고 행복하게 영원히 살아갈 수 있기 때문이다.

나 또한 73년을 살아오면서 내 몸과 마음이 전부 양자들로 구성되어 있으며, 나의 생각과 철학과 사상들이 나의 인생을, 현실과 미래를 설계하고 창조하는 의식체라는 것을 깨닫게 되었다. 삶의 경험과 체험, 축적된 산지식의 결과물들이 지금의 나 자신을 나타내는 현실이라는 것을, 73년을 살아봄으로써 알게 되었다. 어렸을 때부터 나와 인류는 분리될 수 없는 하나임을 깨달은 것처럼, 우리 모두 함께 우리의 미래를 우리가 원하는 세상으로 바꾸어나갈 수 있기를 바라는 마음이다.

## 39. 과학기술에 합당한 정신 수준도 조화롭게 높여야 한다

현재의 인류가 과학적인 기술만 발전시키고 정신적인 성장이 없다면 인생에서 조화를 찾기는 어렵다. 인간은 과학기술의 발전뿐만 아니라 그에 걸맞은 정신적인 성장도 똑같이 필요하다. 왜냐하면 과학기술만 끝없이 발달하고 그에 맞는 정신적 성장이 없다면, 인류는 곧 자신들이 만든 과학기술을 사용하여 욕심과 이기심을 극복하지 못하고 전쟁만 일삼다가 결국 핵전쟁으로 인류의 몰락과 멸망을 초래할 수밖에 없기 때문이다. 바로 지금, 바로 이때 새로운 가치관, 새로운 정신성을 고양하지 않으면 인류는 매우 위험한 위기에 처할 수 있음을 인식해야 한다.

## 40. 공산주의

공산주의는 이론적으로 매우 이상적으로 보이겠지만 실제로는 매우 불공평하고 불평등한 제도여서, 실패로 끝날 수밖에 없는 정치 이데올로기이다. 왜냐하면 모든 사람의 개성과 능력, 재능, 성과와 신체적 조건과 생체 능력이 다르기 때문에, 공평하게, 평등하게 분배한다는 것은 불가능하기 때문이다. 힘이 세거나 노동력이 좋은 사람은 하루에 쌀 열 가마니를 생산해내는 데 반해, 힘이 없고 몸이 약한 사람은 하루에 쌀 한 말도 생산해내지 못하는데, 아무리 많은 일을 하고 생산을 많이 했어도 똑같이 분배받아야 한다면 사람들은 불공평하다고 생각하고 점점 일과 노동을 많이 하려고 하지 않을 것이다. 자연히 생산성이 줄어들고 주민들의 불만은 최고조에 달하게 될 것이다. 그런 이유로 공산주의는 이미 실패로 끝났다.

그러나 공산주의 정치 권력자들은 권력을 유지시키기 위해 독재의 길을 걸으면서, 간판으로만 공산주의라는 명분을 내걸고 실질적인 경제는 자본주의보다 더한 자본주의 제도를 따르고 있다. 실패한 정치 이념의 제도인 공산주의를 명분만으로 끌고 가고 있는 것이다. 자본주의도 민주주의도 아닌, 무늬만 공산주의인 것이다.


# 41. 기술적 혁명이 가져올 미래

과학자들은 곧 특이점이 올 것이라고 말하고 있다.

특이점이란 '우주의 과학적 지식이 다 밝혀지는 시대'라는 뜻이다. 즉 우주의 원리와 인류의 기원 그리고 인류의 삶의 목적과 인생의 옳

은 가치관 등 지구상에 있는 모든 생명체들의 기원의 비밀이 과학적
지식으로 다 밝혀질 것이다.

우리의 지구 과학자들도 이제 곧 실험실에서 생명을 창조하게 될
것이고, 모든 생명체와 인간을 창조할 수 있는 존재를 신이라고 생각
했다면 우리 자신도 우리가 만든 피창조자들이 우리를 신처럼 생각
할 수 있는 창조자가 되는 것이다.

앞으로 다가올 세상은 상상할 수조차 없으며, 희미하게나마 윤곽
을 드러내고 있는 세계적 규모의 의식적인 혁명을 통해 상상할 수도
없는 신세계의 문을 열게 될 것이다. 우리는 이제부터 과학적 기술로
써 우리 인간 자신들을 종신형 노예의 생활로부터 해방시켜, 우리는
마치 신선처럼, 신처럼 살게 될 것이다.


## 42. 생명체들이 살고 있는 행성은 무수히 많다

이 무한한 우주는 모든 생명체들의 삶의 터전이고 집이다. 은하계
는 바로 우리들의 이웃이다. 당신이 외롭다고 느껴진다면 고개를 들
어 하늘을 한번 쳐다보라.

밤하늘에 보이는 무수히 많은 별들 하나하나는 모두가 태양들이
다. 각 태양 주변에는 많은 행성들이 있다. 수많은 태양들 주변의 수
많은 행성들에는 수많은 생명체들이 존재한다. 우리와 같은 인간들

이 사는 행성들도 무한히 많을 것이다. 별들은 우리 머리 위에만 있는 것도 아니고 아래에도 무한히 많다. 아니 양옆으로도 무한히 많다. 사방이 온통 별들로 둘러싸여 있다.

우리는 우주를 운항하는 지구라는 행성의 배인 은하 우주선에 올라타고 은하계를 여행하고 있다. 우리 모두 함께 우주여행을 하고 있는 중이다. 어느 날 당신이 외로움을 느낀다면 하늘을 바라보고 하늘에서 당신에게 보내는 사랑의 신호를 느껴보라. 하늘에는 실제로 수많은 사람들이 살고 있고, 당신에게 사랑의 미소를 보내고 있을 것이다. 그들도 당신처럼 똑같이 외롭고 당신을 그리워한다는 것을 잊지 않는다면, 당신도 더 이상 외롭지 않고 행복을 느낄 것이다.


## 43. 우리가 선택해야 할 미래에 대한 조건

사랑, 자유, 인권 존중, 국경선이 없는 것, 여권과 비자 없이 자유롭게 전 세계를 여행하기, 소수민족 존중, 소수 인종 존중, 동성애자, 이성애자, 양성애자 등 성적 자유 존중, 음악, 영화, 컴퓨터, 우주여행, 전자공학, 언론의 자유, 예술, 각종 스포츠, 과학 발전 등 이런 모든 것들은 전통이 아닌 미래에 속한 것들이다. 인류의 미래는 광활한 우주와 전자공학, 생명공학, 유전자공학, 양자물리학의 시대이다. 컴퓨터적인 사고방식, 개인의 성적 성향의 자유, 유전공학적인 사고방식, 아무런 선입견이나 편견이 없는, 열려 있는 자유로운 마음, 이것이 우리가 맞이하려고 하는 새로운 문명의 미래이다.

## 44. 책임감의 마비

우리는 자신에게 일어나는 모든 일에 책임이 있고, 자신이 한 말과 행동에 대해 오직 자신이 책임져야 한다. 그래서 늘 자신의 말과 행동에는 신중함과 자신에 대한 배려와 사려심을 가져야 한다. 그것이 자신에 대한 이해이며 연민이며 사랑이다.

예를 들어, 자신이 아프거나 피곤하거나 괴롭거나 화가 난다면, 그것은 자신이 감당할 수 있는 한계를 넘어섰기 때문이다. 신경계가 더 이상 감당할 수 없는 한계에 도달했기 때문이다. 따라서 자신의 능력에 대한, 자신이 어디까지 감당할 수 있는지에 대한 이해가 필요한 것이다. 만약 자신이 심하게 아프거나 병이 났거나 화가 난다면, 자기 자신이 그렇게 될 때까지 적절한 시기에 멈추거나 휴식을 취하지 않았기 때문에 생긴 것이다. 우리 몸이 마지막 한계까지 가게 되면, 몸은 더 이상 감당할 수 없다는 약해진 모습을 나타냄으로써 의식이 그것을 깨닫도록 알려준다.

자신에게 그런 일이 일어났을 때 우리는 변명거리를 찾으려 하거나 합리화를 하거나, 아니면 우연히 일어난 일이라며 외부의 요인으로 돌리거나 남에게 잘못을 전가하려고 한다. 그러나 우연은 존재하지 않는다. 그것은 또 다른 변명거리에 지나지 않는다. 자신이 경계심이 부족하여 적절한 때에 문제를 깨닫지 못한 데에 있다.

모든 부정적인 것의 뒷면에는 두려움이 있다. 두려움을 느끼면 스트레스를 받는다. 그리고 두려움은 우리를 약하게 만든다. 병에 걸릴 것을 두려워하면 병에 걸리고, 일자리를 잃지 않을까, 돈이 떨어지면 어떻게 하나 두려워하면 실제로 일자리를 잃고 돈이 떨어진다. 두려움은 인생에서 최대한 맞서야 하는 것이다. 긍정적인 상상의 현실은 더 강하다. 그러나 불행하게도 부정적인 상상 또한 현실보다 더 강하다는 점을 잊어서는 안 된다.

사람은 자신이 생각한 대로, 상상하는 대로 된다. 우리가 우리 자신을 승자라고 상상하면 어떠한 장애물도 우리를 방해할 수 없다. 실제로 이 우주에 악마는 없다. 자신의 마음속에 있는 두려운 마음이 자신의 삶을 방해하는, 자신의 인생이 행복이라는 성공의 길로 가는 것을 방해하는 유일한 악마이다. 세상에서 가장 무서운 악마는 사실 우리들 마음속에 있을 뿐이다. 그러나 마음에 있는 이 악마라는 마음도 실제로는 존재하지도 않는 부정적인 상상에 불과하다. 환상에 불과하다. 긍정적인 상상을 키움으로써 두려움을 없애야 한다. 긍정적인 상상은 긍정적인 파동의 물결로 이 세상을 아름답게 일렁이며 파도치게 한다.

사실 지금 이 세상의 이런 무시무시한 각종 핵무기들, 전쟁의 역사,

불행한 현재는 우리의 과거 원시적인 조상들로부터 물려받은 부정적인 상상에 의한 것들이다. 이웃 부족이 어느 날 쳐들어오지나 않을까 전전긍긍하는 두려움에 대한 현실이 쌓이고 쌓여서 역사가 되었고, 각 부족들이 모여서 국가가 되었고, 각 국가의 집단적·부정적 두려움들이 쌓여서 원자폭탄, 핵미사일, 각종 화학 무기들, 테러 전쟁, 각종 전염병들의 현실로 나타난 것이다.

인간이란 살아 있는 기계인 생물 로봇과 똑같다. 살아 있는 생체 컴퓨터이다. 무엇을, 어떤 정보를 컴퓨터에 입력했는가에 따라 결과가 나오는 살아 있는 컴퓨터인 것이다. 다만, 다른 동물들과 달리 인간은 자신에게 처음 잠재되어 있던 유전자의 85%를 자신이 원하는 참되고 올바른 정보로 재프로그램할 수 있는 생물 컴퓨터라는 점이다.

이제 인류는 과거와 지금의 각 국가 정치 권력자들의 두려움의 정책으로 인해, 원자폭탄 및 핵미사일, 각종 생화학 무기 등 인류와 지구 생태계를 전멸시키고도 남을 무시무시한 무기들을 산처럼 축적하고 있다. 이것은 각자의 인생에 대한 책임감의 부재에서 온 결과이다. 한 사람 한 사람의 두려움이, 무책임의 두려움이 인류를 전부 몰락시키고도 남을 정도로 한계치를 넘어섰다.

이제 우리 인류는, 세계인은 더 늦기 전에 깨달아야 한다. 자신의 인생에서 두려움을 몰아내고 책임감을 가져야 한다. 집단무의식에서 집단의식으로 전환하여 책임감을 가지고 핵무기를 비롯한 모든 무기들을 폐기하고, 인간 한 사람 한 사람을 믿고 신뢰하고 이해해야 한다. 두려움을 몰아내고 서로 사랑한다면, 우리의 세계는 현재까지 발달된 과학기술만으로도 인류 역사상 최초의 황금시대를, 낙원과 같은 세상을, 천국과 같은 세상을 건설할 수 있다. 모든 과학기술로 일과 노동을 대체시킨다면, 인류에게 노동이 사라짐으로써 돈도 자연스럽게 사라지게 될 것이다. 그렇게 되면 인류 사회는 자연의 일부로서, 자연법으로 아주 아름답게, 평화 속에서 영원히 행복할 것이다.

# 45. 사회는 행복할 수 있는 조건을 열어놓아야 한다

인간은, 어렸을 때는 즐거움을 찾는 방법을 선천적으로, 천성적으로 알고 있지만, 성장하면서, 어른이 되면서는 그 방법을 잃어버리고 만다. 그리고 성인이 되어 그것을 다시 회복하기 위해서는 큰 노력이 든다.

성인이 된 많은 사람들은 왜 각종 세미나와 수련회와 워크숍에 참가할까? 그것은 어릴 때처럼 즐겁고 행복해지기 위해서이다. 모든 사람들의 목표는 더욱더 행복해지는 것이다.

인간은 태어나면서부터 자신의 본성과 모순되는 말들, 부정적인 말들에 부딪히게 된다. 교회는 긍정적인 격려보다는 "네 죄를 회개하라. 원죄를 씻어라. 섹스를 하는 것에 죄책감을 가져야 한다."고 가르친다. 이 말은 행복해서는 안 된다는 말인가? "고통 속에서 아기를 낳아야 한다. 평생 이마에 땀을 흘리며 죽을 때까지 중노동을 해야만 한다. 그것만이 성실하고 충실한 인간이다." 지금 현대에도 이런 말들이 행복을 가져다주는 말일까? "행복해지더라도 돼지고기를 먹으면 안 된다." 물론 돼지고기를 안 먹어도 행복할 수는 있다. 그러나 인생에서 이것도 안 되고 저것도 안 되고, 이것도 죄악이고 저것도 죄악이라면, 이렇게 많은 규제와 규칙, 좌절감을 느끼게 하는 모든 속박 속에서 행복하기란 쉽지 않다.

두 가지 기본 원칙만 지켜진다면, 모든 것은 허용되어야 한다. 자신과 타인에 대한 존중과 사랑, 그리고 타인의 자유와 인권과 비폭력을 원칙으로 지킨다면, 인간은 마음껏 자신의 삶의 자유와 행복을 추구할 권리가 보장되어야 한다. 우리 인간에게는 원하는 대로 생각할 자유, 원하는 대로 믿을 자유가 있으며, 우리의 행복을 추구할 권리가 있다. 그리고 과학기술을 이용해 무엇이든 창조하고 발견해 낼 수 있는 자유가 있다. 이 모든 기본 조건이 허용되는 사회, 즉 우리가 천성적으로, 본능적으로 기쁨과 즐거움을 누리게 하며 행복할 수 있도록 자유로운 사회의 기본 조건을 열어놓아야 한다.


## 46. 초의식은 나를 인도하는 안내자

밝은 불빛이 비칠 때마다 행여 당신이 다시 찾아오셨나 그리워했어요.

당신은 내가 존재하기도 전에 나를 지켜봤어요.

나는 당신 없이는 인간답게 살 수 없어요.

어두운 검은 구름이 빛을 집어삼키듯, 나의 어두운 그림자가 당신을 다 가려 버리지는 않을까?

당신은 내가 인간답게 아름다운 모습으로 살아갈 수 있도록 나를 비추어주는 밝은 빛입니다.

당신은 인간을 인간답게 밝게 비추어주는 빛입니다.

당신은 나의 음양의 모든 모습을 있는 그대로 반사시켜주는 거울입니다.

나는 당신이 비추어주는 밝은 빛으로 잠시 나의 흐트러진 모습을, 구겨진 내 옷 매무새를 아름답게 고칩니다.

당신은 언제나 나의 진실한 모습을 비추어주는 거울입니다.

당신은 나에게 이래라 저래라 지시는 하지 않지만, 내가 똑바로 넘어지지 않고 앞을 향해 나아갈 수 있도록 나를 올바른 길로 인도하는 길 안내자입니다.

내 속에 존재하는 초의식이여, 현자여! 당신은 내가 존재하기도 전부터 쭈욱 나를 지켜보고 있었습니다.

당신은 나를 올바른 길로 인도하는 가이드입니다.

내 안에 존재하는 이여! 당신은 무한입니다. 당신은 영원입니다.

당신은 나를 인도하는 초의식입니다.


## 47. 종교성이란

인간은 종교적 동물이다. '종교적'이란 모든 것들과의 연결을 의미한다. 과거 원시인들이 믿었던 미신이 아니라, 더 나은 미래, 희망, 행복들을 이끌어내기 위한 연결감, 해와 달과 별들과의 연결감 말이다. 별에서 태어난 우리가 언젠가 의식 없는 별로 다시 돌아가기까지, 우리는 마음껏 보고 듣고, 마음껏 만지고 느끼면서 강한 열정으로 자신이 원하는 삶을 마음껏 살아보는 것이다.

우리는 우주의 일부분이고 무한의 일부분인 지상의 모든 사람들과 친밀하게 모두 연결되어 있으며, 살아 있는 것과 연결되어 있고, 또한 살아 있지 않은 모든 것과도 연결되어 있다. 나아가 별들과 행성, 그리고 무한과 하나로 연결되어 있음을 느낄 수 있는 것이다. 그리하여 타인과 내가 서로 하나로 연결되어 있음을 느끼는 순간, 타인의 인권과 나의 인권 곧 인간의 인권과 사랑이 바로 유일한 종교가 되어야 한다.

## 48. 나와 인류는 하나

인류, 즉 세계 모든 사람들이 나와 동떨어지거나 분리되어 있는 것이 아니라는 것을 몸으로 체감하고 알 수 있는 방법이 있다.

자신의 몸의 발끝에서부터 머리끝까지 모든 세포들이 하나로 조화롭게 느껴지는 것은 매우 아름다운 일이다. 이 상태를 느끼기 위해 명상은 많은 도움이 된다.

우리가 태어났을 때는 깊은 숨, 그러니까 배 속 깊이 단전 있는 데까지 공기를 깊숙이 들이마시는 복식호흡을 했다고 한다. 그러나 어른이 되어가면서 우리는 복식호흡을 잊어버렸다.

자신의 몸과 존재의 일체감을 느끼기 위해서는 복식호흡을 하면서 발끝부터 머리끝까지 모든 세포들을, 그리고 두뇌 속 모든 세포들 하나하나를 의식하고 느껴보는 명상을 하는 것이 큰 도움이 되는데, 이로써 늘 잡다한 일에 시달리고 있는 우리의 몸과 마음을 휴식시킬 수 있다.

자신의 존재를 잡념에서 벗어나게 하여 몸과 마음의 일체감을 느낄 수 있도록 하는 것은 매우 중요하다. 나 자신이 하나임을 느끼지 못한다면, 다른 사람들과도 하나 됨을 느낄 수 없을 것이다. 자신이 하나 됨을 느끼는 방법은 자신의 몸 부분부분을 전부 사랑하는 것이다.

자신의 눈이 마음에 안 들고, 코도 마음에 안 들고, 다리도 짧고 섹시하지 않다고 자신의 몸을 거부하고, 부정적으로 구분하고 분리감을 가지는 사람은 자신을 사랑하지 못하는 사람이다. 자신을 사랑하지 못하면서, 어떻게 다른 사람과 분리되어 있지 않다고 느낄 수 있겠는가? 그래서 나 자신이 먼저 분리되지 않고 하나임을, 나 자신이 융합됨을 느낄 수 있을 때, 비로소 다른 사람들과의 융합을, 다른 사람들과 하나임을 알 수 있다.

나 자신이 하나임을 느낀다면, 우주, 무한, 그리고 타인과도 하나임을, 그리고 모든 것과 하나임을 느낄 수 있다.

이러한 사실을, 진실을, 진리를 이해하고 나면 우리는 비로소 진정한 의식에 도달하게 된다. 집단무의식에서 집단의식으로 행성 전체의 의식이 높아진다.

집단의식이 높아지게 되면 더 이상의 분열과 분리와 차별이 없어지고, 전쟁과 파괴가 사라지고, 평화의 시대를 향해 그 행성은 번영과 황금시대를 맞이하여 낙원과 같은 사회를 건설할 수 있다.

# 49. 각성이란

각성했다는 것은 깨달음에 완벽하게 도달했다는 것을 의미하는 것도, 완벽한 사람이 되었다는 뜻도 아니다. 각성한 사람, 깨달은 사람이라는 부처와 보통 사람과의 차이는, '부처는 도전과 실수를 통해 자신을 성장'시킬 수 있는 사람인 데 반해, 보통 사람은 자신의 실수와 잘못을 정당화하거나 합리화하고, 다른 사람 탓으로 돌리며 자신의 실수를 인정하지 않고 거부하는 데 있다. 보통의 경우, 그것은 자신의 인생을 돌보지 않고 파괴하는 것이다. (『각성으로의 여행』, 2004. 08. 06., p84)

우리는 모든 일이 잘돼가고 자신이 아름다울 때만, 자신을 사랑하는 경우에만 긍정적인 마음을 가지지만, 그래서는 안 된다. '이번에는 실수했지만, 이번에는 실패했지만, 다음에는 더욱더 잘할 수 있어. 이 실수를 통해 나는 배울 거야. 이 실패를 딛고 나는 오뚝이처럼 다시 일어나서 다시 더욱더 잘해볼 거야.'라고 생각하는 것처럼, 우리는 시련과 실수와 실패를 겪고 있을 때일수록 더욱더 자신을 격려하고 사랑해야 한다. 실수를 겪음으로써, 실패를 겪음으로써 우리는 자신의 지금의 모습을 더 정확하게 알고, 더욱더 자신에 대한 이해가 깊어진다. 그리하여 우리는 실수와 실패를 통해 많은 것을 배울 수가 있는 것이다.

그리고 우리는 계속해서 실수를 저지를 수 있다. 실수를 저질렀을 때는 오히려 자신을 격려하고 즐거워해야 한다. 왜냐하면, 이 실수를 통해 자신이 더욱더 도약하고 발전할 수 있는 기회가 점점 더 가까워지기 때문이다. 여기에서 중요한 것은 같은 실수를 계속 반복해서 저지르지 않는 것이다. 먼저 한 실수에 대한 의미와 의식을 가지고, 똑같은 실수를 반복하지 않으면 된다.

하나의 예술작품을 만족스럽게 성공시키기 위해서는 수많은 실패작들이 있어야만 한다. 에디슨도 병아리가 알에서 깨어나는 온도를 알아내기 위해 달걀을 배에 품어보기도 하는 등 남이 보기엔 바보 같아 보이는 행동을 했다. 또한, 1,250개의 전구가 깨지는 실패가 있었기에 전구에 불이 들어오게 하는 성공을 거두었다. 매번 열정을 갖고 자신감을 잃지 않고 새롭게 도전하는 태도를 유지하는 데에 완벽함이 있었던 것이다.

우리 인생은 언제나 멋진 일과 아름다운 일만 있는 것이 아니라는 사실을 이해해야 한다. 그러나 실수가 있더라도, 실패하더라도 자신에게 화를 내거나 다른 사람의 성공에 대해 시기해서는 안 된다. 에디슨이 1,250번의 실패를 통해 전구를 발명했기 때문에 우리는 밤에도 밝은 빛을 사용할 수 있는 것이다. 이렇게 다른 사람들의 성공이 우리 모든 사람들에게 서로서로 이득과 혜택이 되는 것이다. 이렇듯 다른 사람의 성공이 나에게 혜택으로 돌아오듯이, 나의 열정과 도전이 다른 사람에게도 도움이 되고 사랑이 되는 것이다. 이렇게 우리는, 우리 인류는, 우리 세계인은 하나로 연결되어 있으며, 한 사람의 지혜와 사랑이 인류를 구할 수도 있고, 히틀러 같은 한 사람의 어리석음이 인류를 멸망시킬 수도 있음을 잊어서는 안 된다.

# 50. 의식의 최고봉, '사랑'이라는 다이아몬드를 발견하자

세상의 모든 생명체들은 무엇인가를 추구하기 위해 존재한다.

나무는 하늘을 향해 가지를 뻗고, 언젠가는 아름다운 꽃을 피우고 향기를 세상에 전달하기 위해, 달콤한 열매를 맺어 모든 생명체에게 사랑을 베풀기 위해 존재한다.

알에서 깨어난 작은 새끼 새는 언젠가는 자신의 두 날개를 활짝 펴고 푸른 하늘을 기분 좋게 고공 비행하는 행복감을 느끼기 위해 존재한다.

인간도 무엇인가를 추구하고 도달하기 위해 존재한다. 그러나 나무나 새 또는 모든 동물들은 자신의 씨앗 속에, 세포 설계도 안에 자신이 될 모든 것이 이미 결정되어 있지만, 인간은 자신의 자유의지에 따라, 자신의 선택에 의해, 자신이 원하는 대로 자신의 환경과 자신의 생각과 정신성을 바꿀 수 있다. 인간도 무엇인가를 추구한다. 인간은 자신의 행복을 추구한다. 또한 자신의 삶을 완성시켜야 한다.

행복은 아무런 노력 없이 그냥 저절로 주어지는 것이 아니다. 행복해지기 위해서는 많은 노력과 훈련이 필요하다. 자신을 각성시키고 개화시키고 완성시켜나가야 한다.

우리의 내면에는 비밀의 화원이 있고, 그 화원 속 깊이, 심연 속 깊이 들어가면 영원히 변하지 않는 영원한 것, 자유와 사랑, 평화, 우리는 이곳에 도달해야 한다. 우리가 도달해야 할 궁극의 보물섬이다. 이것만이 우리가 추구해야 할 궁극의 목표이자 목적이다.

인간은 자신이 이해한 만큼만 볼 수 있고, 들을 수 있고, 가질 수 있고, 누릴 수 있다. 자유도 사랑도 평화도, 무한성과 영원성까지도, 진정한 절대 자유와 평화와 사랑에 도달한 자만이 행복을 느낄 수 있다. 행복할 수 있다. 행복하기 위해서는 자유, 그 자체가 되어야 한다. 내면에 밀폐되어 사장되어 있는 보물, 다이아몬드를 발굴하여 찬란한 빛을 발하도록 갈고 닦고 깎고 다듬어야 한다.

우리는 자신의 내면에 있는, 의식의 최고봉인 사랑이라는 다이아몬드를 발견하고 찬란한 빛을 내기 위해 내면을 탐험할 때, 때론 감정에 유혹될 때가 많다. 그럴땐 '감정이 진정한 다이아몬드가 아닐까?' 하는 착각을 할 때가 많다. 그러나 조심하자. 아무리 좋은 감정이라도 감정은 우리가 추구해야 할 궁극의 목표도, 목적도 아니다. 감정을 통해서는 각성과 개화에 도달할 수 없다, 의식에, 사랑에 도달할 수 없다. 왜냐하면 그것은 우리의 존재 속에 아주 작은 한 줄기 바람에 불과하기 때문이다. 때론 한 줄기 바람이 시원한 청량감을 줄 수도 있다. 그러나 바람은 한 순간 스쳐 지나가는 압력의 차이로 일어나는 기류일 뿐이다.

인간에게 삶이 주어진 것은 우리가 무한의 일부이고 무한이 우리 안에 있기 때문이다. 그러나 무한 그 자체는 의식이 없다. 자신이 누구인지, 무엇을 원하는지 알 수가 없다. 그래서 인간의 의식을 통하여 자신을 이해하고 자신을 표현하고 현현한다.

인간의 삶이 추구해야 할 최고의 가치, 각성과 의식의 최고봉은 사랑이다. 의식은 호르몬의 영향을 받지 않는다. 의식은 존재하는 존재, 그 자체이다. 그러나 존재를 존재시키기 위해서는, 생물학적인 생체의 조직을 가동시킬 에너지 공급원의 시스템이 필요하다. 그 한 예로, 많은 에너지와 각종 호르몬이 생체를 가동시키는 데 중요한 역할을 담당하고 있음을 들 수 있다. 어떤 호르몬의 경우, 그것이 중단되면 치명적인 결과를 초래할 수 있다. 건강에 적신호가 오는 것은 말할 것도 없고, 결국에는 생명을 유지할 수 없는 치명적인 사망에 이르게 하는 경우도 있다.

그러나 인생의 궁극적 목적은 좋은 감정을 추구하기 위해 만들어진 것이 아니다. 각종 호르몬을 최적의 상태에서 활용해 그 의식을 사용하기 위한 것에 인생의 궁극적인 목적이 있는 것이다. 감정은－그것이 아무리 좋은 감정이라 하더라도 －자신의 본연의 모습이 아니다. 천성이 아니다. 모든 감정은－ 그것이 비록 아무리 좋은 감정이라 하더라도 －우리가 살면서 무의식 중에 또는 교육이나 타의에 의해 유입된 지식과 정보를 바탕으로 생성되는 마음이기 때문이다.

감정이란 깊은 무의식에 깊은 뿌리를 박고 있다. 감정은 성장을 멈추게 한다. 감정은 균형을 잃고 평정심을 잃게 한다. 평정심을 잃은 부조화 속에서는 자신의 꽃을 피울 수 없다. 자신을 개화시킬 수 없다. 자신을 완성할 수 없다. 감정이란－ 좋은 감정이든 나쁜 감정이든 －균형을 잃은 부조화 상태에 있는 것이다.

감정 그 자체가 궁극적인 목적이 될 수 없는 한 가지 예를 들어 보

자. 어떤 스포츠에 열광하는 사람이 있다고 하자. 그가 응원하는 팀이 세계의 모든 팀을 이기고 최고의 승리 팀이 되었다고 하자. 그는 너무도 큰 감격과 감동과 기쁨을 주체할 수 없어 그 자리에서 충격을 이기지 못해 쓰러지거나 심지어는 사망에 이르는 경우도 있다. 또 다른 경우, 전혀 상상도 못 했던 복권에 당첨되거나 예상치 못했던 행운을 맞이했을 때도 같은 결과를 초래할 수 있다.

감정은 흥분을 밑거름으로 한다. 우리의 근원은, 유일한 본질은 어떠한 경우에도 외부의 조건에 흔들리지 않는, 영향을 받지 않는 평정심과 초연함, 의식과 초의식에 있다. 존재 그 자체가 되는 것이다. 감정은 상황에 따라 수시로 변화하는 것이고, 의식과 초의식인 존재 자체는 조건에 따라 수시로 변화하는 것이 아니라 원래 존재하는 무한성, 영원성 그 자체이다. 존재한다는 것만으로도 우리는 기뻐해야 한다.

소유욕과 질투심은 사랑의 한 부분이라고 불리기를 원하며 우리를 속이려 한다. 그러나 그것은 아무리 시간이 지나도, 천만년이 지나도 영원히 절대로 사랑은 될 수 없다. 그것은 우리의 정신을 황폐하게 하고, 우리를 서서히 파괴시킨다.

우리는 모든 감정을 초월하여 의식, 초의식에 도달하여야 한다. 존재 그 자체가 되어야 한다. 우리는, 때로는 질투를 사랑의 한 부분이라고 착각할 때가 있다. 그러나 질투란 하나의 질병이며, 자신을 황폐하게 하고 평정심을 잃게 하며, 자신의 생명 에너지를 서서히 소진해 나간다. 질투란 죽음의 에너지인 것이다. 이것은 사회의 작은 이들이 공모하여 만들어낸 허위의 모조품이다. 이것에 길들게 되면 의식을 상실하고 모든 것을 잃는다. 그것에서 벗어나는 유일한 길은 집착에서 벗어나는 것이다. 소유욕을 버리는 것이다. 지배욕에서 벗어나는 것이다.

그러나 부러움은 다른 것이다. 질투란, 상대방이 나보다 나은 점을 가지고 있는 것에 대해 시기하고, 짓밟고 망가뜨리려 하고, 자신보다 낮아지기를 원하며, 굴복시키거나 지배하려는 부정적인 죽음의 에너지이다. 부러움이란, 상대방이 가지고 있는 좋은 점이나 나은 점을 본받고 받아들여서, 자신의 내면 깊은 곳에 있는 자질이 상대방에 의해 자극받아서, 자신을 상대방 못지않게 성장시키고자 하는, 성장의 밑거름이 될 수 있는 에너지이다. 우리 모두 다른 사람들의 좋은 점과 아름다운 점을 자신의 성장의 모델로 삼아 추구하자. 그리고 다른 사람들의 좋은 점에 자극받아서 자신을 개발하고 성장시키는 원동력이 되게 하자.


## 51. 삶을 아름다운 것으로 만들기

인생의 유일한 목적은 행복이다. 그러나 행복은 그냥 저절로 오지는 않는다. 우리가 우리의 삶을 존재시키려면 매일 영양 공급을 해야 한다. 몸이 건강하기 위해서 적절한 운동을 해주는 것 또한 많은 도움이 되듯이, 삶이 아름다운 인생이 되기 위해서는 정신적 건강 또한 중요하다. 건강한 정신을 가졌을 때 행복할 수 있다. 자신의 삶에서 행복을 느낀다면, 삶은 살아 있다는 것만으로도 기쁘고 행복할 수 있다.

언론과 방송들이 연일 지구 온난화, 전쟁, 사건, 사고 등 부정적인 뉴스들만 쏟아내더라도, 우리는 행복해하지 않으면 안 된다. 그러나 언론이나 TV의 모든 부정적인 뉴스들을 매일매일 듣다 보면 우리의 마음도 부정적으로 기울게 될 수 있다. 과학자들이 놀라운 발견이나 발명을 해냈을 때도, 언론은 먼저 그것의 결과를 최악의 가능성에 초점을 맞추어서 사람들에게 두려움과 공포심을 먼저 조장한다. 이것은 정말 나쁜 태도이다. 물론 과학의 발전과 진보에는 긍정적인 면과 부정적인 면이 포함되어 있을 수 있다. 그러나 그것은 사람들이 어떻게 긍정적으로 사용할 것인가에 대한 지성에 달려 있다. 예를 들어 모든 가정에는 식칼이나 과도, 가위 등의 도구들이 있지만, 우리는 칼과 가위를 음식을 만드는 데, 요리를 하는 데 편리함을 위해 사용한다. 모든 과학적 발견이나 기술들을, 우리는 사람들의 편리함과 행복과 복지를 위해 사용하면 되는 것이다.

결국, 과학의 발전은 인간들을 고된 일과 노동, 그리고 돈에서 해방시켜줄 것이다. 만약 인류가 나아갈 방향을 사랑과 평화와 의식으로 이끄는 사람들에게 맡긴다면 세계 인류의 삶은, 모든 사람들의 삶은 아름답고 곱게 물들여질 것이다. 부정적인 습관을 없애기 위해서는 매일 아침 일어나는 순간 긍정적인 생각으로 자기 자신을 재교육해야 한다. 인생을 최대한 활용하여 매 순간 삶을 즐겨야 한다. 행복하다고 말해야 한다. 행복하다고 의식하라. 여러분 주위에 사람들이 모여들어, 여러분이 빛내는 행복감과 아름다움을 함께 나누어 갖고 싶어 할 것이다.


# 52. 삶의 진실

진실하다는 것, 자기 자신의 존재와 하나가 되어 자신의 내면에 충실한, 앞과 뒤 그리고 속과 겉이 똑같이 일치되는 진실한 자는 아주 소수에 불과하다. 그리고 자신이 사는 사회에 순종하고 순응하는 자들을 그 시대는 착한 양민이라고 불러준다.

이 착한 자들은 지극히 순진하다 못해 천진난만하다. 이 착한 자들은 결코 진리를 이해하지도 알아내지도 말하는 법도 없다.

정신과 의식에 있어서 이렇게 착하게 순종만 하는 것은 일종의 문제가 있다. 무엇이 어떻게 돌아가는지, 무엇이 잘못되었고 무엇이 옳은지 이해하고 판단할 기관이 없다는 것은 심각한 일이다. 이들 착하다고 불리는 자들은 양보하고 당하고 참고 그저 견딜 뿐이다.

그들은 판단할 용기도 없으므로 바닥에서부터 엎드리고 복종하는 자들이 되었으며, 자신의 내면의 정체성에 귀 기울이지 않는다.

오랜 침묵 속에서 심사숙고하고 의심하고 부정하는 용기, 저돌적인 모험, 새로운 가치의 시대를 따라 허겁지겁 기어서 쫓아가기에도 바쁜 근성의 이런 사람들은 새로운 시대의 가치를 창조하지 못한다.

언제나 새로운 시대의 문을 여는 새로운 가치를 창출해내는 자, 그들은 자기 자신의 내면에 가장 충실하고 진실하며 용기 있는 자들이다. 지금까지 모든 지식은, 모든 발견과 발명품들은 사악하고 교활한 자들에게 도둑질당하고 도난당했다.

그들이 선의로 발견해낸 핵에너지를 사용하여 사악한 자들은 원자폭탄과 핵미사일을 만들어서 같은 인류 형제들을 몰살하는 데 사용했다. 이러한 과정은 절대 되풀이되어서는 안 된다.

지금까지의 모든 지식과 역사는 사악한 양심과 더불어 성장해왔다. 신인류의 역사를 새로 신성하고 진실하게 시작해야 한다. 그러니 똑같은 역사가 잠시라도 되풀이되지 않도록 썩은 항아리의 썩은 물을 전부 다 쏟아버리자. 그대, 인식하는 자들이여. 그대, 선의의 양심 있는 자들이여, 새로운 시대에 맞지 않는 가치관은 모두 부수어버리자.

사랑하는 형제들이여, 나는 그대들을 미래를 낳고 기르고 씨 뿌리는 자로 인식하리라. 나, 그대들을 진정한 새로운 선의의 새로운 역사를 여는 귀족들이라 인식하리라.

어디에서 왔는가도 중요하지만 어디를 향해 가려고 하는가가 더 중요하다. 왜냐하면 인류에게는 더 이상 횡설수설 갈팡질팡할 시간이 남아 있지 않기 때문이다. 이제 인류는 막다른 골목 끝까지 와 있다. 똑같은 짓을 반복하다가는 모두 낭떠러지로 떨어져서 멸망하고 만다. 삶은 끝없는 쾌락을 추구한다. 그러나 그 정신이 어디로 가야 할지 방향 감각을 잃고 낭떠러지로 가고 있는지도 모른 채 쾌락을 위한 쾌락만을 탐할 때, 그들은 이미 인간의 정신성을 잃고 의식을 잃은 미친병에 걸린 자들이다.

인류를 선의의 길로, 평화의 길로, 자유와 인권과 정의의 길로 인도해야 한다고 인식하는 것, 그것은 이미 사자의 의지를 가진 자를 위한 즐거움이자 기쁨이고 가치이다.

길을 가다 길을 잃고 도중에서 갈팡질팡 망연자실한 자들. 어디서 와서 어디로 가고 있는지도 인식할 수 없는 자들. 이들은 허약하기 그지없는, 병든 미친 늑대들이다. 그들은 졸다가 깨어서 되묻는다. "무엇 때문에 우리 늑대들은 지금까지 길을 걸어왔던가, 모든 것은 똑같이 먹고 자고 해가 뜨고 또 달이 뜨는데, 모든 것이 동일할 뿐인데."라고 지껄이며 횡설수설한다. 그들은 왜 먹는지, 왜 마시는지, 왜 자는지도 모른 채 그저 습관적으로 되풀이할 뿐이다. 그들의 귀에는 보람 있는 일이란 아무것도 없다.

그리하여 그들은 그들의 무덤 속으로 시간의 법칙에 따라 흙 속에 갇힌다.

그대들의 시간이 그대를 그대의 무덤 속에, 영원히 흙 속에 가두기 전에 깨어나라. 그대의 선의의 신성한 의욕이 인간을 자유롭게 한다. 의욕이 있다는 것은 창조하는 것, 새로운 가치를 새롭게 창조하는 것. 그것이 이 시대의 사자로서 우리가 할 일이다. 들을 귀가 있는 자들은 들을 것이다. 사랑하는 인류의 형제들이여, 선의의 행운이 가득하기를.

## 53. 관조

삶은 하나의 게임이다. 그 게임을 즐기기 위해서는 관객으로서 관망, 관조, 주시하는 자가 되지 않으면 안 된다. 경기 도중 어느 한 팀이 이기거나 불리해진다고 해서 경기 도중에 관객이 뛰어든다면, 그것은 전체 게임에 안 좋은 영향을 끼칠 수 있다. 삶이라는 경기를 하나의 게임으로 주시하고, 멀리 떨어져서 내려다보며 관찰하는 자로, 주시자로 남아 있을 때, 우리는 좀 더 삶을 즐길 수가 있을 것이다.


## 54. 사라져야 할 것들

인류는 지금의 과학 시대가 오기 전의 모든 과거의 질서와 전통과 관습과 관행에 대해 새로운 각도로 재조명해야 할 것이다. 인류의 생존을 끝내버릴 수도 있는 지금과 같은 매우 위험한 시대에서는, 앞으로의 인류의 번영을 위해 현실에 맞는 가치 설정을 다시 하지 않으면 안 되는 시대적 요구가 절실하다. 왜냐하면 기존의 모든 가치관과 질서는 지금 시대에는 맞지 않는 과거의 것들이기 때문이다.

그렇다면 무엇이, 어떤 것들이 지금 시대에 필요 없을 뿐만 아니라 인류에게 매우 위험한 전통과 기존의 질서일까? 우선 군대, 군인, 병력, 폭력, 절대적인 신, 죄의식, 국경선, 국가주의, 검열, 언론 장악

등, 이렇게 전통적으로, 관습적으로 전래되고 있는 모든 것들은 이 시대에 맞지 않는 없어져야 할 것들이다. 인류가 하나로 융합되고 화합되는 것을 막는 매우 위험한 전통들이다. 이제 인류가 서로 화합하고 융합하고, 하나의 형제로, 하나의 민족으로, 하나의 지구인으로 다시 태어나지 않는다면, 어쩌면 인류의 미래는 사라지고 말지도 모른다.


## 55. 사랑

사랑은 줄 때 기쁘다. 사랑하는 사람을 행복하게 해주면, 자신도 기쁘고 행복하다. 그러나 사랑을 받기 위해서만 사랑한다면 그것은 이기주의이다. 본성적으로 우리는 사랑을 줄 때 기쁘도록, 행복하도록 만들어져 있다. "당신을 사랑해."라고 말하면서 상대방으로부터도 "사랑한다."는 말을 꼭 받아야 한다고 기대한다면, 이것은 무언가 되돌아올 것을 기대하면서 주는 것이므로 사랑이 아니라 거래이다.

사랑은, 자신에게 기쁨을 주는 사물이든 사람이든 모든 대상에 대해서, 소유욕이나 기대감이나 집착 없이, 순수하게 자신이 기뻐서 아무런 기대와 대가를 바라지 않고 주는 것, 그것이 바로 사랑이다. 사랑의 기쁨 때문에, 사랑의 행복 때문에 사랑하는 것이며, 상대방으로부터 아무것도 바라지 않는 순수한 마음을 주는 것이 사랑이다.

우리는 상대방으로부터 사랑을 요구해서는 안 된다. 상대편의 사랑이 그저 자연스럽게 오도록 내버려두어야 한다. 당신이 사랑하는 사람이 사랑한다는 말을 하지 않아도 걱정하지 마라. 그의 행복을 가만히 지켜보고 느껴보라. 굳이 말로 표현을 하지 않았지만, 오히려 적극적인 행동으로 자신의 사랑을 표현하는 사람이었다는 것을 느낄 수 있다.

스스로 기쁨을 느끼기 위해 그리고 사랑하는 사람에게 기쁨과 행복을 주기 위해 사랑한다고 말하는 것 또한 아름답다. 사랑한다는 말은 단어 그 자체의 음률만으로도 너무 아름답기 때문이다. 당신이 누군가를 사랑한다면, 더 늦기 전에 사랑한다고 말하라. 계속 나중으로 미루다 사랑한다는 말을 영원히 하지 못할 수도 있다.

나는 당신과 동시대에 함께 살고 있다는 사실만으로도 당신을 사랑한다. 당신이 나와 똑같은 존재라는 것만으로도, 당신이 이 지구에 함께 태어났다는 것만으로도, 이 짧은 의식의 순간 동안 당신들과 같은 시간대에 이 지구에 살고 있다는 사실만으로도 인류 형제들을 세계인을 나는 사랑한다.


# 56. 질투의 본성

인생은 자신 앞에 마련된 시간이라는 커다란 테이블에 앉아서 생과 사의 놀이를 하는 것이다. 주사위 놀이를 하는 사람들이여, 그대들은 어떻게 놀이를 하고 어떤 놀이가 진실한 사랑과 순수한 사랑인가를 가려내는 방법을 배우지 못했다. 모든 것이 교묘하게, 교활하게, 혼돈스럽게 얽혀 있다. 그것의 진실을 어떻게 가려낼 것인가?

그것은 자신의 심연 속으로 깊이 침잠하여 내려가봐야 한다. 들여다봐야 한다. 거기에 인간의 의식과 자신의 정체성, 지성, 지혜, 올바름, 길, 순수성, 진실, 사랑 등 깊고 높은, 인간만이 지닐 수 있는 정신적 보물섬이 숨겨져 있기 때문이다. 삶이란 자신에게 주어진 짧은 시간 속에서 의식의 최고봉인 사랑을 실천하고 건져 올려야 하는 게임을 할 수 있는 시간이 주어진 것이다.

사람들은 때때로 질투가 사랑인 줄 착각한다. 질투는 사랑의 한 모습, 한 부분이라고 착각하고, 질투의 거짓 속삭임에 속아서 삶의 게임을 망쳐버리는 경우가 많다.

그러나 질투는 카멜레온이 색을 바꾸듯이 사랑과 매우 흡사할 정도로 비슷한 색깔로 위장하여 옷을 갈아입고 있을 때가 많다. 질투는 사람의 마음을 교활하게 속인다. 자신이 마치 사랑인 척 가면을 뒤집어쓰고 있다. 마음은 그것이 사랑이라고 착각하고 속는다.

그러나 그것은 당신을 서서히, 또는 미치도록 고통받다가 지쳐서 죽어가게 만든다. 아무리 진실한 말이라고 해도 절대로 믿지 않으며, 그 꼬리에 꼬리를 물고 늘어지면서 절대로 포기하거나 쉬는 법이 없다.

질투, 그것은 지독하고 교활한 질병. 질투, 그것은 너무도 교활하며, 가장 아름다운 사랑의 한 색깔인 양 위선의 가면을 쓰고 자신조차도 사랑이라고 착각하면서, 가장 아름다운 사랑이라고 불리기를 원한다.

그러나 질투는 죽음의 에너지일 뿐 아무리 시간이 지나도 사랑은 될 수 없다. 절대로 서로 에너지가 다르다. 서로 파동이 다르다. 질투는 당신의 영혼을 공격하고 파괴시킨다. 모든 것이 악몽으로 돌아간다.

사랑은 융합과 행복의 삶의 에너지이고, 질투는 파괴와 해체와 불행의 씨앗이다. 죽음의 에너지다. 사랑과는 파동이 다르다. 아무리 시간이 지나도, 천년만년이 지나도 영원히 사랑은 될 수가 없다.

질투는 사랑과는 친구도 될 수 없다.

질투는 당신을 망치고, 격렬하게, 걷잡을 수 없이 혼란과 혼돈으로 미치게 만든다. 질투는 당신을 죽이는 독이다. 당신의 적이다. 질투는 당신의 마음 구석구석을 돌아다니며 어디 빈틈은 없는지, 트집거리는 없는지, 당신이 낭떠러지에서 발을 잘못 디디기를 지켜보며 바랄 뿐이다. 질투, 그것은 교활한 질병, 지독한 질병, 죽음의 에너지이다. 그것은 평정과 자비와 평화를 깨트리고, 조화를 깨트리고 모든 것을 파괴한다. 모든 것을 부숴버린다. 질투, 그것은 신기루의 환상에 사로잡히게 하고, 아름다운 사랑의 일부분이라고 착각하게 하며, 자제력을 잃게 한다. 질투, 그것은 마음을 황폐하게 만들어 결국에는 그것에게 잡아먹혀버리게 한다. 질투, 그것은 당신의 마음에 의심을 키우는 방법을 알고 있으며, 그것이 바로 질투의 목표이다. 질투는 당신의 영혼의 과녁에 정확하게 활시위를 당겨 목표에 적중하게 화살을 꽂는다. 그리하여 당신의 영혼을 황폐하게, 병들게 만든다. 그리고 그것은 악몽으로 끝난다.

질투에게 사로잡혔을 때 어떤 이들은 그것을 사랑이라고 착각한다.

그러나 그것은 절대로 사랑은 될 수가 없다. 이것은 사회의 작은이들이 공모하여 만들어낸 허위의 모조품. 이것에 길들여지면 의식을 상실하고 모든 것을 빼앗긴다.

그것에게서 벗어나는 유일한 길은 소유욕을 버리는 것이다. 지배욕에서 벗어나는 것이다. 집착에서 벗어나는 것이다.

그것은 지독한 유행성 독감처럼 전염성이 강하며, 당신의 마음과 몸을 해친다. 이것에서 벗어날 수 있는 유일한 길은 관습과 인습과 전통에 의문을 제기하는 것뿐이다. 초의식을 사용하는 길뿐이다. 빛만이 이 비극을 깨뜨릴 수 있다.

소유함 없이 사랑하라. 지배욕이 없는 사랑을 하라. 집착 없는 사랑을 하라. 사랑하는 대상에게 자유를 주라. 사랑이 생명의 에너지라면 질투는 죽음의 에너지. 사랑이 유전적이고 선천적이라면 질투는 사회의 작은이들에 의해 타성화된 후천적인 것이다.

당신의 운명을 선택하라.

사랑하는 그대여, 당신은 자유의 권리를 하늘로부터 부여받았다.


# 57. 아무 이유 없이 행복하세요

수많은 분야에서 성공했다고 하는 사람들, 돈을 많이 번 부자들, 명예나 이름이 유명해진 인사들이 자살하는 경우들도 많다. 남들이

다 부러워하고, 성공한 인생처럼 보이는 사람이 왜 소중하고 귀중한
생명을, 그것도 자신의 손으로 끊어야만 했을까?

그것은 인생의 목적이 행복이기 때문이다. 인간은 돈과 명예로 마음
의 만족을 얻을 수 없다. 마음은 아무리 많은 돈이나 지식이나 소유로
채워질 수 없는 것이기 때문이다. 마음은 돈과 지식과 소유로 행복해
질 수 없다는 존재의 법칙이 있기 때문이다. 우리가 살아 있어서 느끼
는 모든 것들은 무한한 우주의 현현이다. 우주 의식은 돈과 명예로는
행복해지지 않는다. 인간이라는 존재는 겸손하게 자신의 본성대로, 그
대로 진실하고 순수하게 존재할 때만이 행복할 수 있기 때문이다.

물론 지금의 정치제도와 경제체제, 물질만능주의, 소유와 지식을
최고의 가치로 여기는 지금과 같은 사회가 지속되는 한, 현실생활을
이어나가기 위해서는 돈이 있어야 하는 것이 사실이지만, 그렇다고
돈이 인생의 목적도 목표도 아니다. 또한, 살아가는 데에 약간의 지
식이 필요한 것 또한 사실이지만, 지식 또한 인생의 목적은 아니다.
지식이 너무 많을 경우 오히려 행복에 방해가 될 수도 있다. 명예 또
한 마찬가지이다. 자신의 존재가 과도하게 다른 사람들에게 유명한
존재가 되고 나면 자신의 사생활에 부자유를 느낄 수 있으므로 행복
에 방해가 될 수 있다.

행복이란 순수한 자신을 발견하고 자신에게 진실할 때, 자신의 있
는 그대로를 인정하고 사랑할 때 느낄 수 있다. 행복은 지금 여기, 이
순간에 느끼는 것이다. 행복은 지금 현재이다. '내일 나는 행복할 거

야.'라고 한다거나, 먼 훗날에 행복이 온다고 생각한다면, 그것은 착각이고 환상이다. 우리가 행복하고 싶은 마음이 있다면, 어떤 이유 때문에 행복하다고 생각한다면, 우리는 행복의 그 조건에 따라 행복이 사라지거나 바뀔 것이다. 행복의 조건은 외부에 있는 것이 아니라 자신의 내면에 있는 것이다. 아무 이유 없이 행복해야 한다. 살아 있는 것만으로도 행복을 느낄 수 있다. 우리의 마음은 마법과 같다. 자신의 마음이 행복을 창조하는 마법의 컴퓨터인 것이다.

## 58. 인간은 우주의 현현(顯現)

인간이란 무한한 우주를 인식하고, 인간인 자신을 의식하기 위한 생물학적 컴퓨터 기계이다. 또한 자신의 인생을 자각하고 완성시키는 것이 인생의 목적이다. 우주를 인식하고 자신을 자각, 개화하고자 하는 사람들은 결국 사랑에 도달한다. 아니, 사랑 그 자체가 된다. 왜냐하면 최고의 의식에 도달한 사람은 의식의 최고봉이 사랑이라는 것을 이해하기 때문이다.

## 59. 인생은 마라톤

인생은 탄생하는 순간부터 매 순간 죽음을 향해 달려가는 마라톤과 같다. 인간 한 사람 한 사람은, 마치 공테이프처럼, 아무런 그림이 그려져 있지 않은 흰 도화지처럼, 아무런 스토리가 정해져 있지 않은 시나리오처럼 아무런 스토리 없이 태어난다. 그러나 탄생과 더불어 그는 자신의 무대에서 자신만의 드라마를 기획, 제작, 감독, 연기해야 하는, 즉 모든 역할을 혼자 해야 하는 사람이 되어야 한다.

어떤 사람들은 "태산이 높다 하되 하늘 아래 뫼이로다."라고 생각하고, 초의식이라는 고지의 산을 향해 결코 포기하지 않고 밝은 빛이 이끄는 자유의 세계를 향해 끝까지, 죽을 때까지 무의식의 강의 다리에 걸쳐져 있는 가느다란 밧줄에 매달린다. 언제 밧줄이 끊어져 끝도 보이지 않는 심연의 바다 밑으로 내던져져 흔적도 없이 사라질지도 모르는 인생의 끈을 잡고, 끝내는 자신의 긴 고통과 짧은 인생의 여정에서 우주의식(초의식)이라는 목표에 도달하는 사람이 있다.

그런가 하면 아예 처음부터 너무 멀고 높다고 미리 겁을 집어먹고 오르려는 시도조차 하지 않는 사람도 있다. 어떤 사람은 아메바 수준에서 도전을 시작하였으나 금방 포기하고, 어떤 사람은 개미 수준에서 또는 토끼 수준에서 포기하거나, 또는 늑대나 표범이 인생의 진리인 양 안주한다.

그것은 자기기만이며 참 인생이 아니다. 인생은 돈과 명예, 권력 등을 추구하기 위해 주어진 게 아니다. 인간은 순수한 자신을 발견하고 서로 사랑하기 위해 존재하는 것이다. 인간은, 인생은, 영원을 사모하고 우주의식과 무한의식에 도달하기 위해 주어진 것이다.

지금까지의 인류의 과거 역사를 보자. 모든 사람들이 인간애, 인류애, 우주심, 무한의식, 초의식을 사용했다면 인류의 역사에서 그렇게 많은 전쟁을 했을까? 지금까지 인류는 하루도 전쟁을 하지 않은 날이 없었을 것이다. 지금 지구의 폐허가 된 환경과 생태계 파괴, 온갖 식물들과 동물들의 멸종 등, 이것은 전부 누구의 책임일까? 늑대나 사자의 책임일까? 아니다. 전부 지구의 사람들, 인간들 때문이다.

이제 이 한 번의 기회를 놓치지 말고, 지구인 모두가 초의식을 사용하여 지구의 생태계와 환경을 되살리자. 만약 지성적이고 의식적인 사람들이 초의식을 사용한다면 인류 사회는 항구적인 평화를 이룰 수 있다.

우선 핵무기를 포함한 모든 살상용 무기들을 폐기하고, 세계 평화 단일 중앙정부를 설립해 세계 정부를 통합시키고, 과학기술을 인류 복지에 이용한다면 단 7년 안에 인류 사회는 돈과 노동에서 해방될 것이다. 인간의 두뇌 속 깊은 곳에 존재하는 진정한 양심과 진정한 인간의 자아인 초의식을 사용하여, 무기를 만들어 사람들을 죽이는 전쟁 비용으로 사용할 것이 아니라 세계인을 살리기 위한 복지에 사용한다면, 이 지구에 새롭게 황금시대의 막을 열 수 있으며, 반드시 번영의 시대로 나아갈 수 있을 것이다. 지금부터 바로 시작한다면 낙원세상을 건설하는 데는 단 10년도 안 걸릴 것이다.

# 60. 로스쿨

옛날에는 공직자들이나 관청의 관료들을 뽑을 때 정정당당하고 공평한 방법으로 실력 있는 사람들과 인재들을 뽑고 가려내기 위해 과거제도, 검정고시, 행정고시, 사법고시 등을 치렀다. 등용된 사람들은 출세와 돈을 목적하기보다는, 시민들을 위해, 올바르고 정의로운 사회를 구현하기 위해 소신과 신념과 책임감으로 봉사하려는 것을 목적으로 한 사람이 많았다.

그러나 민주주의는 부패해지고, 자본주의 세상에서는 삶의 모든 것을 돈으로 환산하여 오직 돈이, 물질만이 가장 큰 가치관이 되어버린 지 오래이다. 그리하여 사람들은 삶의 목적 또한 잃어버린 것 같다. 인권과 정의와 도의와 자유와 평화가 삶의 목적이 아니라, 오직 출세하고 돈을 많이 버는 부자가 되는 것만이 삶의 목적이자 행복이라는 착각에 빠져버린 듯하다.

황금만능주의. 인간의 인권과 양심과 목숨보다 돈이 더 가치 있고 중요해진 세상이다. 부자들은 더욱더 부자가 되고, 가난한 사람은 더욱더 가난해지는 부익부 빈익빈의 악순환이 이제 자식들에게 그대로 세습되는 세상이 되어버렸다.

민중의 지팡이인 경찰이 범죄자와 짜고 도둑질과 사기를 은폐해주고 동업하는 시대가 되어버렸다. 자신의 신념에 따라 법관이 되려는 사람은 돈이 없어서 법을 공부할 수도, 법관이 될 수도 없는 세상이다.

돈이 많은 사람들만이 들어갈 수 있는 로스쿨, 등록금과 학비가 어마어마하게 비싼 이 로스쿨이라는 학교를 나와야만 판사, 검사, 변호사 등이 될 수 있다고 한다. 실력이 없는 것은 물론이거니와, 사회의 어려운 사람들을 돕기 위한, 정의 사회를 구현하기 위한 신념에 의해서가 아니라, 그저 돈 많은 부자를 부모로 둔 덕분에 실력이 없어도, 신념이 없어도 사회의 정의를 바로잡는 직업을 가질 수 있는 것이다.

옛날 옛적 부패한 권력에서 볼 수 있는 매관매직이나 다름없는 꼴로 전락한 것 같다.


# 61. 인종차별

인간들의 차별 양상을 보면, 외모의 피부 색깔이나 머리카락의 색깔, 눈동자의 색깔, 성적 성향 등으로 국력이나 유리한 위치에 있는 인종의 사람들이 차별을 주도하고 있는 일은 인간으로서 매우 부끄럽고 수치스러운 일이다.

개나 고양이나 다른 동물들의 경우 털 색깔이 까맣든 하얗든 얼룩무늬이든, 모두 그냥 개로 불린다. 자기들끼리 차별은 하지 않는다. 만물의 영장이라 자처하는 인간들은 개만큼도 지성이 없는 것은 아닌가?

사실 인간 개인 한 사람의 몸도 각 부위마다 색깔과 모양과 기능이 다 다르다. 몸의 색깔과 눈동자의 색깔, 머리카락 색깔 등이 다 다른 데, 머리카락과 눈동자를 분리시키고 해체해야 한다면 자신의 몸은 다 망가지고 사망할 것이다.

인류도 하나의 거대한 생명체이다. 그리고 인류 한 사람 한 사람은 거대한 신체를 이루고 있는 유용한 세포들인 것이다. 인류는 하나다. 인류여 영원하라!


# 62. 새로운 종교

앞으로 다가올 새 시대에는 새로운 종교가 필요하다. 왜냐하면, 과학기술이 지금처럼 발달하지 않았던 때에는 커다란 나무나 돌, 인간보다 힘이 센 사자나 호랑이를 신으로 숭배하거나, 또는 보이지도 않고 아무런 영향도 미치지 않는 상상 속 또는 환상 속에서 그려낸 절대전능의 힘을 가진 것들을 믿었었다. 무소불위의 권위와 권능을 가진, 우주 모든 곳, 어디에든 존재한다고 믿었던 그런 신을 믿었더라도 인류 전체가 전멸하지는 않았을 테니까.

그러나 오늘날은 어떠한가? 현대 과학은 모든 우주의 물질을 과학적으로 접근하여 이해 가능한 시대에 접어들었다. 인간이라는 생명체를 이루고 있는 물질들과 주변의 물질들, 더 나아가 더 넓은 우주로 점점 이해를 넓혀가고 있다.

우선 우리 자신인 인간의 육체는 약 60조 개에서 100조 개로 이루어져 있는 살아 있는 세포들로 구성되어 있고, 그 세포들은 물, 단백질, 무기염류, 지방, 탄수화물 등으로 이루어져 있다. 그리고 세포의 핵은 자신을 자신답게 만드는 유전자인 세포설계도, 바로 DNA로 이루어져 있다는 것쯤은 전문 지식인이 아니더라도 웬만한 사람들은 다 알고 있다.

이제 우리는 우리가 살고 있는 집인 이 지구도, 또 다른 은하계의 별들도 우리와 같은 태양 주변을 공전하거나 자전하는 수많은 우리 지구와 같은 행성들로 이루어져 있다는 것을 이해해가고 있다. 이 무한한 별들도 우리와 같이 각자 탄생하고 다시 먼지가 되어 흩어지고, 또 새로운 별이 탄생하고 또 늙으면 먼지가 되어 사라지고, 이렇게 이 무한한 우주는 무한히 반복하고 영원히 생명의 수레바퀴를 순환시킨다.

고도의 과학지식과 의학기술로 인간의 모든 병을 고칠 수 있는 것은 물론이고, 심지어 인간의 수명을 열 배, 아니 백 배로 늘려서 '영원히'라고 표현할 수 있을 가능성이 이미 과학적인 기술이나 이론으로 예측할 수 있는 시대에 우리는 살고 있다. 그러나 마음이 원시적이고 오랜 전통에 의해 관습적으로 별 의문 없이 조상 대대로 이어온 낡고 쓸모없는 어리석은 미신과 같은 교리와 전통 종파에 아직도 갇혀서 헤어 나오지 못하는 사람들이 많다. 그러한 아무 쓸모도 없는 낡아빠진 미신을 유일한 신이라고, 자신과 가족을 보호해줄 신과 종교라고 믿으면서, 다른 사람들이 믿거나 숭배하는 교리나 종교는 이단이라고 하면서 서로 적이 되어 분쟁을 일으킨다. 이러한 어리석은 무의식적 관념은 서로를 분리시키고 서로를 고립되게 하며 차별하면서, 심지어는 물리적인 폭력뿐만 아니라 더 나아가서 종교전쟁으로까지 발전한 예를 우리는 수많은 과거의 역사 속에서 보아왔다. 사실 인종 전쟁뿐만 아니라, 인류의 지난 역사는 종교전쟁으로 얼룩졌다고 해도 과언이 아니다.

그러나 진실은, 창조자들은 있지만 신은 없다는 것이다. 그리고 한번 깊이 생각해보자. 신이 그렇게 인간들을 사랑해서 만들었다면, 그리고 인간들이 믿고 있듯이 그렇게 완벽하고 전지전능한 신이라면, 왜 이 민족만 사랑하고 저 민족은 미워하는 변덕쟁이인가? 회교도의 알라신은 이단자를 보거든 죽이라고 했다고 코란에 써 있는데, 같은 신이 아니라고 죽이라고 하고, 인간보다 더 이해심과 자비심과 사랑이 없는 편파적이고 변덕 많은 신을 우리는 믿어야 할까? 자신이 인류 전체를 만들어놓고 한쪽 편만 드는 그런 신을, 인간보다도 못한 신을 인간들은 왜 믿어야 하는지 한번 생각해보아야 한다. 꼭!

왜냐하면, 그동안 인류의 삶은 그 신 때문에 수많은 종교전쟁을 하고, 그로 인해 사람들의 마음이 갈가리 찢기고 분리되고 고통받고 갈라졌으니까. 보이지도 않고 잡을 수도 없고, 실재하지도 존재하지도 않는 신 때문에 한 번뿐인 자신의 고귀한 인생을 낭비하면서 서로 갈라져 싸워야 한단 말인가?

이제 우리 인간은 과학적 지식의 발달로 인간의 근원을 과학적으로 규명하고 밝혀내어, 얼마 지나지 않아 신처럼 생명 창조의 길로 들어서게 될 것이다. 인간이 곧 신이 되는 것이고, 인간이 신인 것이다. 이제 과학은 곧 헛된 종교의 신비를 깨뜨릴 것이다.

그런 미신적인 과거의 종교인들로 인해 소중한 인간의 사상과 자유와 인권이 위협받고 짓밟히고 있다. 원시적인 집단에 의해서 말이다. 그 집단은 존재하지도 않는 신의 이름으로 다른 의견, 옳은 의견, 진실한 진리의 의견을 가진 사람들을 산 채로 생매장하거나 산 채로 화형시켰다. 자신들과 똑같은 생각을 하는 원시인의 숫자가 더 많다는 이유로, 권력으로 소수의 천재들을 화형시켰다.

인간들은 같은 인간인 천재들을 죽였다. 그것이 인류 전체에 얼마나 낭비이며 끔찍하고 불행한 일인가? 계속 원시 상태로 살기를 원하는 사람들의 과오가 정말로 비참하고 참담한 일이다. 그러나 이제 더 이상 용납하고 묵인해서는 안 된다. 수많은 사람들을 죽인 종교재판은 나치즘보다 더 잔혹했다. 이 땅에 존재하는 가장 중요한 재산은 개인의 자유와 인권이다. 만약 개인의 사상이나 철학, 생각 등을 말할 수 없는, 인권이 없는 세상이라면, 그것은 이미 인간 세상이 아니다.

모든 광신주의는 위험하다. 단 하나의 광신자가 되는 것을 제외하고는 말이다. 개인의 생각과 의사를 말할 수 있는 자유와 인권의 광신자가 되는 것, 그 외의 모든 광신자들은 비난받아 마땅하다. 사상의 자유, 인간의 권리, 이것은 인간의 기본 권리이다. 종교의 자유, 물론 무신론자가 될 수 있는 권리도 똑같이 주어져야 하고 인정해야 한다. 신에게 욕을 할 수 있는 자유, 불경할 수 있는 자유 또한 기본적 자유이다. 그러나 말이나 생각으로도 살인하거나 죄짓지 말라는 기본 원칙을 지킨다면 당신은 당신의 양심이 이끄는 대로 행하라.

이제 우리의 과학기술은 매우 발전했다. 이제 더 이상 야만적이고 맹신적이고 미신적인, 변덕스럽고 편파적이고 편애적인 신을 믿는 것은, 과학기술이 인류의 몰락과 멸망과 종말을 가져올지도 모르는 시대에서는 매우 위험한 일이다. 신비한 미신을 깨는 가장 좋은 방법은 바로 과학이다. 이제부터는 바로 과학이 우리의 종교가 되어야 한다. 과학기술을 어떻게 지혜롭고 현명하게 인류에게 사용할 것인가? 인류가 번영의 새로운 낙원 같은 세상을 열고 지구인으로 다시 태어날 수 있는가는 바로 과학과 지성에 달려 있다.

## 63. 위대한 정오가 되면 밝혀지는 진짜 배우

가짜 배우들 중에는 거짓말쟁이가 많다. 배우들 중 몇몇은 자신의 굳은 의지를 갖고 있지만, 그 나머지는 대부분 가짜 배우, 풍각쟁이들뿐이다. 겉으로는 피에로처럼 웃고 있지만 사실 자신의 내면은 울고 있다. 어찌 행복하게 있을 수만 있겠는가? 대본대로 연기하는 배우인 것을.

그래서 그들, 거짓 배우 피에로들은 진짜 행복한 것처럼 보이려고 빨간 립스틱을 입술 위에 덧칠하고, 입꼬리를 지나치리만치 올려 크게 웃는 것처럼 보이는 거짓 웃음을 그린다. 그들은 서투른 배우들이다. 그들 중에는 자기도 모르게 배우가 된 자들도 있고, 할 수 없이 배우가 된 자들도 있을 것이다. 그러나 '진짜'는 언제나 드물며, 진짜 인간은 고개를 너무 숙이고 있으므로 잘 알아볼 수가 없다. 진짜 알곡은 탈곡기로 털어봐야 알곡인지 쭉정이인지 구분할 수 있고, 키로 까불려야 쭉정이는 바람에 쓸려 나간다.

그리고 가짜 배우인 이 쭉정이들은 가장 사악한 위선으로 지배하며 파괴를 하면서도, 마치 자신의 국민들을 위해 봉사하는 것처럼 덕으로 가장하는 것을 제일 좋아하는 배역이다. 이 위선의 덕을 베푼다고 생각하는 그들은 똥을 먹고 사는 똥파리들이다.

거짓 웃음을 파는 위선자들은 따스한 햇살이 비쳐 드는 창가에서, 똥파리의 무가치한 행복처럼 무가치하게 붕붕거리는 날개 소리를 요란하게 내면서 돌아다닌다. 그러다가 죽을 때는 반드시 그들의 감옥인 거미줄에 걸리거나, 날개가 그만 똥통에 빠져버리는 바람에 날 수가 없어 허망하고 허무하게 비참한 최후를 마친다.

그들 똥파리의 배역을 맡은 연기자들은, 덕이란 겸손하고 양순하게 되는 것이라고 연기를 하며 대중들을 속이고 유혹한다. 그리하여 그들은 야성의 늑대를 개로 길들이고 인간 자체를 최고의 가축으로 사육시키는 데 성공했다. 이것은 법령이 되어버렸다. 아무런 가치도 없는 이따위 법령이라고 말하는 것이 그만 습관과 관습이 되어버렸다.

진실 그 자체인 배우는 우주 전체가 자신의 인생이며, 자신의 때가 되었을 때 지구의 길을 지나가며 자신이 느껴본 진실의 말을 떨어뜨린다.

진실을 들을 수 있는 귀는 하고많은 거짓말에 귀가 막혀서 받아들일 줄도, 간직할 줄도 모른다. 가짜 연기자들 중에는 스스로 자신의 의지를 펼치고 싶어하는 자가 있다. 그는 자유주의자이고 인권주의자이며 인도주의자이자 평화주의자이다.

진실을 알아들을 수 있는 귀가 없는데, 그 귀에 대고 무슨 말을 해야 하나?

나는 사방에서 불어오는 바람의 소리에 귀 기울이며, 진실의 말을, 진리의 말을, 영혼의 말을, 우주의 말을, 무한의 말을 들을 수 있는 귀가 열릴 때가 되기를 기다린다. 나의 말이 진실이라는 것을, 우주의 원칙이라는 것을 들을 귀가 열리는 때가 되기를, 정오가 오기를, 나는 끈기와 인내심을 가지고 기다리는 것이다.

# 64. 인류에게 부족한 정신성

인간은 정신성과 의식이 중요한 존재이다. 오히려 이렇게 인류가 자멸할 수도 있는 위험한 시대에서는, 특히 초의식을 사용하는 것만이 인류가 살아남을 수 있을 뿐만 아니라, 인류 최초의 황금문명인 낙원 세상의 문을 열 수 있는 번영의 길로 나아갈 수 있는 마지막 기회이기도 하다.

인류 전부를, 이 지구의 생명체 전부를 파괴하고도 남을 고도로 발달된 무기들과 핵무기들을 각 나라마다 쌓아놓고 있는 지금의 시대에서는, 인류의 정신성이 더욱더 중요한 시대이다.

그래도 과거에는 원시적인 신화들과 신비화된 신앙심으로 계율에 의한 도덕심을 가졌던 시대도 있었지만, 오늘날은 순수하고 진실되게 존재하는 것보다는 돈을 소유한 통치 권력자들이 높은 자리에 앉아 인류를 이끌고 있다는 점에서 인류는 위기의 기로에 있다고 해도 과언이 아니다.

과학 발전과 더불어 그에 상응하는 정신성을 갖추지 못했을 경우, 인류는 반드시 자멸의 길로 들어서게 된다.

원죄라든가 죄책감을 심어주는 원시적이고 신비화된 정신성이 퇴화한 것은 기쁜 일이지만, 과거의 정신성을 새로운 정신성으로 대치하지 않고 사막처럼 황폐해진 지금의 정신성을 이대로 방치한다면 인류의 앞날에는 대안이나 희망이 없다.

이 정신적인 빈자리는, 진실과 존재와는 관계없는, 신기루 같은 환상적인 거짓들로 가득 차 있다. 지금의 시대는 존재보다는 소유의 가치를 인정하는 시대로, 눈에 보이는 것을 소유하고 싶어하는 욕망만을 향해 앞으로 나아간다. 그것을 처음 소유한 기쁨에 잠시 행복을 느끼는 것 같지만, 곧 익숙해지면 쾌감도 사라진다. 결국 행복감은 고갈되어버리고, 소유한다는 것이 더 이상 행복감을 줄 수 없음을 깨닫게 된다.

그리고 은행에 아무리 많은 돈이 저축되어 있어도 소유로 인한 것은 마음을 충족 시켜주지도, 또 그것이 자신을 더 행복하게 만들어주지도 않으며, 이런 사실을 깨닫고는 깊은 절망감을 느끼게 된다.

젊은이들에게는 모든 것이 빨리 지나가버린다. 젊은이들은 삶을 즐기며 행복하고 싶어하지만, 행복은 가꾸고 키우지 않으면 저절로 오는 것이 아니며, 자신이 창조하고 노력해야 한다는 사실을 우리는 가르쳐야 한다.

오늘날 전 세계에서는 교통사고나 암, 에이즈 등 그 무엇보다도 자살로 사망하는 수가 제일 많다고 한다. 평균 40초마다 1명꼴로 자살을 한다고 한다. 사람들은 어느 날 더 이상 살아가야 할 의미를 잃고 괴로워하다가 죽기로 결심하는 것이다.

그러나 바로 이럴 때일수록 우리는 순수한 정신성으로 눈을 돌려야 한다. 살아 있음의 특권을 인식하게 해야 하고, 우리가 무의식의 우주의 입자들로 만들어졌지만, 그것들은 의식하는 무한으로 될 수 있다는 것을 깨닫게 해주어야 한다. 그것들은 영원무궁한 물질들로 되어 있으며, 우리 몸을 이루고 있는 모든 물질의 무한성을 깨닫게 된다. 이러한 의식은 인간의 살아 있음에 대한 특권이다.

모든 것이 끝나가고 있는 것이 아니라, 그 반대로 새로운 시대가, 새로운 사회가 눈뜨기 시작하고 있고, 우리는 새롭게 태어나기 위한 준비를 해야 하는 시기이다. 아직 인류의 무대의 막은 내리지 않았다. 새로운 정신성이 자라나고 성장할 수 있도록 장려하고 키워주어야 한다. 과학기술의 시대에 걸맞은 새로운 정신성과 가치관을 세워야 한다.

이제 우리 인류는 과거의 낡은 가치관을 과감히 벗어던져버리고, 새로운 문명 세계를 건설하기 위해 새로운 가치를 창조해야 한다. '문명'의 진정한 의미는 전쟁이 없는, 다툼이 없는, 평화만이 존재하는 세상을 말한다.

그러나 지금까지 인류는 단 한 번도 제대로 된 문명 세계를 건설해 본 적이 없다.

그동안 축적된 과학기술로 우리 인류는 모든 힘든 일과 노동을 각종 로봇들과 인공지능(AI), 나노테크놀로지 기술, 유전자 기술 등에게 맡기고 돈과 노동에서 벗어날 수 있다. 인간의 진정한 삶의 목적인 창조, 사랑, 자기 개발과 자기 개화, 자기 완성의 기쁨과 행복 속에서 낙원 같은 세상을 건설하여 진정한 행복과 평화의 시대를 반드시 만들어야만 할 것이다.

앞으로는 다양한 행성 간 문명, 다양한 은하 간 문명을 건설하게 될 것이라고 믿어 의심치 않는다.


## 65. 『추배도(推背圖)』

중국 당 태종(이세민) 때 『추배도(推背圖)』라고 하는 예언서가 전해졌다고 한다. 미래에 일어날 일들을 시대를 훨씬 앞서 예언한 내용이었다. 『추배도』의 예언이 지금까지 다 맞았다고 하는데, 그러나 두 번째 페이지의 예언은 아직 일어나지 않았다고 한다.

『추배도』는 다른 나라의 보통의 예언서와는 완연히 구분되는 점이 있다. 보통의 예언서는 글 위주의 말로 되어 있는 반면, 『추배도』는 그림으로 표현되어 있는 점이다. 아직 밝혀지지 않은 이 두 번째 페이지의 예언은 그림으로만 보아서는 무슨 뜻인지 모른다는 내용이었는데, 내가 기억하는 이 그림은 두 사람이 서로 약간 떨어져 서 있으면서 싸우고 있는 듯한 그림이었다. 두 사람 사이에 칼이나 창 같은 무기는 없었는데, 서로의 입에서 커다란 불을 내뿜고 있었고, 하늘에는 두 마리의 새가 서로 불을 내뿜으며 싸우고 있는 것 같은 그림이었다.

어떤 해설자들은 인류의 과학과 지식이 발달하여 핵을 발견하게 되면 핵무기가 발전하여 핵전쟁이 일어날 수 있고, 지구의 강대국 두 나라의 핵전쟁을 예고하는 그림일 거라고 추측한단다. 또 한 장의 남은 그림은, 삼척동자가 그려져 있었는데 세계만방의 사람들이 이 삼척동자에게 경배하게 될 거라는 분석을 나름대로 내놓았다. 전 세계 여러 나라들의 예언서들은 왜곡되거나 사라진 것이 많았다는 속설도 있었지만, 『추배도』는 그 뜻이 무엇인지 알 수 없어서 아직도 그대로 남아 있다는 설도 있었다.

나는 처음에는 '중국에는 저런 예언서도 있었구나.' 생각하면서 까맣게 잊고 있었다. 몇십 년이나 지난 지금의 현실은 그 예언서처럼 지구 인류 전체의 운명에 큰 의미가 있는 것이 아닌가 생각된다. 왜냐하면, 현재 인류는, 한쪽에서는 기아와 굶주림으로 죽어가고 있고, 한쪽에서는 극소수의 권력자들이 인류가 공정하고 평등하고 공명정대하게 복지와 과학에 나누어 써야 할 에너지이며 혈액인 돈을 독점하여 무자비한 전쟁과 무기들을 팔아 자신들의 이익을 취하는 데만 급급하기 때문이다. 심지어 인류와 모든 생태계를 단 몇 초 만에 전멸시킬 수 있는 핵무기 및 기후 무기, 세균 무기 등을 개발하여 인류의 운명 자체를 자멸과 멸종으로 몰고 가고 있는 현실에 부닥쳐 있는 게 사실이다.

이제 곧, 과학기술로 인하여 인류의 생존 수단인 노동직이라는 생업을 모든 인공지능 로봇들로 대체하게 될 것이고, 급기야는 제4차 산업혁명으로 인하여 80~90% 정도의 직업이 없어지게 될 것이다. 앞으로 과학기술이 더 업그레이드되고 나면 블루칼라뿐만 아니라 화이트칼라들의 사무직, 정신적·지적 노동까지 전부 인공지능에게 다 맡기게 될 것이다. 그러고 나면 이 행운이 될 수도 있는 기회의 대전환점에서, 영원히 돌이킬 수 없는 부자와 가난한 자의 커다란 갈등으로 인해 폭동 혹은 혁명으로, 아니 어쩌면 제3차 세계대전으로 번질 가능성이 농후하다. 인류에게는 처음으로 '인류 멸망'이라는 대환란이 일어날 수 있는 시대로 돌입하고 있는 것이 바로 지금 일어날 수 있다는 것을 깨닫는 순간, 나는 옛날 당나라 때 쓰였다는 『추배도』의 의미를 다시 되새겨보았다.

예언서 제목의 첫 글자인 '추(推)'는 '밀어주다', '밀다'라는 뜻이고, 두 번째 글자인 '배(背)'는 '등'을 말한다. 그리고 마지막 글자 '도(圖)'는 '그림'을 의미한다. 다 합하여 번역하면, '등을 밀어주는 예언의 그림'이라는 말이 된다. 그렇다면 누가 누구의 등을 왜 밀어주어야 한다는 말일까? 나는 깊이 생각하고 있던 차에 그 뜻을 완전히 이해했다.

나는 평생을 나 자신의 존재를 이해하기 위한 연구에만 보내왔고, 나 자신을 완전히 이해하고 사랑하면 나와 똑같은 존재인 인류에 대한 해답을 얻을 것임을 예지하고 예감해왔었다. 그리고 인류를 사랑하는 방법을 알게 될 것임을.

지금 인류는 유사 이래 처음으로, 인류 전체의 발전으로 낙원과 같은 시대를 맞이할 것인가, 아니면 살아 있는 지옥이 되어 돌이킬 수 없는 멸망과 자멸의 길로 접어들 것인가 하는 두 갈래 흥망성쇠의 기로에 서 있다. 지금 이 순간을 붙잡을 유일한 하나의 해법이자 방법, 다 같이 잘살 수 있는 세상을 건설할 수 있는 유일한 길은 바로 우리 인류 한 사람 한 사람의 의식에 달려 있다. 인류를 자멸에서 구할 수 있는 유일한 해법과 해결책은 정치경제 시스템을 누구나 평등하게 똑같이 잘살 수 있는 천재 평화 정치 시스템으로 바꾸어, 바로 낙원주의를 현실화시키는 것이다.


## 66. 원시종교

과거의 전통과 관습과 질서들, 그리고 원시적인 종교들은 오늘날의 과학기술 문명과는 조화를 이루지 못한다. 하나의 예를 들어보자. 현재 인류는 인구 과잉으로 매우 많은 사람들의 일자리가 부족하고, 매일 수많은 사람들과 어린이들이 먹을 것이 없어 굶주림에 시달리거나 굶어 죽어가고 있다. 그런데도 가난한 국가들에서는 의학적 손길이 닿지 않아 피임 기구 등 의료 혜택을 받지 못해서 아직도 계속 인구가 불어나고 있다.

이렇게 지금의 정치·경제 체제와 과학기술로는 다 수용하지 못하고 굶겨 죽이면서도 전통적인 가톨릭 교회에서는 아이를 계속 생기는 대로 낳으라고만 한다. "피임은 하지 마라, 피임하는 것은 생명을 죽이는 행위이며 하나님께 죄를 짓는 것이니."라며, 아이들을 계속 많이 낳으라고만 한다.

도대체 지구 상에 얼마나 많은 인구가 있어야 가톨릭 교회와 교황은 그런 어리석은 말을 하지 않을까? 100억? 500억? 1,000억? 그러면 가톨릭 교회는 만족할까? 그렇게 많은 인구가 지구에 존재한다면, 먹을 것은 물론이고 잘 곳도 없어서 사람들의 무게에 눌려서 죽거나 지구가 가라앉을지도 모르겠다. 그러나 그들 오래된 낡은 교회들은 시대적 요구를 이해하지 못하고, 오래된 성경에 그렇게 써 있기 때문이라고 핑계를 대면서, 현실은 고려하지 못하고 어리석은 것만 가르치고 있다.

이제는 현재의 환경과 과학 수준에 걸맞지 않은 모든 낡은 전통, 원시적이고 미신적인 교회들은 사라져야 한다. 과거에는 지구의 크기에 비해 인구가 필요했다. 또 과학이 발전하지 못한 시대에는 인구가 너무 적어서 일할 사람이 많이 부족한 시대였으므로 인구가 필요했다. 그러나 시대는 변했다. 지금은 과학과 의학의 발달로 인간의 수명도 연장되고, 더욱 오래 살 수 있게 되었다. 미래 사람들의 수명은 지금의 열 배나 연장될 수도 있다고 한다. 이제 낡고 오래된 신앙, 과학의 시대에 맞지 않는 원시적인 미신 같은 신앙은 모두 사라져야 한다.

## 67. 인간은 영원(성)을 사모하는 본성을 가지고 있다

인간과 동물은 물론이고, 모든 생명체들은 똑같이 쾌락을, 즐거움을 추구하도록 만들어져 있다. 그러나 인간이 다른 점은, 인간은 '왜'라는 질문을 하며, 상식에 의문을 제기하고, 무한함과 영원함을 추구함으로써 과학을 발전시킨다. 인간은 '영원'을 사모하는 본능을 지니고 있는데, 이런 인간의 꿈은 과학기술을 통해 육체의 시간을 연장하여, 영원에 가까운 시간 동안 늙지 않고 젊은 육체로 살도록 만들어줄 것이다.

## 68. 인생은 신나고 재미있는 놀이가 되어야 한다

우리는 흙먼지에서 만들어졌다. 우리가 살아가는 동안 우리는 흙위에서 살아간다. 언젠간 흙이 우리의 얼굴과 몸을 뒤덮을 것이다. 얼굴 위에 흙이 덮이기 전에, 흙 위에서 자유롭게 춤추며 자신만의 노래를 불러보자. 자신의 춤을 출 수 있는 시간이 다 지나가기 전에, 흙이 자신의 몸을 다 덮어버리기 전에, 죽어도 후회가 남지 않을 만큼 자신을 위한 놀이를, 자신만의 고유한 춤을 추어보자.

## 69. 웃음은 인간만의 아름답고 지성적인 특징이다

웃음은 건강에 가장 좋은 보약이다. 잘 웃지 않고 심각한 표정을 짓고 있는 사람들은 마음이 병들어 있는 경우가 많다. 심각한 질병에 걸려 있던 사람들도 건강에 특효약인 웃음을 하나의 요법으로 하여, 하루 종일 웃고 또 웃어서 무서운 질병에서 벗어났다는 경우가 많다.

특히 정치인들을 한번 둘러보면, 그들의 어깨는 뻣뻣하고 등에는 마치 쇠지팡이라도 꽂아놓은 것처럼 너무나 뻣뻣하다. 아마 그들의 마음도 쇳덩어리와 별반 다르지 않을 거라 생각되지만, 이렇게 마음이 쇳덩어리 같은 사람들의 권력에 의해 우리 세계인들은 통치되고 있다.

현명하고 지혜로운 사람이 되겠다고 생각하면서도 심각한 사람들은 스스로 각성할 가능성이 전혀 없다. 그들은 거의 웃지 않는다. 항상 심각한 표정과 심각한 근육만 사용한다. 항상 권력을 뺏기지 않고 유지하기 위한 생각만 하고, 실천하지도 않을 헛된 공약을 연구하느라고 그들에게는 웃을 시간이 없는 것일까? 웃지 않는 권력자들에 의해 통치되어서 지금처럼 이런 심각한 세상이 되지 않았을까?

우리 모두 항상 웃는 연습을 열심히 해야 한다. 항상 미소를 띠고 잘 웃는 사람이 세계의 정치 지도자가 되는 세상이라면, 아마 우리 인류 세상은 낙원 같은 세상이 되어 있지 않을까?

# 70. 상상력은 인류 발전의 원동력이다

현재의 우리 인류는 상상력이 부족한 사회 속에서 살고 있다.

우리 사회는 어린이들에게 '왜?'라고 질문하지 못하게 하며, 상상 따위는 하지 말고 기억력만 키우는 교육 방식으로만 가르치고 있다. 기억은 이미 지나가버린 과거이다. 이미 없어져버린 과거는 죽은 것이다.

예술가와 과학자는 순수한 상상력을 가지고 있다. 상상이란 기존의 상식에 의문을 제기하고 새로운 것을 창조해가는 것이다. 자신의 영감에 따라 새로운 정보를 만들고 새로운 방법으로 새로운 것을 만들어낸다. 나노테크놀로지, 미래 지향적 인공지능(AI), 복제 기술, 줄기세포, 유전자 가위 기술 등 모든 과학적 기술들은 이렇게 탄생한 것이다.

마침내 곧 우리는 늙지도 않고 젊고 활력 넘치는 젊은 육체로 영원한 삶을 살 수 있게 될 것이다. 이것은 단계적으로 서서히 발전되겠지만, 우리 인류는 머지않아 그런 시간에 도달하게 될 것이다.

인간의 수명이 늘어날수록 인간의 삶에서 가장 중요한 문제는 인생을 즐기고 행복할 수 있어야만 한다는 것이다. 불행하면서 오래 산다는 것은 너무도 끔찍한 일이다.

앞으로의 시대는 자신이 행복할 수 있는 방법을 연구하고 창조해야할 것이다. 자신을 먼저 이해할 수 있을 때만이 자신을 사랑할 수 있다. 자기 개화, 자기 완성, 타인을 돕고 사랑하는 방법을 개발할수록 더욱 자신이 행복할 수 있다.

# 71. 자기 내면으로의 모험 여행

이제 이 지구의 모든 곳은 하나도 빠짐없이 다 발견되었다. 이 지구에서 유일하게 탐사되지 않은 마지막 정신적 모험만이 남아 있다.

과거에는 아메리카라든가 아프리카 정글이라든가 세상의 끝을 발견하고 탐험하기 위해 열정과 희망으로 목숨까지 걸며 모든 두려움을 이겨내고 지구의 모든 곳을 샅샅이 발견해내었다. 그러나 그러한 시대는 지나가버렸다. 모든 땅들은 탐험되었고, 다른 행성에 가서 다른 이성을 만나고 교류하고 싶지만 우리의 과학 수준은 아직 충분히 발달하지 못했다. 그렇다면 지금 우리에게 어떤 모험이 남아 있을까?

인간에게는 모험이 필요하다. 젊은이들에게는 더욱더 모험이 필요하다. 아직 우리에게는 모험이 하나 남아 있는데, 그것은 바로 정신적인 모험이다. 정신적 사파리 모험, 정신적 탐험 여행을 해보는 것이다.

하루는 사이언톨로지(인간은 영적 존재라고 믿으며, 과학기술을 통한 정신 치료와 윤회도 믿는 종교) 신도, 또 하루는 불교도, 그다음 날은 유대교도, 그다음 날은 기독교도와 이슬람교도, 또 그다음 날은 새로운 신흥종교 등, 이렇게 모든 사상, 철학, 종교 등의 정신세계를 탐험해보는 것이다. 여기저기 모든 것을 다 섭렵하는 여행은 흥미진진하다. 이것저것을 섭렵하다 보면, 당신이 좋아하는 사상, 당신이 흥미를 느끼는 철학, 당신과 잘 맞고 조화를 이루는 종교 등을 발견해낼 수 있을 것이다. 당신 자신이 풍요롭고 아름답게 변화하고 발전할 수 있도록 당신 자신을 변화시켜라.

혹시 두려움 때문에 모험을 못 떠나는 게 아닌가 하고 자신을 한번 돌아보라. 그것은 매우 안타까운 일이다. 한번 용기를 내어 자신의 정신세계를 탐험해보라. 새로운 미지의 철학과 사상에서 당신의 정신세계가 무한한 우주를 향해 자유를 얻을 것이라고 믿는다.


## 72. 자신에 대한 의식

인간의 아름다움은, 우리가 누구인지, 무엇인지 자신을 인식할 수 있고, 의식할 수 있고, 깨달을 수 있다는 점이다. 자신을 깨닫는 순간 우리는 겸허해져야 한다. 겸손해져야 한다. 왜냐하면 우리의 의식은 우주의 별의 무의식의 먼지로부터 만들어졌기 때문이다. 그리고 어머니가 우리를 배 속에 가졌을 때 어머니가 먹은 음식물로 구성되어 있고, 음식의 영양분들로부터 우리의 세포들이 만들어졌다. 그러다가 우리는 먹는 것을 멈추고 다시 우리가 왔던 곳으로, 무의식의 먼지로 돌아간다. 흙이 되고 별의 일부분이 되는 데 걸리는 시간이 영겁의 무한의 시간에서 보면 찰나에 불과한 아주 짧은 시간임을 우리가 의식할 수 있다면, 우리는 교만할 수 없다. 겸손하고 겸허할 수밖에 없다는 것을 깨달을 수 있을 것이다.

나는 내가 먹은 야채와 과일, 생선, 고기 등의 음식물들로 만들어져 있고, 이 물질들을 통해 나의 의식이 계속 표현된다. 나는 의식할 수 있는 먼지로서 살아 있고, 죽어서는 다시 의식 없는 먼지로 돌아간다. 이것이 바로 별 먼지가 영원히 순환하는 법칙이다.

이렇게 우리가 의식을 가지고 있는 시간은 아주 짧다. 이런 인생에서 깨달음을 얻었다면, 우리는 다른 사람을 해치거나 죽이고 전쟁하면서 인생을 낭비할 시간은 없다. 다른 사람을 이해하고 사랑하고 행복할 시간도 모자랄 지경이다.

피부색이 어떻든, 머리카락 색깔이 어떻든, 눈동자 색깔이 어떻든 그게 무슨 문제란 말인가? 색깔이 다르면 다를수록 우리는 다양하고 풍요로운 삶의 시간을 보낼 수 있다. 다른 사람들도 나와 똑같이, 똑같은 시간에 똑같은 지구에 함께 존재하게 되었다는 것만으로도 하나의 형제들이다. 우리는 동시에 이 지구에서 우리 자신이 무엇인지 함께 의식해 나가고 있다.

우리는 언젠가 반드시 죽는다. 10분 후에, 아니 1분 후에 죽을 수도 있다. 언제 우리의 심장이 멈출지 모른다. 여러분 중에는 부모나 형제, 자녀 혹은 좋아했던 친구를 잃었을 수도 있다. 그러나 사람은 소중한 사람들이 살아 있을 때는 마치 영원히 살아 있을 것처럼 소중함을 종종 잊고 산다. 그러다 갑자기 죽고 난 다음에 후회를 한다. 그들이 살아 있을 때 더 많이 이해해주고 인정해주지 못하고, 사랑한다는 말을 해주지 못한 것에 한을 갖고 후회하는 사람들이 많다. 그러나 너무 늦어버렸다. 그들은 먼지로 돌아가 이제는 아무것도 듣도 보지도 느낄 수도 없는 시간과 공간 속으로 사라졌다.

너무 늦기 전에 지금 바로 그들에게 사랑한다고 말하자. "우리의 삶이 얼마나 짧은지, 우리의 의식이 얼마나 부서지기 쉬운지, 우리가" 의식에 도달하고 "깨닫게 되면 우리는 더 이상 전쟁을 일으키지도, 서로 죽일 수도 없을 것이다. 그러기에 인생은 너무도 짧"다. (『각성으로의 여행』, 2004. 08. 06., p53)


## 73. 자유롭고 행복한 인류

군대도 핵무기도 국경선도 없는, 통합되고 조화롭고 융합된 우리의 고향인 지구촌. 이 지구촌 촌민들이 각 개인의 고유한 개성과 서로 다를 수 있는 자유와 인권을 인정하는 사회가 되었을 때, 자신을 더욱더 사랑할 수 있게 될 것이다. 각자 자신을 더욱더 사랑하게 될 때, 자연히 전쟁은 사라지게 될 것이며 항구적인 평화만이 지구촌 인류에게 영원히 지속될 것이다.


## 74. 자유에 대하여

'인간은 자유가 있는가?'에 대한 주제에 대해 오랫동안 생각해왔다.

인간에겐 아주 많은 자유가 있을 거라고 생각하면서 왜 그토록 자유에 대한 열망을 가졌었는지는 모르겠지만, 지금 이 시점에서 생각해보면 인간에겐, 적어도 나에겐 그리 큰 자유가 있는 것 같지가 않다.

우선 나에게는 태어나지 않을 자유가 없었다. 육체적으로도 영원한 어린아이 상태로 있을 수도 없었고, 심지어는 평생 불릴 나의 이름조차 선택할 수 있는 자유가 없었고, 지구를 벗어날 수도, 각성에 대해 잊어버리고 살 수 있는 자유도 없었다.

나는 내가 아무것도 선택한 것 없이, 모든 정보들이 두뇌 속에 이미 입력되어 내장되어 있는 상태로 태어났다. 그렇다면 나는 아무 자유와 선택이 없는 생물 로봇인가? 아니다, 있다. 자유가 하나 있다.

유일한 자유! 그것은 의식적인 자유일 것이다. 그 모든 착각에서 벗어나 마음을 자유롭게 하는 것이다. 무념, 무상, 무심, 무한을 느끼는 것이다. 무한과 하나 됨을 느끼는 것이다. 무한을 느끼는 순간, 모든 속박감에서 벗어나 자유와 경이로움, 그리고 넘치는 지복감과 환희가 되는 것이다.

인간이 자유로울 수 있는 유일한 길은 자신의 전 생애를 무한이 되게 하는 것이며, 무한한 것을 느끼는 것이다. 과거 현자들의 추종자가 되는 것이 아니라, 자신이 부처가 되어야 하는 것이다. 오랫동안 고뇌해왔던 자신이 된다는 것은 이런 것이었던 것이다.

나는 중학교 때, 학교에 제출하는 종교란에 '무신론', 그리고 장래 희망란에는 "나 자신이 되고 싶다."고 똑똑히 명백하게 써 넣었던 기억이 난다. 나는 그저 나 자신이 누구이며 무엇을 원하는지에 대한 갈망과 열망으로 가득 차 있었다. 나의 열망은 이제서야 드러나고 있다. 인류

속에서 나의 정체성과 내가 의식해야 할 일들이 유리알처럼 투명하게 그 실체를 드러내어, 명백하게 내가 가야 할 길을 제시해준다.

'너는 예수의 추종자가 되어서는 안 된다.

너는 부처의 추종자가 되어서는 안 된다.

여타 어떠한 위대한 사람이라 할지라도 다른 사람의 추종자가 되어서는 안 된다.

오직 너 자신만이 되어야 한다.

너는 이 우주에서 유일한 존재이다.

너 자신이 예수가 되어야 하고, 너 자신이 부처가 되어야 하고, 너 자신이 소크라테스가 되어야 한다.

그들의 추종자가 아니라, 너 자신의 진실과 순수함과 인식자와 의식하는 진실한 존재 자체가 되어야 한다.'

인간은 어떠한 정부도, 어떠한 권력도 필요치 않은 존재이다. 유일한 정부는 자기 자신의 정부가 되어야 하고, 권력은 유일하게 자기 자신에게만 행해야 한다. 타인에 대한 권력은 독이다. 타인에 대한 권력은 병이다.

자기 자신도 지배하지 못하면서 남을 지배하려는 것은 사이코패스이다. 인간이 지배할 수 있는 유일한 권력의 대상은 오직 자기 자신뿐이다. 무지와 교만이 자신을 지배하지 못하도록, 자신의 무지를 지배하는 데에만 권력을 사용해야 한다. 자신의 교만을 다스리는 데에만 권력을 사용해야 한다. 이것이 인간이 가질 수 있는 유일한 권력이 되어야 한다.

내 내부에서 갑자기 내게 속삭이던 말, '나는 누구인가?', '나는 어디서 왔으며, 삶의 목적은 무엇이고, 나는 어디로 가고 있는가?'와 같은 의문들.

우리는 이 무한한 우주에서 그냥 아무런 희망 없이 버려진 미아가 아니었다. 이 우주에서 고아가 아니었다.

나는 그 후부터 나 자신을 탐구하기 위해 존재하고 있다. 진정한 나 자신에 도달하기 위해. 그것은 한 번도 개척해본 적이 없는, 탐험해본 적이 없는 나 자신에 대한, 미지의 우주에 대한 탐험이다. 모험이다. 여행이다.

나의 종교는 나 자신에 이르는 길이다. 나 자신의 완성과 개화에 이르는 길이다. 각자 이것만이 유일한 종교가 되어야 한다. 그리하여 인류 한 사람 한 사람이 각자 자기 자신의 유일한 꽃을 피우고 자기 자신에 도달해야 한다.

우리 모두가 진정한 자기 자신에 도달했을 때, 지구에는 처음으로 낙원 세상으로 들어가는 문이 열릴 것이다.


## 75. 인간의 의식은 무한이다

무한에 대해, 우주에 대해 아무리 질문을 해봤자 이해할 수도, 측정할 수도 없다. '왜'라는 질문에 대한 해답과 정답을 알 수 없다. 왜냐하면 무한에 대해 인간은 유한하기 때문이다.

무한을 알 수 있는 유일한 방법은 느끼는 것뿐이다. 명상을 통해 무한과 하나가 되었을 때만이 무한하다는 것이 어떤 것인지 느낄 수 있을 뿐이다. 무한은 시작된 점도 끝나는 지점도 없는, 그냥 여기 이렇게 존재해 있을 뿐이다. 자기 자신이 무한과 주파수를 맞추고 조화되었을 때, 자신이 느끼던 모든 중력은 사라지고 곧 무한이라는 것을 느낄 수 있다.


## 76. 인류가 도달해야 할 목표

이 세상에는 아무것도 완벽한 것이 없다. 그러나 완벽하지 말아야 한다는 뜻은 아니다. 완벽이란, 목표를 향해 가는 우리 열정 안에 있는 것이지, 목표 그 자체에 있는 것은 아니다. 있는 그대로의 자신을 받아들이고 변화하고 발전시키려는 노력을 할 필요가 없다는 의미가 아니다. 목표를 향해 발전시켜 나가는 과정과 행동을 즐기는 데서 행복과 성취감을 느낄 수 있다.

행복은 자신과 우리 주위의 모든 것이 끊임없이 변화하고 있음을 의식하면서 우리 행동에 집중하고 인식함으로써 느낄 수 있다. 이 우주에서 변하지 않는 것은 아무것도 없다. 우주의 모든 것들은 새로 생겨나는 것도 없고 없어지는 것도 없이 늘 변화하면서 순환한다.

우리 자신뿐만 아니라 시간과 공간도 모두 변화한다. 살아 있는 모든 것은 변화한다. 그리고 죽어 있다 해도, 시간이 지남에 따라 부서지고 갈라지고 산화되어 그 모양이 변해간다. 완벽함이란 고정적인 확정된 어떤 것이라는 고정관념을 가져서는 안 된다. 자신을 완벽하게 만드는 것은 이런 의식과 일치된 행동들이다. 완벽함이란 정적인 데 있는 것이 아니라 동적인 데 있다. 완벽은 올바른 생각을 하고 올바른 말을 하며 올바른 행동을 하는 것이 일치되는 움직임 속에 있다.

# 77. 의식

의식이란 외부의 지식을 나 자신이 어떻게 사용하는가이다. 외부에 있는 지식을 내면화하여 자신에게 통합시켜서, 그 지식이 나 자신의 일부가 되게 만드는 능력을 말한다. 그리고 이러한 정보와 지식들을 자신의 인격과 연결시키는 것이다.

의식이란 감각적인 형태의 지성이라고 할 수 있다. 이 의식에는 느낌과 경험이 있어야 한다. 의식은 추상적인 것이 아니고, 지성이 두뇌 세포들 사이의 연결을 만들면 그 결과로 의식이 생긴다. 감각과 지성의 완벽한 조화가 의식이라고 말할 수 있다.

## 78. 인권이란

　당신을 다른 사람들이 변화시키려고 하는 것을 용납해서는 안 된다. 왜냐하면 인간 한 사람 한 사람이 모두 다르기 때문이다. 그리고 인간 한 사람 한 사람은 다 달라야 한다. 왜냐하면 인류라는 거대한 신체를 이루는 유용한, 모두 다른 기능을 해야 하는 세포들이기 때문이다.

　우리는 다른 사람을 바꾸려고 해서는 안 된다. 따라서 다른 사람이나 자신을 바꾸려 할 경우에도 용납해서는 안 된다. 우리는 우리가 태어난 그대로, 자신의 모습 그대로 존재할 수 있는 권리를 지켜야 한다. 여러분 자신들의 고유한 정신과 생각을 지켜야 한다.

　이 사회는 학교나 직장, 언론 매체나, 방송 등 모든 것을 동원하여 단일한 사고방식을 지향하는 사회로 어떻게 하든 끌고 가려고 한다. 정치 지도자, 경제 지도자, 사회, 학교, 직장, 모든 곳에서 이렇게 단일한 사고방식을 가졌을 때 자신들의 권력은 상승되고 모든 사람들을 자신들의 뜻대로 끌고 가기 쉽기 때문이다.

　이렇게 인간 사회가 모두 같은 의견, 같은 생각, 같은 의사를 가질 경우, 자유와 인권이 없는 삶, 즉 인간의 삶이 아닌 것이다. 이런 사회는 아무런 변화도 발전도 없는 죽은 사회이고 썩은 사회이다. 우리가 서로 다른 개성, 다른 의견, 다른 생각, 다른 의사를 가질 경우, 우리 인간 세상은 썩어서 고여 있는 물이 아니라 항상 흘러가는 신선한 물, 항상 변화하고 발전하는 건강하고 신선한 인간 세상이 되는 것이다. 서로 다른 사람들의 다양한 개성과 의견을 존중할 때, 다양한 선택의 가능성의 문이 열리고, 우리는 원시적이고도 야만적인 단일한 생각과 독선과 독재가 발붙일 수 없는, 건강하고 행복한 인권 존중의 사회, 아름답고 행복한 인간 세상을 건설할 수 있다.

## 79. 조직

우리가 원하든 원하지 않든, 어떠한 조직의 일부로 속하지 않은 사람은 하나도 없다. 우리의 생명 현상 자체가 조직화되지 않은 비활성 물질을 조직화하여 여러 가지 원소들의 적당한 배합과 배열로 활성화되기 때문이다.

우리는 생명을 관리하고 유지하려는 목적을 가진 유기체로서, 약 60조의 세포들의 집합 조직체이다. 그러나 생명을 유지하기 위한 목적을 달성하기 위해 우리 몸속에 존재하는 약 60조의 세포들은 각기 다른 위치에서 서로 다른 역할, 서로 다른 일을, 자신에게 주어진 서로 다른 임무를 묵묵히 완수하고 있을 것이다. 만약 그 60조에 달하는 각기 다른 세포들이 각기 자신의 고유한 위치와 균형 감각을 잃고, 마치 자신에게 주어진 역할이나 임무가 억압이나 속박이라 생각하고 자신이 위치해 있는 곳에서 마음대로 이탈하여 질서와 균형을 깨뜨린다면, 세포 각자가 자기 주장만 한다면, 우리의 생명 그 자체가 생명 현상을 유지하려는 목적을 달성하지 못할 것이다.

우리 몸의 세포 하나하나는 자신들이 우리 몸을 구성하는 유익한 세포 하나하나라는 것도, 또 자신에게 주어진 임무라는 것도 의식하지 못한다. 다만 자기에게 주어진 역할을 충실히 해냄으로써 우리 몸은 균형과 조화를 이루게 되고, 쾌적하고도 바람직한 건강 상태에 있게 되는 것이다. 그 생명체가 행복감을 느끼게 되고, 따라서 세포 하나하나도 쾌적한 상태에 놓이게 되는 것이다.

말하자면 이렇게 우리 몸, 우리 신체 자체가 이미 조직화되어 있는 개체 속에 존재하는 것이다. 나아가 우리는 태어나면서부터 가족이라는 구성 단체에, 또 사회와 국가라는 조직 안에 싫든 좋든 속하게 되어 있는 것이다.

누가 자신의 부모를, 자신의 가족을 선택할 수 있었겠는가? 누가 자신이 속해 있는 사회를 선택할 수 있었던가? 평생 불릴 자신의 이름조차 자신이 선택하지 못했다. 물론 여기에는 자신이 평생 여성으로 살아가고 싶은지, 남성으로 살아가고 싶은지에 대해서도 우리는 선택하지 못했다. 더 근원적으로는, 태어나고 싶은지 태어나고 싶지 않은지, 그냥 무한으로 있겠는지의 여부도.

그러나 우리들이 유일하게 선택할 수 있는 자유는, 자신에 대해, 지금까지 살아온 모든 것에 대해, 타인들이 심어준 생각과 행동, 습관과 타성에 대해 근본적이고도 근원적인 질문을 제기하는 것이다. 타인들이 심어준 생각, 사상, 취미, 기호, 꿈 등 그 모든 것을 자신이 원하고 바라는 대로, 다시 말해 무의식에서 의식적으로 사고하고 행동하며 살아감으로써 진정한 자신을 발견하고 진정한 기쁨과 행복을 창조해내는 것이다. 그럼으로써 진정한 자신으로서의 인격 완성과 진보, 이 우주에서 유일한 인간 꽃인 자신만의 개화의 꽃을 피울 수 있을 것이다. 이런 모든 삶의 문제들에 진정으로 접근할 때 진실한 해답을 얻을 것이다.

그렇다. 내가 선택할 수 없었던 그 모든 조건들에서 유일하게 선택할 수 있는 것, 그것은 이 무한한 우주에서 유일한 우주인 나 자신의 고유한 삶을 탐험하는 것이다.

기존의 조직에 속하는 것은 너무도 쉬운 일이다. 그것은 별다른 노력 없이, 지혜 없이, 통찰력 없이도 가능하다. 부모들이 가보처럼, 유산처럼 물려준 것일 수도 있다. 그것이 종교라는 이름의 허위일 때 더욱 그렇다. 그들은 결코 자신의 삶에 의문을 제기해본 적이 없는 것이다. 거대한 기계의 부품들처럼 꼼짝달싹할 수도 없이 제도화된 현재의 모든 조직 안에서 아무런 선택 없이 살아간다는 것은 더없이 쉬운 것이다. 왜냐하면, 이 사회는 아무런 의문 없이, 그저 거대한 기계의 한 부품처럼 자기에게 던져진 역할을 그냥 묵묵히 담당하기만을 요구하기 때문이다.

낡은 사고의 영역에서 벗어날 수 없는, 전통과 관습만을 유지하려는 사회는 이미 살아 있다고 할 수 없다. 살아 있다는 것은 시시각각 변화하는 것을 수용하고 진보를 선택할 수 있어야 한다. 죽은 자는 아무것도 수용할 수 없다. 변화시킬 수 없다. 에너지의 교환이 불가능하기 때문이다.

인간은 자신이 서 있는 위치에서 자신과 자신이 속한 세상을 언제나 진보시키고 개혁하고 혁신시키려고 노력해야 한다. 인간이란 존재는 더 살기 좋은 세상으로 바꿔 나가려는 본성을 갖고 있다. 좀 더 정의롭고, 평등하고, 공정하고, 인권이 존중받는, 자유와 행복과 항구적인 평화가 정착되어 영원히 행복한 삶을 살 수 있는 세상으로 만들어 나가려는 본성을 갖고 있다.

인간 세상에 진보와 발전이 없다면, 그것은 이미 죽은 사회인 것이다.


## 80. 인류 번영의 길

지금 인류에게는 더 이상 미래가 남아 있지 않을 수도 있다. 그럴 정도로 매우 위험한 상태, 위기에 놓여 있다. 왜일까? 그것은 많은 사람들이 이미 느끼고 있을 것이다. 인류는 그동안 무의식적으로 오직 앞만 보고 달려오기만 했기 때문이다. 그리고 자신과 자신들의 가족이나 이웃 등 집단적인 이익에만 마비되어, 분리감과 분리책, 약육강식의 생존경쟁, 남을 무너뜨리고 남을 망가뜨려서라도 자신만이 잘살려는 이기심으로 모든 사람들이 무의식적으로 길들여지고 습관화되고 물들여졌기 때문이다. 이런 이기심이 바로 '우리 인류에게는 몰락과 멸망만이 남아 있다.'라는 말의 증거이다.

자기 자신을 진정으로 사랑한다는 것과 이기심은 전혀 다른 것이다. 이기심은 결국 자기도 망하고 타인도 망하는, 모두가 서로 망하는 길이다. 그러면, 어떻게 하면 세계인 모두가 서로서로 사랑하며 행복할 수 있을까?

다른 사람을 이해하고 사랑하려면 먼저 자기 자신을 제대로 이해해야 한다. 우선 자신을 사랑하는 법을 알아야 한다. 자기 자신을 올바르게 이해하지 못하면 자신을 사랑할 수 없다. 즉 자신의 정체성을 알아야 한다. 자신이 타고난 본성과 천성, 자신이 좋아하는 것과 싫어하는 것, 자신의 꿈 등 자신을 올바르게 이해해야만 자신을 사랑할 수 있다. 자신에게 연민을 가지고, 자신에게 동정심을 가지고, 자신을 먼저 사랑하는 법을 알아야 한다. 만약 내가 나를 위한 사랑을 가지고 있지 않다면, 사랑이 없다면 어떻게 다른 사람에게 사랑을 줄 수 있을까? 우리는 자신이 가지고 있지도 않은 것을 다른 사람에게 줄 수가 없다.

인류를 변화시킬 수 있는 유일한 방법은, 이웃보다, 자신의 국가 사람들보다 이방인과 다른 국가의 사람들을, 당신이 백인이라면 흑인을, 황인종을 더 사랑해야 한다. 인간은 피부색이 무엇이든, 눈동자나 머리카락의 색깔이 어떠하든 간에, 누가 더 우월하다거나 더 열등하다거나 하지 않고 다 똑같은 자유와 인권을 가진 동등한 인간이다.

이제 우리 인류는 분리감과 이기심에서 벗어나 서로를 이해하고 사랑해야 한다. 그렇게 못 한다면 인류는 지구에서 사라질 수밖에 없을 것이다. 우리는 종족과 민족, 국가, 종교, 문화, 정치 체제를 뛰어넘어 서로서로 사랑해야 한다. 이제 우리는 모든 체제와 제도, 모든 차별을 뛰어넘어야 한다. 좀 더 넓은 안목으로 생각해야 한다. 차별에 기초한 분리된, 분열된 사랑에서 벗어나야 한다. 차별에 기초한 분리되고 차별화된 사랑에서 벗어나야 한다.

한 마을과 다른 마을, 한 나라와 다른 나라, 지구와 다른 행성 등의 이런 구별감을 버리고, 모든 것을 끌어안고 수용하는 사랑을 가져야 한다. 인종차별뿐만 아니라 신체적 차이든 행동양식이든 성적 차이든 생각의 차이든 간에, 어떠한 차이도 차이로 보지 말고, 자신을 한정시키지 말고, 자신의 마음의 문을 활짝 열어야 한다.

내가 보고 싶고 알고 싶은 나의 의식과 교감하는 다른 의식이라고 생각해보라. 차별 같은 것은 우리 모두를 제한하고, 다른 사람들과 교류하고 이해하는 것을 막는다. 그럴 때마다 우리는 중요한 것을 놓치고, 중요한 것을 잃게 된다. 서로 이해하고 교류하고 상생하는 것, 이것이 바로 사랑이다. 사랑을 만드는 것이 아니라 사랑이 되는 것이다. 우리는 이렇게 우주적인 우애와 사랑과 의식을 통해 인류는 하나라는 것을 깨달을 수 있다. 우리는 하나이다. 우리는 함께 지구라는 배를 타고 함께 태양을 돌며 우주여행을 하고 있는 지구인 그룹의 여행자들이다. 우리는 한 팀이며, 그 외의 것은 단지 착각일 뿐이다.

# 81. 자신에 대한 사랑이란

'인간은 무엇인가?' 자신의 내면으로 깊이 침잠해보지 않은 사람은 이에 대한 해답을 알 수 없다. 자신의 내면 구석구석을 탐사, 탐험해보지 않고는, 몸서리치도록 고독해보지 않고서는 인간이 무엇인지 알 수 있는 방법이 없다.

고독을 통해서만 자신을 이해할 수 있다. 인생에 대한 고뇌와 고통을 느껴보지 않은 사람은, 자신을 이해하지 못한 사람은 자신을 진정으로 사랑할 수 없다. 사실 자신을 사랑한다는 것은 자신을 이해했다는 뜻이다. 자기 자신을 이해하기 위해서는, 자신이 무엇을 좋아하고 무엇을 싫어하는지, 자신이 하고 싶은 일은 무엇인지, 자신의 적성에 맞는 것은 어떤 것인지, 어떤 것이 기쁘고 즐겁고 재미있는지, 어떤 것을 할 때 행복한지, 자신의 내면 구석구석을 탐사해보고 탐험해보고 여행해보아야 한다.

자신을 이해하지도 못하면서 어떻게 자신을 사랑할 수 있단 말인가? 자신을 사랑한다는 것은 자신에게 자신이 원하는 것을 주는 것이다.

우리 대부분은 부모가, 사회가, 환경이, 가족의 구성원이 만들어준 세계 속에서, 타인들이 만들어놓은 환경과 사회와 가치관에 갇혀 있다. 우리는 자기 자신을 둘러싸고 있는 사회, 타인, 주변의 사람들과 떨어져서, 오직 자신만을 위한 자신의 세계를 들여다보거나 여행해보거나 탐사, 탐험해본 적이 한 번도 없었다. 자신에 대해 아무것도 모르는데 어떻게 자신을 이해하고 온전히 사랑할 수 있겠는가? 그것은 불가능한 일이다. 자신을 둘러싸고 있는, 자신을 옭아매고 있는 모든 쇠사슬을 끊어내야 한다.

초월하고 극복해야 한다. 자신을 극복하지 못하고는 자신을 사랑할 수 없다. 자신의 몸이 자신의 영혼에게 무엇을 말해주는지. 우리의 영혼은 우리 사회로부터 초라해지고 추해지고 굶주리고 잔혹해지고 빈곤함과 더러움과 가련하기 그지없는 그저 안일함만을 추구하는 것이 아니었던가?

그것은 자신에 대한 이해도 사랑도 아니다. 인간에 대한 예의도 아니다. 자신을 사랑하기 위해서는 초월하고 극복해야 한다. 자신의 안일과 타인들이 만들어준 감옥을 편안함이라고 착각했던 것들에 대해 경멸과 역겨움을 먼저 깨달아야 한다.

나에게 사랑이란 무엇인가? 삶을 있는 그대로, 내 안에 있는 그대로의 삶을 받아들이는 것이다. 삶이란 모든 경험을 통해서 실수와 실패로 배워야 한다. 삶에서 선과 악을 경험하지도 않고 사회의 관습에 따라 선과 악을 결정하는 것은, 삶에서 진정한 자신을 성장시킬 수 없다.

자신의 진정한 개성과 자신이 원하는 삶에 도달하고, 또 완성시키고 개화시킬 수 있을 때 모든 사람은 행복해지고 전쟁이 사라지게 된다. 자신의 행복은 생존 그 자체를 받아들이며 사랑하는 것이다.

나는 나의 고독과 고통과 시련에 얼마나 시달렸던가?

나는 나의 생과 사 사이에서 얼마나 많이 갈등했던가?

나는 나의 존재와 타인의 존재 사이에서 내 삶을 얼마나 갈등했던가?

나에게 정의란 무엇인가? 삶의 진실이란 삶의 순간을 사랑하는 것, 타오르는 불꽃의 순간을 인식하는 자, 삶의 번갯불을 볼 수 있는 자, 번개가 비치는 천둥소리도 들을 수 있는 자, 모든 것을 분리하지 않고 분열시키지 않고 연결시키는 것, 모든 것을 융합시킬 수 있는 것, 이것이 바로 사랑이다.

사랑은 자신의 야비함과 비겁함을 경멸하고 몰락시키는 것이다.

삶이 아름다운 것은, 모든 더러움, 지저분함, 너저분함을 번갯불에 태워버리고, 저 건너편 동경의 피안의 언덕을 향해 밧줄을 던져 과거의 모든 너저분함을 줄타기로 건너갈 수 있는 존재라는 데에 있다.

나는 나의 삶을 사랑한다. 나의 삶의 불꽃으로 번개를 일으켜서 과거를 불태워 새로운 순간을 건너가는 다리이기 때문이다.

나는 나의 삶을 사랑한다. 몰락과 희생의 먼지가 되어 별들 너머에서 구하지 않고, 바로 지금의 사람들에게 아름다운 미래를 알려주기 위해 인식하고 의식하는 먼지로서 나는 타인들을, 또 다른 나 자신인 타인들의 삶을 사랑한다.

모든 사람들이 언젠가는 자신의 눈을 가질 것이고, 언젠가는 들을 수 있는 자신의 귀도 가지게 되는 날이 온다는 것을 알기에 난 모두를 사랑한다. 모든 이들의 삶이란 바로 덕이고 의지이며, 아름다움에 대한 동경의 화살이기 때문이다.

## 82. 인간의 삶은 기회이다

인간은 이 우주에서 유일하게 특별한 존재도, 특이한 존재도 아니다. 인간은 무한에서 태어나서 무한으로 돌아가는 존재라는 평범한 진리를 평생 살고 나서야 깨달았다. 결국 인간이란 무엇인가? 인간의 삶은 동물과 초의식 사이를 도약해서 건너갈 수 있는 기회이다. 아슬아슬한 밧줄의 외줄타기와 같다. 뒤로 돌아가는 것도 위험하고, 줄 가운데에 머물러 있는 것도 위험하며, 뒤돌아보는 것도, 멈춰 있는 것도 위험하다.

인간의 몸은 초의식인 사랑을 성장시키기 위해 잠시 사용하기 위한 그릇이며 도구이다. 인간이 위대한 것은 저편 강 언덕을 넘으면 찬란한 무지개와 아름다운 세계가 펼쳐져 있다는 것을 예지하고 희망과 동경의 화살을 쏠 수 있기 때문이다. 삶은 언젠간 도달해야 할 낙원의 언덕에 이르기 위한 여정에 있다. 인간이 사랑스러울 수 있는 것은 무한과 하나 되기 위해 그 여정을 계속해나감으로써 자신의 각성과 완성에 도달할 수 있기 때문이다.


## 83. 폭력으로는 아무것도 해결할 수 없다

어떠한 억울한 일이 있거나 불행한 일을 당했다 하더라도 폭력을 사용해서는 안 되며, 폭력을 정당화시킬 수는 없다. 폭력을 폭력으로 해결하려는 것은, 미끄럼틀에서 한번 미끄러지기 시작하면 멈추기 어려운 것처럼, 정당하지 않은 방법을 한번 사용하면 그것을 또 정당화하기 위해 계속해야 하는 것과 같기 때문이다.

당신이 사람을 죽였다면 그것을 정당화하기 위해 더 많은 사람들을 죽일 수밖에 없게 되는 악순환에 빠지게 된다. 결국 멈출 수 없는 끔찍하고 냉혹한 함정에 빠지게 되며, 인류에게도 이러한 상황이 수천만 년 동안 반복되었다. 온 세상이 덫에 걸려 있다. 곧 국경과 국가라는 분열과 분리의 관념이다. 국경선은 권력자들이 자신의 권력과 지배력을 굳건하게 유지시키기 위해 만든 개념과 통념이다.

국경선, 권력자, 국가, 국적이라는 관념이 수많은 충돌과 분쟁의 도화선이 되었고 전쟁의 씨앗이 되었다.

이제는 눈을 크게 뜨고 진실을 이해하고 잠에서 깨어나야 한다. 악몽에서 깨어나야 한다. 우리는 모두 같은 지구에서 살고 있는, 다 같은 지구인이다. 어느 국경선 안에 살든, 어느 국가의 이름 안에 속하든, 우리는 다 함께 하나의 지구에서 살고 있는 형제들이다. 우리 지구인들은 하나이다. 국경선과 국가주의를 벗어나서, 모든 국경선을 초월하여 하나의 지구인으로, 지구 나라로 통합되고 융합되어야 한다. 그러면 전쟁의 빌미가, 전쟁의 이유가, 전쟁의 명분이 없어진다.

인간의 살아남기 위한 생물학적 반응의 아이큐나 의식은 파충류의 악어나 도마뱀 정도의 아이큐밖에 안 된다. 그러나 인간의 삶의 목적과 가치는 개구리나 뱀 등 그저 먹이사슬에서 먹고 먹히는 그런 존재가 아니다. 인간의 진정한 자아인 진아(眞我)를, 초의식을 인간이 사용하지 않는다면 벌레보다 더 나을 것도 없다. 죽고 죽이는 것, 먹고 먹히는 것, 그것이 도대체 무슨 가치가 있는가?

벌레들과 짐승들은 각자 자기 영역을 확보하기 위해 살기도 한다. 인류 역시 자신의 영역 다툼, 지리적 다툼, 땅따먹기를 하며 싸운다. 이유는 간단하다. 국가와 국가 간, 사람과 사람끼리 자꾸 분리시키고 분열시켜서 국민적 감정을 격분시키고 전쟁을 부추기기 위해서이다.

지금까지의 역사 속에서 세계 전체가 이런 상태에 있다. 같은 지구인 형제끼리 분열시키고 분리시켜서 전쟁을 일삼는 그들은 인류 세계사에 영원히 남을 범죄자들이다.

이제는 지구 환경도 파괴될 대로 파괴되었고, 생태계도 무너졌으며, 모든 환경 오염으로 자연 회복이 어려운 지경에 와 있다. 각 나라에서 계속해서 핵실험을 하고 자연 환경을 파괴하고 오염물을 바다나 땅에 버린다면, 자연도 우리 인간들에게 복수하는 일이 벌어질 것이다.

이미 그런 일은 세계 도처에서 일어나고 있다. 지구의 토양과 바다는 더 이상 어떤 생명체의 생존도 거부할 것이다.

현재 이런 상태에 있는 것도 이해하지 못하고 같은 동료 형제인 인간끼리 자꾸 분리시키고 분열시키고 파괴시켜서 뭐 어쩌자는 것인지. 다 같이 몰락하고 멸망하고 자멸하자는 것인지.

인류는 지금 매우 위험한 상태에 있다. 인류는 이제 하나로 뭉쳐야만 다 같이 살 수 있는 길이 열린다.

자, 이제 진정한 인간 의식인 초의식을 사용하자. 초의식을 사용했을 때 인류는 처음으로 신인류의 탄생과 첫 역사를, 평화와 자유와 정의의 행복한 역사의 첫 페이지를 써나갈 것이다.

초의식은 바로 무한의식이다. 우주 의식이다. 초의식이야말로 인간을 인간답게 살 수 있게 만들어주는 진정한 인간 의식이다. 니체는 이 초의식들이 깨어나는 순간을 경쾌하고 쾌활한 사자들이 온다고, 위대한 정오의 때가 반드시 온다고 그의 책 『차라투스트라는 이렇게 말했다』에서 밝힌 바 있다.

사랑하는 인류 형제 여러분, 초인과 경쾌한 사자들, 초의식은 이미 지구에 와 있다. 우리 서로 손에 손 잡고 벽을 넘어서 모든 이데올로기와 사상과 종교를 극복하고 초월하고 뛰어넘어 사랑과 자유와 인권과 정의가 승리하는 시대를 열자. 영원한 평화만이 있는, 영원한 지구 형제애로, 사랑과 행복으로 춤추는 지구촌을 새로이 건설하자.

지금까지의 과거의 낡은 가치관을 전부 다 벗어버리고, 자유와 인권과 정의와 평화의 영원한 낙원 같은 지구 세상을 건설하자. 사랑하는 지구 형제들이여, 영원히 만만세!

# 84. 지구 인류의 형제들에게

사랑하는 인류 형제들이여, 나의 기억 속에서, 나의 마음속에서, 나의 의식 속에서 당신들은 언제나 나의 일부로서 나와 연결되어 있습니다.

그대, 당신들은 나의 기억 속에서 언제나 아름답게 존재합니다. 인류의 형제들, 당신들이 존재하기에 나도 존재할 수 있습니다. 비록 그렇더라도, 나는 혼자만의 고독 속에서 모든 것을 사랑하는 방법을, 존재하는 방법을 깨달았습니다.

우리 모두는 아무도 완전하지 않습니다. 하지만 우리는 아름답게 조화로울 수 있습니다.

그것은 자기 완성의 길, 개화와 각성의 길에서입니다. 언젠가 내가 말했듯이, 나는 당신들이 기억하고 알고 있는 그런 작은 어린아이가 아닙니다. 비록 육체적으로 보여지는 모습은 그렇더라도.

나는 여전히 내 속에 있는 일곱 살, 영원히 나이 먹지 않는 일곱 살의 어린아이로 나의 육신과 함께 살고 있습니다. 그대, 당신은 눈치챌 수 없었겠지만, 나는 아주 어렸을 때부터 인류에 대해 생각해왔습니다. 그것은 나의 운명이 될 것이라는 예감이 들었었습니다.

이제 수많은 시간이 흐르고 나의 시간과 삶은 그것에 적중하여, 그 중심을 관통하여 지나가고 있습니다. 그것은 삶을 전체적으로 이해하고 조망하고, 전체적으로 사는 방법이지요.

나는 언제나 인류에 대한 꿈을 꿉니다. 인류가 곧 나 자신이며, 나 자신이 인류의 한 부분이라는 것을 이해하고 느꼈기 때문입니다. 인류 전체에 대한 사랑, 그것은 나 자신에 대한 연민이며, 또 인류 형제, 당신들 자신에 대한 열망이며 열정이며 사랑입니다.

여러 가지 꿈을 꾸며 멋진 변화의 파도타기를 할 때마다 나는 환상적이고 경이적인 느낌을 갖습니다. 그것은 내게 희망과 용기와 자신감으로, 삶의 열정의 재료로, 밑거름으로, 창조적인 삶으로 이어지게 합니다. 그리하여 내가 왜 여기에 존재하는지에 대한 이유와 의미와 가치를 더하게 합니다.

의식의 가장 아름다운 표현인 사랑, 나는 그 사랑을 인류에게 전하기 위해 노력합니다. 그리고 인류의 한 사람 한 사람이 무한을 의식하고 무한 속에서 우리 모두가 하나로 연결되어 있다는 사실을 깨닫고 느낌으로써, 우리 모두는 기쁨과 행복을 느낄 수 있습니다.

피부색이 어떻든, 눈 색깔이 어떻든, 민족과 국가가 어떻든, 종교와 정치이념이 어떻든, 우리 모두는 그것을 초월하여 하나입니다. 그런 것들이 우리 인류 형제들을 갈라놓을 수는 없는 것입니다. 실제로 우리들은 하나입니다. 과학적으로도 그것은 증명되고 있습니다.

우리 신체의 일부분인 피부의 색깔, 생긴 모습, 눈의 색깔, 머리카락의 색깔을 결정짓는 유전인자는 겨우 0.001%에 불과하다고 합니다. 이 작은 차이, 이 작고도 작은 차이에 의해 차별을 받아야 할까요? 이데올로기의 차이, 종교의 차이로 분열되어 서로 미워하고 싸우고 죽이고 전쟁을 해야 할까요? 그것은 어리석은 일입니다.

인류는 한 사람 한 사람이 각기 떨어져 있는 섬이 아닙니다. 지구의 지표면이 바다 밑에서는 서로 연결되어 있는, 하나의 거대한 대륙인 것처럼, 우리 한 사람 한 사람도 인류라는 거대한 신체의 세포 하나하나에 속해 있습니다.

오늘날 우리는 원자 속에 갇혀 있는 물질의 형태와 성질, 에너지에 대한 비밀을 과학적으로 밝혀내고 컨트롤할 수 있게 되었습니다. 인류가 하나라는 것은 생명공학 덕분에 쉽게 이해할 수 있습니다.

생명공학에는 극미의 세계를 다루는 미세생물학도 있지만, 특히 거시생물학을 통해 우리 인류는 한 사람 한 사람이 모여 거대한 신체를 이루는 하나라는 것을 입증할 수 있습니다. 소립자와 미립자의 집합들이 모여 세포를 구성하고, 그 세포들이 결합되어 세포설계도(DNA)의 지시에 따라 인체를 구성하는데, 그것이 바로 우리 한 사람 한 사람입니다.

태아가 어머니 자궁 속에서 성장하는 것과 거의 똑같은 방식으로 인류는 성장하고 발전합니다. 처음에는 유전자 코드(DNA)를 반씩 가지고 있는 정자와 난자가 결합하여 하나의 새로운 세포가 탄생합니다. 이 최초의 세포는 전능성(全能性)을 갖고 있습니다. 즉 이 세포 속에는 간, 신장, 뇌 등 인체의 모든 기관을 만들 수 있는 정보가 들어 있습니다. 장차 태어날 인간에 대한 모든 정보가 이 최초의 세포 속에 들어 있는 것입니다.

그다음 처음 몇 주 동안 이 세포는 자신과 똑같은 전능성을 가진 세포들로 분열합니다. 그러다가 어떤 시점에 이르면 이 세포들은 간세포, 두뇌세포 등으로 분화하기 시작하는데, 분화된 세포들은 전능성을 상실하여 다른 기능의 세포가 될 수는 없습니다.

인류도 똑같은 방식으로 시작하여 성장해나가게 됩니다. 최초의 인간은 식량을 구하고, 의복과 신발을 만들고, 집을 짓는 등 생존에 필요한 모든 일을 혼자서 수행해왔습니다. 그러나 오늘날의 현대사회에서는 인간 세포들이 더 이상 모든 일을 혼자서 하지 않습니다. 대도시에 살고 있는 현대인들은 자기가 먹을 식량을 자기가 직접 생산하지 않고, 자기가 입을 옷을 직접 짜지도 않습니다. 자신이 살 집을 직접 짓지도 않을뿐더러, 생계에 필요한 모든 생필품들을 전문인들이 만들어서 시장에 내다 판 것을 자기 용도에 맞게 편리하게 구입해서 쓰기만 하면 됩니다.

이와 마찬가지로 인간의 기능도 각종 직업으로 전문화되었으며, 이에 따라 점점 복잡해지는 인류 사회 속에 다양한 집단들이 생겨났습니다. 물론 여전히 자신이 먹을 식량을 직접 생산하고 생필품을 직접 만들어 쓰는 사람들도 있겠지만, 대부분의 사람들은 자신이 일한 대가로 돈을 받아서 전문인들이 만든 생필품들을 구입합니다. 전문화는 더욱 가속화되어, 일례로 어떤 의사들은 심장만을 치료하고, 또 어떤 의사들은 폐 또는 뇌만을 치료하는 등 자신의 전문 분야만을 다루는 수준까지 진행되었습니다. 이것은 컴퓨터, 자동차, 항공기 등등 사회의 모든 분야에서도 마찬가지인데, 이러한 공산품에 들어가는 모든 부품들은 각기 특수한 부품만을 다루는 전문가들에 의해 제조되고 있습니다.

인류 사회의 발전은 정확하게 결정된 순서에 따라, 특정한 시간에 전문화된 각 활동이 출현합니다. 이와 마찬가지로, 태아의 기관들도 아무 때나 나타나는 것이 아니라, 정확한 순서에 따라 특정한 시간에 각 기관이 발달합니다. 이런 시간들은 세포의 증식 수, 즉 시간의 경과를 기초로 한 예정표에 따라 결정됩니다. 그러므로 의사들은 태아의 각 기관이 언제 발달하게 될지 정확히 알 수 있는 것입니다.

이것은 인류에게도 마찬가지입니다. 한 사람 한 사람의 인간은 성장 중에 있는 '인류라는 거대한 태아'의 몸속의 하나의 세포입니다. 그리하여 어느 날 문득 모든 기관들이 충분히 발달되면, 태아가 태어날 준비가 된 것입니다. 인류라는 아기도 조만간 모든 기관들이 발달하게 되면 태어날 준비를 할 것입니다. 지금 인류라는 태아는 뇌세포가 형성되어 가는 상태이며, 두뇌의 세포 수가 완전히 발달하여 각성된 인간들이 서로 연결되면, 그들의 개인의식이 융합하여 하나의 행성적 의식이 형성됩니다. 이것이 무한우주의 다른 지역에 있는 다른 행성들의 행성의식과도 연결될 수 있습니다.

한 사람 한 사람이 모두 서로 다르고 또한 각자가 자신의 개성을 표현하는 것은 매우 중요합니다. 왜냐하면, 전체의 힘은 그 구성원들의 다양성에 비례하기 때문입니다. 우리가 서로 다르면 다를수록 우리가 만드는 지구 전체는 풍요롭고 풍부하게 될 것이며, 또 건강해질 것입니다.

그러나 현재의 과학자들은 인류의 멸망이 초읽기에 들어갔다고 합니다. 이것은 실제로 그들이 수집한 정확한 정보를 컴퓨터로 처리한, 과학적 자료와 통계에 의한 결론입니다. 지금 이 순간에도 수많은 사람들이 가치 하락을 염려하여, 수많은 사람들이 먹고도 남을 식량을 그냥 버리고 있으며, 의료 혜택 한 번 받지 못하고 질병과 굶주림으로 죽어가는 사람들이 있습니다.

한편, 한쪽에서는 인종이, 민족이, 국가가, 피부색이 다르다는 이유만으로, 종교와 정치적 이념이 다르다는 이유만으로 살상무기와 핵무기를 끝없이 제조하고, 사람들을 전쟁으로만 몰고 가려 합니다. 나는 이러한 세계가 슬픕니다. 이러한 지구가 가슴 아픕니다. 이것은 우리 모두 의식을 가지지 못했기 때문이며, 의식의 가장 아름다운 표현인 사랑이 부족하기 때문입니다. 우리는 이러한 세상에 살고 있으면서 세상을 구하기 위해 아무런 의식도 노력도 양심도 사용하지 않고 있습니다. 그러면서 감히 사랑에 대해 말할 수 있을까요?

자기만 행복하면 그만이고, 자기 가족만 무사하면 그만이라는 생각은 너무도 근시안적인 사고방식입니다. 극단적 이기주의입니다. 우리는 언제나 인류 전체에 대한 의식과 사랑을 가져야 합니다. 왜냐하면, 우리의 운명은 같기 때문입니다. 우리는 공멸하느냐, 아니면 새로운 기쁨과 행복만이 가득한 미래의 황금시대로 나아가느냐 하는 기로에 서 있습니다.

같은 배를 타고 항해하는 사람들은 서로에 대해 더욱 친밀감을 느끼고 연대감을 가질 것입니다. 실제로 우리는 이 지구라는 배를, 지구라는 우주선을 함께 타고 우주를 향해, 은하계를 향해 항해하는 여행자들입니다. 만약 이 행성이, 이 지구 행성이 핵전쟁으로, 종교전쟁으로 좌초하고 침몰한다면, 우리는 공멸할 것입니다.

이런 이유로 우리는 의식을 가져야 합니다. 그것도 파시즘이나 나치즘 따위의 전체주의─ 개인의 모든 활동이 전체, 즉 민족이나 국가의 존립과 발전을 위해 바쳐져야 한다는 이념 아래 국민의 자유를 억압하는 사상 ─에서 벗어나, 인류 전체가 하나의 형제라는 의식을 가지고 사랑으로 뭉쳐야 합니다.

종교가 다르다는 이유로, '신의 이름'이라는 미명하에 허리에 폭탄을 장착하고 사람들을 죽이는 자살테러가 자행되고 있습니다. 이를 지켜만 보고 있는 신이 있다면, 그것은 더 이상 우리에게는, 인류에게는 신이 아닐 것입니다. 만약 신이 존재한다면, 그것은 신을 모독하는 것입니다. 신은 곧 사랑입니다. 신은 곧 용서입니다. 관용과 수용과 이해입니다. 한쪽에서는 살인자와 테러범이라 낙인 찍히고, 다른 한쪽에서는 영웅 칭호를 받는 현실, 과연 이것이 정의이며 사랑이며 의식일까요?

우리가 의식을 가지지 않는다면 정말 자멸할지도 모릅니다. 그리고 그들이 말하는 사랑과 정의는 언제나 틀립니다. 지구주의, 인류애적인 사랑만이 옳습니다. 용서만이 옳습니다. 이해만이 옳습니다. 수용만이, 관용만이 옳습니다. 왜냐하면, 사랑은 이 모든 것이기 때문입니다.

# 85. 인생이란

겉으로 보이는 당신의 모습은 진정한 당신이 아니다. 진정한 당신은 당신의 내면에 존재하고 있다. 당신의 집이라 할 수 있는, 겉으로 보이는 몸과 얼굴로는 당신에 대해 잘 알 수 없다. 집 속에, 몸속에 있어서 겉으로는 보이지 않지만, 당신이 표현할 수 있는 내면의 모든 것이 진정한 당신이다. 당신의 생각, 사고, 사상, 철학, 진정한 기호, 개성, 취향, 재능, 능력, 적성, 당신의 꿈, 당신의 의미와 가치관, 당신이 좋아하는 것 등 모든 것은 전부 당신의 깊은 내면 속에 숨어 있다.

속마음과 내면 깊은 곳에 있는 자신의 꿈, 개성과 성격, 이런 것은 당신의 집인 겉모습에서는 볼 수 없는, 가려져 있는, 숨겨져 있는 보물이다. 인생이란 자기 자신의 우주를 탐험하는 여행이다. 직접 자신을 찾아 나서고, 체험과 경험을 통해 탐구하고 탐험해야 하는 여행이다. 자신의 유전자와 후성 유전자에 숨겨져 있는 비밀과 수수께끼를 알아가고 풀어가는 과정이며, 자신을 재발견하고 완성해나가고 개화해나가는 과정이다. 단 한 순간도 직접 걸어보고 체험해보지 않고는 알 수 없는, 미지의 미로로 만들어진 시크릿가든과 같은 곳이다. 아직 발견하지 못한, 아직 탐험하거나 탐사해보지 못한, 미개발된 미지의 우주인 것이다. 인생이란, 바로 자신이라는 우주를 탐험하고 여행하는 것이다.

당신의 몸이라는 집 속에 거주하고 있는 보이지 않는 존재, 즉 개성, 성격, 기호, 취향, 재능, 지성, 지혜, 사랑, 창조성, 창의력 등을 발현시키고 개발시키고 완성시키는 것이 바로 인생이다. 감추어져 있는 진정한 자신을 발견하고 개화하고 완성하는 자신만의 여행이다.

## 86. 진실한 자아

나는 오랫동안 죽어 있는 것도 살아 있는 것도 아닌 상태로 있었다. 그러나 간간이 심장을 칼로 도려내는 것 같은 통증이, 내가 살아 있음을 증명이라도 해주듯 내 두뇌로 이따금 신호를 보내주었다. 한동안은 통증만이 나의 살아 있음의 증명서를 발급해주는 것 같았다.

인간의 정신이 썩고 죽은 세상에서는, 나 홀로 살아 있음이 몸서리치도록 무서운 외로움이었고, 나 홀로 외딴 섬이었으며, 매서운 겨울 북풍을 홀로 맞고 있는 고독이었다. 나 혼자라는 것이 너무 맵고 시려서, 나 역시 죽은 자들에게 전염이라도 된 듯이 한동안 죽어 있었다. 죽은 자들과 같이 죽어 있어야만 살아남을 수 있었기 때문이었다.

그러나 진실은 가혹한 것이다. 진실은 숨길 수 없는 냄새와 같은 것이다. 진실은 냉혹한 것이다. 나의 살아 있음은 내 속에서 자꾸 꿈틀거렸다. 나를 못살게 굴었다. '나는 살아 있는 자'라고 천명하라고, '나는 살아 있는 자'라고 고백하라고. 나는 진실이 말하는 소리를 더 이상 견딜 수 없었다. 진실은 나에게 이렇게 말했다. '다른 사람은 다 속일 수 있어도 바로 너 자신은 속일 수 없다고. 네가 살아 있음을 증명하는 것'이라고.

나의 양심은 나에게 그렇게 말했다. 나는 나의 양심을 따르기로 했다. 나는 나의 양심에 순종하는 길만이 나와 인류가 함께 살아날 수 있는 길이라는 것을 진작부터 예감하고 있었다. 내 안에서 나를 지혜로 인도하는 나의 예감은 늘 맞아왔다.

지금 인류에게는 도덕과 정의가 남아 있지 않다. 평화도 없다. 한참 잘못된 길로 들어선 지 오래다. 방향 감각을 잃고 이미 들어서지 말아야 할 길로 들어서 버렸다. 지구의 모든 생태계는 무너져 버렸고, 지구의 환경은 너무나 오염되어 인간을 비롯한 모든 생명체들이 더 이상 살아남기 어려울 지경이다.

그러나 불행 중 다행하게도 1~2%의 기회는 아직 남아 있다. 인류의 지금까지의 모든 제도를 완전히 다 바꾸어야 한다. 나의 양심은, 사랑하는 인류 형제들에게 더 늦기 전에 한 사람 한 사람이 힘을 합쳐 우리 인류의 문제를 우리 자신이 해결할 것을 호소하는 바이다.

## 87. 인간도 신이 될 수 있다

우리 지구의 인간들도 신이 될 수 있는 날이 반드시 올 것이다. 우리 지구인 과학자들도 언젠가 우주로 날아가 다른 행성에 가서 다양한 새로운 생명체를 비롯하여 우리와 같은 인간을 만들 수 있는 날이 반드시 올 것이다. 고도의 생명과학 기술을 가진 사람들을 우리도 신으로 여겼듯이, 우리 또한 창조물들에게는 신으로 여겨질 것이다. 다른 은하계나 행성에서 보면 우리 지구인들을 외계인이라고 부를 것이다. 우리가 지구 이외의 다른 행성에 살고 있는 사람들을 외계인, 우주인이라고 부르듯이.

## 88. 우주는 무한한 창조놀이의 마스터이다

무한은 무한을 창조하고, 영원은 영원을 창조한다.
무한은 무한한 다양한 모양의 생명체들을 낳고 키우고 거두며,
끝없이 영원히, 이렇게 생명의 고리를 순환시킨다.
그것이 이 무한한 우주의 창조놀이이다.

## 89. 직관

나는 지식이 이끄는 대로가 아닌, 느낌이 이끄는 대로, 직관이 이끄는 대로 살아왔다. 그것이 더 순수하고 진실하기 때문이다. 순수함과 진실함만이 파멸과 파괴로부터 인류를 구해 융합과 평화의 길로 이끈다는 사실을 느꼈기 때문이었다.

생각은 순수한 진실을 벗어나, 자꾸 과거의 기억과 합쳐져 순수함을 잃고, 진실에서 멀어진 생각을 하게 된다. 또한, 미래의 생각까지 덧붙

어서, 본래의 진실함과 순수함에서 벗어나 목적을 잃고 방황하게 된다.

그러나 직관은 과거의 기억이나 미래를 걱정하는 생각의 두뇌를 사용하는 것이 아니라, 곧바로 오감을 통해 들어온 정보를 그대로 판단하도록 직접 전달한다. 순수하게 있는 그대로의 느낌을 전달한다.

# 90. 존재와 소유

우리는 살면서 필요한 것들을 자유롭게 정할 수 있다. 그러나 지나치게 많은 것을 소유하게 되면 반대로 소유물에 의해 자신의 존재가 소유당하는 경우가 있다. 그러나 진실로 부유한 사람은 많은 것을 소유한 사람이 아니라 욕구를 제한할 줄 아는 사람이다. 필요한 것만 소유한 사람은 자유롭다. 너무 많은 것을 소유한 사람은 그것을 관리해야 하고 돈을 더 많이 벌어야 하기 때문에, 육체노동을 해야 할 뿐만 아니라 더 많이 신경을 써야 하는 악순환에 빠지게 되므로, 실질적으로 존재를 낭비하는 것이 된다. 에너지를 더 쏟아야 하기 때문에 진정한 마음의 부자라고 할 수 없다. 아무것도 소유해서는 안 된다는 말이 아니라, 꼭 필요한 것만 소유하는 것이 지혜롭고 현명하다는 뜻이다.

우리 사회는 너무나 불필요한 소비문화가 판을 친다. 자신의 가치를 소유로 인정받을 수 있다고 착각한다. 또한, 사회는 경쟁을 조장하여, 우리가 무언가를 소유하지 않으면 사회적 지위에 걸맞게 처신

할 수 없다고, 인정받을 수 없다고, 무시당한다고 생각하도록 모든 사람들을 조종하고 있다. 이것은 사람들이 정치, 경제적 시스템에 착취당하는 현대판 노예제도이다. 소유와 지식에 의존하도록 만드는 이 사회의 시스템은 우리 인간을 존재하는 것에서 멀어지게 하고 있다.

물론 살아가는 데 지식도 반드시 필요하다. 그러나 수많은 지식을 쌓고 많은 학위와 자격증을 가지고 있다 해도 존재하는 것의 기쁨을 모른다면 절대 행복할 수 없다. 더 많이 알수록, 더 많이 안다고 생각할수록, 우리는 실은 알고 있는 것이 없는 거나 다름없다. 왜냐하면, 그것은 우리가 존재하는 것을 방해하기 때문이다.

존재한다는 것은 지식의 노예가 되는 것도, 소유의 노예가 되는 것도 아니다. 지식과 소유는 우리를 행복하게 만들지 않는다. 우리는 행복을 소유할 수 없으며, 또한 행복을 알 수도 없다. 그러나 존재함으로써 우리는 행복을 느끼며 살 수 있다. 소유는 행복을 가져다줄 수 없을 뿐 아니라, 그렇다고 불행을 가져다주는 것도 아니다. 소유가 가져다주는 것은 우리가 그것에 부여하는 가치 그 이상도 그 이하도 아니다.

지식도 마찬가지이다. 지식이 행복을 가져다주지는 않는다. 우리가 아름답고 향기로운 꽃을 발견하고 이 꽃의 이름은 무엇일까 생각하는 순간, 그 꽃의 미묘한 색감과 미묘한 향기를 놓치게 된다. 꽃을 보는 그 순간, 그 꽃 자체와 동화되거나 그 꽃과 동일화되거나 그 꽃 자체와 하나 되는 것을 놓치기 때문이다. 지식은 우리의 잠재력을 일깨우는 것과는 아무런 관계가 없으며, 무한을 의식하는 것과도 아무 관계가 없다.

우리는 지식과 소유를 최우선시하는 사회에 살고 있다. 지금 세계는 '아는 자'(지식 있는 자)들과 '소유한 자'(돈 있는 자)들이 지배하고 있지만, 궁극적으로는 자신의 존재에 도달한 사람들에게, 인간성의 정체성을 이해한 사람들에게, 지혜롭고 현명함을 가진 사람들에게 인류 모두를 위한 결정권을 맡겨야 한다. 왜냐하면, 자신의 존재를 이해한 사람들만이 틀림없이 다른 사람들을 괴롭히거나 고통을 주거나 서로 죽이는 전쟁 같은 일은 절대 하지 않을 것이기 때문이다.

돈을 소유한 자와 지식이 많은 자들은 인류에게 평화와 행복을 만들어 주지 못한다. 소유와 지식은 잠시 우리에게 쾌감을 줄 수도 있지만, 그것은 일시적인 것으로 어느 순간 사라져버린다. 그리고 소유는 우리의 마음을 중독시키는 마약이나 다름없다.

그렇지만 의식과 존재는 그렇지 않다. 의식과 존재는 살아 있는 동안 계속 성장하는 특성을 가지고 있다. 의식을 높이기로 마음먹은 사람에게 지식과 소유는 아무 의미도 가치도 없으며, 그런 것들이 자신의 정신성을 성장시킬 수 없다는 것을 잘 안다. 의식과 존재에 이른 사람은 모든 사람이 진정으로 행복에 이를 수 있도록, 사회적 모순과 부조리를 건강한 사회로 바꿀 수 있도록 도울 것이다.

# 91. 행복은 생각보다 가까이 있다

인간은 아무런 기억이나 지식이나 경험, 체험이 없는 백지의 상태로 태어난다. 아무것도 그려진 적이 없는 하얀 도화지, 아무 정보도 입력해 넣지 않은 상태의 생체 컴퓨터 같은 존재로 태어난다.

태어나기 전까지는 직접 호흡해본 적이 없던 태아는, 그러나 엄마와 연결되어 있던 탯줄을 끊는 순간 본능적으로 "으앙!" 하는 울음을 신호와 함께 자신의 코로 직접 첫 호흡을 시작한다. 인간 어느 누구나 이런 첫 번째 경험에 이어서 엄마의 젖을 빨아 먹는 두 번째 경험, 그리고 세 번째, 네 번째 경험을 해나가기 시작한다. 그러면서 두뇌는 점점 활동 범위가 넓어져, 체험했던 모든 일들이 두뇌 속에 기억이라는 상태로 정보가 쌓이기 시작한다. 오감을 통해 들어온 모든 정보와 감각을 두뇌 속에 축적하고 기억하고 지성이 연결되기 시작하는 것이다. 본래 본능적으로 타고나는 자율신경을 제외한 대부분의 기억과 지성은 환경과 교육, 문화, 전통, 부모나 사회와의 관계에서 영향을 받아 결정된다.

모든 생물은 기본적으로 같은 생명의 원리로 만들어져 있다. 지능의 차이와 성격의 차이가 있고, 생활습관이 다를 뿐이다. 지능과 지성이 가장 높은 인간만이 불을 다루어 생활에 이용한다든지 과학기술, 문화와 문명을 건설할 수 있다.

그렇다고 모든 사람의 지능과 지성이 똑같이 발달된 것은 아니며, 각자의 환경과 교육에 따라 많은 격차가 생기는 것이 사실이다. 인간은 성장 환경, 즉 교육, 전통, 사회 여건이 다르고 지리적, 지역적 환경도 다르다 보니, 생각하는 것에서부터 사상, 철학, 가치관, 자아가 전부 제각각 다르다. 국가마다, 지역마다 서로 반대되는 가치관과 전통문화의 차이로, 그동안 인류의 역사는 폭력과 무력, 각종 전쟁의 역사로 얼룩져왔다.

그리하여, 어떤 사람은 파충류 정도의 지능과 지성을 가진 반면, 어떤 사람은 아주 높고 우수한 식견, 견해, 지성을 가진 사람도 있다. 그러나 이러한 우수한 식견, 견해, 지성을 지닌 사람이란, 학식이나 학력이 높다거나, 지식이 많다거나, 책가방 끈의 길이가 긴 사람을 말하는 게 아니다. 지성은 학벌, 학력, 지식과는 별개의 능력이다. 아무 지식도, 아무 학벌도 없는 노동자, 농민, 가정주부 중에서도 지성이, 견해와 식견이, 직관과 통찰력이 아주 높은 사람이 있다.

우리 인류는 지금까지 많은 실수와 실패, 각종 전쟁을 겪고도 다시금 일어났고, 과학적으로는 인간보다 오히려 더 지능이 높은 로봇과 인공지능 컴퓨터를 만들 수 있는 지식과 기술을 급진적으로 발달시켰다. 곧이어 다가올 미래에서는 우리 역사에서 한 번도 경험해보거나 상상해보지 못한 현실을 맞이하게 될 것이다. 과거의 역사에서도 보았고 경험했듯이, 불공평하거나 불공정한 세상, 정의와 도덕심이 무너진 사회는 곧 파괴되고 해체된다. 이제 과학기술 발달의 결과로, 한 번도 상상해보지 못했던, 인간을 능가하는 인공지능 컴퓨터와 로봇이 인간 세상의 노동력에 합류하게 될 것이다.

그러나 지금 이 세상에는 아무런 대비도, 대책도 없는 것이 사실이다. 과학은 스스로, 인간이 감당하기조차 버거울 정도의 속도로 마구 발전되어가고 있다. 제1차 산업혁명, 제2차 산업혁명이 인간의 육체적 노동을 기계가 대신해주는 혁명이었다면, 앞으로 다가올 제4차 산업혁명은 기계가 인간의 두뇌를 대신하여 지적 노동까지 해주는 시대가 될 것이다.

그렇다면, 그렇게 인간이 담당하던 노동의 90%를 기계가 대신해주고 나면 인간들은 무엇을 할 것인가? 어찌해야 할 것인가? 인공지능 기계들에게 인간들의 일자리를 다 내주고 나면, 그러면 인간들은 굶어 죽어야 한단 말인가? 아니, 그렇게 되어서는 안 될 것이다. 그렇다면 이러한 미래에 인간은 어떻게 해야 할 것인가?

해결책은 다 있다. 과학기술이 이만큼 발달하기 이전에 가졌던 낡은 생각, 관습, 가치관을 과감히 버리고, 사고의 급전환을 해야만 한다. 아무리 인공지능이 인간의 노동력을 능가한다 하더라도, 인간이 하던 많은 일을 해주고 인간보다 더 능력이 뛰어나다 해도, 기계는 기계다. 인간이 될 수는 없다. 인간처럼 스스로 학습하여 인간보다 더 뛰어난 지능과 능력을 가지게 된다 해도, 인공지능이 스스로 자신을 만드는 것은 아니다. 결국, 인간의 두뇌가 만들어내는 기계일 뿐이다.

많은 뇌 과학자들은 언젠가 인공지능이 인간의 능력을 뛰어넘어, 인간이 그동안 차지했던 지구에서의 위치를 내놓게 될지도 모른다고 말한다. 인공지능이 지구의 제1 지배자가 되어 인간을 멸종시킬지도 모른다는 두려움과 불안감을 가지고 있는 것이 사실이다. 그러나 아무리 우수한 인공지능일지라도 인간이 설계하고 만드는 것이다.

물론 인간 중에서는 도덕과 양심, 정의감이 없는, 평화를 파괴하려 하는, 다른 사람들의 목숨을 빼앗으려 하는, 그야말로 미친 사람들이 종종 나온다. 그들을 우리는 어떻게 관리하는가? 남을 해치는 중증일 때는 범죄자로 분류하여 감옥에 가둔다. 그리 중증이 아닐 때는 정신병원에 보낸다. 그러나 중증이든 아니든 간에, 다른 사람의 인권과 자유를 존중하지 않고 피해를 주거나 해악을 끼치는 사람들은 사실은 정신질환, 말하자면 인간의 양심이 고장난 병든 인간인 것이다. 이런 병에 걸린 사람들을 감옥에 보내는 것은 치료하는 데 별 도움이 안 된다. 앞으로 과학이 더 발달되면, 양심의 병이 든 범죄자는 병원으로 보내서 뇌질환 치료를 받게 해야 할 것이다.

인공지능이나 로봇은 인간이 만든다. 인간만큼 지능이 업그레이드되면, 인간을 해치는 일을 하지 못하도록, 인간에게 봉사할 때만 행복과 기쁨을 느끼도록 제한된 기계로 설계하면 될 것이라고 생각된다.

동양의 철학자이자 사상가인 노자나 장자가 말한 것처럼, 인간이 창조된 목적은 기쁨과 즐거움, 행복과 창조성, 예술 등 자신과 타인을 사랑하기 위해서이다. 인생의 목적은, 삶의 목적은 행복이다. 그러나 인간이 생계를 해결하기 위한 고된 노동으로 종일 일하는 데 에너지를 다 빼앗기고 나면, 지쳐서 아무런 창의적인 기쁨도 즐거움도 행복도 느낄 수 없는 것이 사실이다. 인생의 목표와 목적은 삶을 즐기고 행복을 느끼는 것으로, 인간은 이를 위해 창조된 것이 사실이지만, 그러한 세상은 우리 인간들이 지능과 지성을 최대한 사용하고 발휘하여, 궁극적으로 우리 사회가 만들어가야 하는 것이다.

우리는 인류의 영원한 꿈이 이루어지는 시대의 문턱에 거의 다 와 있다. 인류의 미래는 아주 희망적이고 밝다. 겨우 생계를 위한 고된 노동을 평생 하면서 행복할 수는 없다. 이제 인간들의 힘든 육체노동, 뇌가 하는 지적 노동은 인공지능, 나노로봇 등 각종 과학기술의 혜택으로 해결될 것이다.

그렇게 되면 인간은 무엇을 하며 살게 될 것인가? 지금까지의 인류는 노동이 인간의 당연한 일이라고 생각해왔다. 고용인의 돈을 벌어주는 피고용인으로, 인권도 자유도 없이 기계처럼, 노예처럼 고용인의 일을 해주는 것이 당연하다고 타의 반, 자의 반으로 세뇌되어 왔다.

그러나 인간은 일과 노동과 고통에 찌들어서 슬픔과 불행 속에서 살도록 삶이 주어진 것이 아니다. 이제 우리 인간에게는, 삶의 목적인 행복을 움켜잡을 미래가 바로 코앞에 다가와 있다. 그렇다면, 일과 노동을 인공지능 기계들이 다 해주면, 일자리를 잃은 사람들은 돈 없이 어떻게 생계를 해결하고 행복할 수 있을지에 대한 의문이 생기지 않을 수가 없다.

그 점은 이미 1차, 2차 산업혁명 때 한 번 겪었던 경험이 있다. 기계 때문에 직장을 잃은 노동자들의 폭동을 막는 방법은, 인공지능 로봇, 나노 로봇 등의 과학기술을 통한 거대한 생산을 해서 국가가 직장을 잃은 사람들의 생계를 책임져야 할 것이다. 그리고 더 나아가, 기계와 인공지능 로봇들이 노동을 다 해주는 시점이 되면, 이제 돈의 노예로 전락했던 자본주의는 쇠락할 것이다. 사실 자본주의는 거의 돈과 노동의 노예종교나 다름없었다.

우리는 다가올 미래의 인공지능 시대를 대비해 사고의 급격한 변환과 전환이 필요한 시대를 살고 있다. 인간을 돈의 노예로 전락시키고 자본가들만 돈을 독점하는 돈의 계급주의를, 우리는 무의식적으로 만들어내었다. 만약 돈이 없다면 계급주의도 차별주의도 없을 것이다. 자본주의 아래에서는 돈 많은 자본가들은 왕이 되고, 돈 없는 가난한 사람은 종이나 노예처럼 사는 세상이었다.

만약 돈이 없어진다면 우리 인류는 모두 대등한 관계가 될 것이며, 비로소 공평하고 공정한 세상이 될 것이다. 잘난 사람도 없고 못난 사람도 없고, 사회가 나노 로봇을 통해 생계에 필요한 모든 물자를 무상으로 공급해주는 천국과 같은, 낙원과 같은 세상을 만들 수 있을 것이다. 모두가 동등하고 공평한, 돈 많은 사람도 없고 돈 없어 가난한 사람도 없는, 모든 사람들이 부자가 되는 세상이 될 것이다.

사실, 지금까지 인류를 이끌어오고 권력을 가졌던 지배층들은 처음에는 힘이 센 사람들로 시작해서, 말 잘하는 위선자, 거짓말쟁이 정치가, 돈 많은 사람들로 이어져왔다.

인류를 이끌어가는 것은, 인류 모두에 대한 사랑과 자비심과 측은지심이 많고, 인류애가 발달된 지성이 높은 사람들에게 맡겨야 한다. 남과 내가 분리되지 않고 모든 인류는 하나이며, 인류와 자연과 무한한 우주가 하나라는 깨달음을 얻은 지성적인 사람들, 그런 사람들이 우리 모두를 대표하여 인류를 이끌어가는 것이 바람직하다고 생각한다. 그들은 평등하고 행복한 세상을 사랑하고, 자유와 인권과 정의가 살아 있는 세상을 사랑하고, 지구 인류를 사랑하는 데만 기쁨을 느끼는 사람들이다.

이런 사람들에게 권력을 맡기면, 우리는 인류가 하나인 세상, 인류가 다 똑같이 동등하고 평등하고 공평한 세상, 정의가 살아 있고 자유와 평등이 있는 세상, 인본주의, 황금시대, 낙원주의, 천국과 같은 세상을 건설할 것임에 틀림없다.


## 92. 겸손

자기 자신이 어디에서 와서 어디로 가고 있는지를 알고 있다면, 우리는 겸손할 수밖에 없다. 우리는 먼지에서 와서 다시 먼지로 돌아간다. 우리가 의식을 가지고 살아 있는 시간은 아주 짧다. 우리가 속해 있는 은하계의 나이를 1년으로 보면, 우리 인간의 수명은 고작 2초밖에 안 된다고 한다. 이렇게 5초도 안 되는 시간, 3초도 안 되는 짧은 생을 우리는 어떻게 보낼까?

서로 분리하고 차별하고 미워하고 증오하면서, 평생을 땅에 금을 그어 서로 갈라놓고 전쟁으로 일생을 보낸다. 이것은 무엇일까? 참다운 인생일까? 서로 돕고 이해하고 사랑을 해도 모자라는 시간인데, 왜 이렇게 인생을, 일생을 이렇게 보내야 할까? 이것은 교만이다. 그리고 바보 같은 짓이다.

우리는 한 줌의 흙에서 왔다. 흙과 먼지로 만들어져, 짧은 자신의 시간이 다 가면 다시 흙먼지로 돌아가야 한다. 자신을 이해한다면, 그리고 자신을 존중하고 사랑한다면, 우리는 서로를 해치고 죽이는 데 인생을 낭비하는 그런 일은 저지르지 않을 것이다. 자신이 어디에서 왔는지를 이해한다면 우리는 겸손해질 수밖에 없다. 겸손은 인간의 근본적인 자질이다. 겸손은 우리가 흙먼지라는 것과 연결한다. 그리고 짧은 시간 살다가 다시 빈손으로 흙먼지로 돌아간다는 사실을 알고 있다면, 어떻게 겸손하지 않을 수가 있을까?

'우리는 스스로 의식할 수 있는 먼지'라는 사실을 이해한다면, 별들을 향해, 하늘을 향해 자랑스럽게 생각할 수도 있다. 우리의 정신과 의식은 아주 높디높게 오를 수 있는 능력을 지니고 있다. 그러나, 언젠가는 의식 없는 먼지로 되돌아갈 먼지에 지나지 않는다는 사실을 깨달았을 때 우리는 겸손을 느낄 수밖에 없다.

겸손이란 타인의 자유와 인권을 존중하며 사랑하는 것이며, 아울러 자신을 이해하고 존중하고 사랑하는 것이다. 우리는 다 함께 손에 손을 잡고 함께 성장해야 한다.

# 93. 아름다운 사람

당신은 참으로 아름답습니다. 당신의 겉모습이 아니라 당신의 꿈이 너무도 아름답기 때문입니다. 당신은 인간이라는 의식의 꽃밭에서 가장 눈부시게 빛나는 꽃입니다.

무한의식은, 우주의식은 곧 사랑이고 빛입니다. 당신은 비록 무한의식에 도달하기 위한 나침반의 두 극(N극과 S극)을 동시에 다 가지고 태어나지 않았다 하더라도, 당신 속에 있는 한쪽의 자석이 무한의식에, 우주의식에, 사랑에 다가가려는 모습이, 언젠가는 도달할 방향을 향해 적극적으로 걸어가려는 모습이 너무도 아름답습니다.

당신이 가다가 너무 힘들다고 중간에 포기하지만 않는다면, 당신은 더욱더 아름다운 사람입니다. 사랑은 영원히, 끝없이 용서하고 이해해나가려는 의지이고 포용력입니다.

무한은 말 그대로 끝이 없고 영원하다는 뜻입니다. 우주는 말 그대로 끝도 없이 영원하다는 뜻입니다. 그러니 무한의식, 우주의식이라고 말하는 것이겠지요.

만약 모든 것에 한계가 있다면 우리는 아마 실망할 것입니다. 희망이 없을 것입니다. 모든 것에, 모든 곳에 끝이 없다니 얼마나 아름답습니까?

우리는 넘어졌다가 아무 일도 없었다는 듯이 툭툭 털고 다시 일어납니다. 실수에 실수를 거듭해도 실수를 거울삼아 또다시 사랑을 향해, 자신의 삶을 아름답게 끝내기 위해 다시 일어납니다.

그리고 또다시 자신의 삶을 해피엔딩으로 끝나는 드라마로 만들기 위해 열정적으로, 긍정적으로 걸어갑니다. 때로는 당신의 실패에, 당신의 실수에 화나고 지칠 때도 있지만, 우리의 정신은, 의식은 무한한 우주를 닮았기에 우리는 영원합니다.

모든 것은 당신이 선택한 길입니다. 당신의 선택이 매 순간 만족스럽지 못했다 하더라도, 다른 누군가가 아니라 당신 스스로 선택했던 것이기에 그 선택에 만족해야 합니다. 후회가 아니라 새로운 것을 배우는 기회로 삼을 수 있는 점이 삶의 아름다움입니다.

남을 원망할 이유를 찾지 말고, 자신이 선택한 모든 결과에 대해 책임지는 마음이 자신이 행복해질 수 있는 비결입니다. 모든 사람은 자신이 선택해놓고도 다른 사람에게 핑계를 찾습니다. 그러고는 되돌릴 수 없는 지나간 과거에 후회를 합니다. 그것은 자신을 매우 불행하게 만드는 비결입니다.

지금 세상의 모든 이치는 불공평하고 불평등하며, 부익부 빈익빈의 병든 세상입니다. 그럴수록 우리는 더욱더 희망을 가져야 합니다. 칼로 일어선 자는 칼로 망하고, 돈으로 지배하던 자는 반드시 돈으로 망하는 법이니까요.

세상이 불공평할수록, 세상이 불평등할수록 밤이 깊어가고 있음을 의미합니다. 밤이 깊고도 깊어지면 그다음에는 무엇이 올까요? 새벽이 옵니다. 반드시 새벽이 옵니다. 그리고 찬란한 태양이 온 세상에, 새로운 생명에 빛을 골고루 뿌려줍니다. 그리고 약간의 코미디처럼 새벽을 알리는 닭 울음소리도 들리겠지요.

그때까지 우리는 겉으로는 조용한 것 같지만 속으로는 인내심을 가지고 그 찬란한 새벽을 열기 위한 열정적인 준비를 합니다. 조용한 인내 속에, 때가 되면 폭발하는 열정, 바로 세상을 바꾸는 의식의 혁명입니다.

모든 사람들이 평등하고 공평하고 정의와 평화가 항구적으로 정착하는 지구 인류 사회가 곧 펼쳐질 것입니다. 우리는 그러한 시대를, 그러한 세상을 반드시 만들 것입니다.

그러한 세계를 우리는 황금시대라고 부를 것입니다.


# 94. 동정심

동정심은 겸손함과 함께 인간의 또 다른 훌륭한 장점으로서, 겸손이라는 줄기에서 나오는 또 다른 가지라고 말할 수 있다.

측은지심, 동정심은 다른 사람들에게 겸손하게 대하는 것을 의미한다. 자신과 똑같은 인간임을 인정하는 행위이다. 다른 사람과 나와의 사이에 차별감이 없음을 나타내는 마음이다. 다른 사람이 혹시 나에게 해를 입히더라도 언젠가 그들도 자신들의 잘못을 깨닫고 이해하게 된다는 것을 기다려주는 것이다.

동정심을 느끼는 것은, 다른 사람이 나에게 저지른 잘못이 그에게 미칠 영향을 예측하고 그들에 대해 측은지심을 느끼는 것이다.

예컨대 동정심이란 이런 것이다. '당신은 나에게 모욕과 수치심과 모멸감으로 고통을 주었으나, 나는 당신에게 사랑을 베풀겠다. 당신이 나에게 모욕과 수치심과 모멸감을 준 것은, 당신이 나를 당신과 똑같이 존중하지 않은 것이며, 그것은 당신의 잘못이라는 것을 당신은 알아야만 한다. 당신이 나에게 준 고통은 당신의 잘못이다. 그러나 나는 당신을 용서한다.'

동정심과 겸손이 결합된 것이 가장 올바른 길이다. 동정과 겸손을 나타낼 때는 신중해야 한다. 눈에 보이지 않을 정도여야 한다. 모든 사람들이 이러한 인식을 갖고 이렇게 행동한다면 세상은 변할 것이다. 세상은 몰라보게 변모할 것이다. 모든 사람들이 각자 겸손하고 측은지심과 동정심을 가지는 세상이 될 때 바로 낙원 같은 세상에서 사는 기분이 들 것이다.


## 95. 당신 자신이 되어야 한다

지구상에서 아직 탐험되지 않은 대륙은 이제 더 이상 남아 있지 않다. 그러나 지구상에서 아직도 탐험되지 않은 곳이 하나 남아 있다. 아직 발견되지 않은 그곳은, 우리 스스로도 아직까지 잘 알지 못하는 우리 자신의 두뇌이다.

우리의 두뇌는 어떻게 생겼을까? 어떤 기능을 하고, 두뇌 자체의 기능과 목적은 무엇인지, 두뇌는 우리가 마지막으로 탐구하고 탐험할 미지의 세계이다. 고대의 철학자 소크라테스는 "너 자신을 알라."라는 말로 유명한데, 실제로 자기 자신에 대해 알고 있는 사람들은 그리 많지 않은 것 같다. 각자 자기 자신을 진실로 이해하고 있을 때 우리는 놀라운 지구 세계, 지구 세상을 창조할 수 있다.

그 방법은 각자 자기 내면으로의 여행을 시작해보는 것이다. 이 세상, 이 사회는 모두 똑같은 생각을, 똑같은 행동을, 획일적으로 모두 다 똑같아지기를 바란다. 그러나 우리는 한 사람 한 사람이 모두 다 달라야 한다. 다 다른 색깔의 그림을 그려야 한다. 인류를 가장 풍요롭게 만드는 것은, 우리 각자를 더 다양하고 풍요롭게 만드는 것은, 서로 다른 차이로, 다양한 색채로 장식한 의식의 축제를 벌이는 지구 인류 세상이다. 타인과 차이점을 숨기는 대신, 각자 자기 자신이 되어 다른 어떤 누구와도 닮지 않은 자기 자신이 되었을 때 우리는 진정한 평화에 도달할 수 있을 것이다.

자신의 신체를 한번 자세히 관찰해보라. 자신의 머리끝에서 발끝까지 똑같은 기능, 똑같은 모양, 똑같은 생김새가 있는지 한번 자세히 관찰해보라. 자신의 몸속에서도 모양과 색깔 그 기능이 다 다르다. 똑같은 것은 하나도 없다. 인류도 마찬가지이다. 우리의 몸의 기능과 모양, 색깔이 다른 것은 당연한 일이다. 모두 다른 모양과 다른 색깔, 다른 기능들이 나의 몸을 이루고 있고, 그런 다양한 기능들이 나를 존재하게 하는 것이다. 인류도, 당신보다 조금 더 큰 신체를 가진 인류 신체인 것이다.

# 96. 내가 살아가야 할 이유

내가 살아가야 하는 이유와 존재해야만 하는 내 인생의 가장 중대한 일을 알기 전에는, 나에게 학교나 공부가 첫 번째로 중요한 문제는 아니었다. 삶의 근원에 대한 의문, 존재에 대한 해답이 전부 내 존재 안에 갇힌 채로 나의 시간의 테이프는 중반을 넘어갔는데, 그러면서 어릴 때 그토록 절실하고 간절하게 갈구했던 인생에 대한 해답, 진실과 진리에 대한 깨달음을 얻을 수 있었다.

처음에는 인생의 진실을 알아내고 싶은 마음에 얼마나 갈급해 했던지, 나는 내 외부 세상에서 그 답을 찾으려 애썼다. 먼저 역사에 남은 유명한 철학가, 사상가 등이 남긴 책을 뒤져보기 시작했다. 플라톤, 소크라테스, 카뮈, 러셀, 헤르만 헤세, 현대의 성자라고 일컫는 라즈니쉬, 니체 등등. 그러나 그들의 질문도 한없이 많았다. 그들도 그럴 것이, 그들도 나와 똑같은 입장이었을 테니까. 자기가 자기를 만든 것은 아니니, 왜, 무엇을 위해, 어떻게 살아야 하는지 그 해답을 어떻게 정확하게 알 수 있겠는가? 그들도 무수한 의문과 질문을 던지고는 있었지만, 내가 원하는 시원하고 명쾌한 해답은 주지 못했다.

존재의 이유에 대한 갈망은 더욱 커졌고, 이러다 죽을 때까지 그해답을 못 찾을지도 모르겠다는 초조함과 불안감이 밀려오기 시작했다. 나는 다시 마음을 차분히 가다듬고, 내가 평소 그렇게 싫어하던 종교 영역에서 찾아보기로 했다. 수많은 고대의 경전들, 신화들과 설화 등 그리고 그 두꺼운 성경책을 드디어 사서 읽어보기로 했다. 창세기부터 요한계시록까지, 그리고 성경과 쌍벽을 이루는 찰스 다윈의 『종의 기원』도 읽게 되었다.

그러나 두 책 모두 내가 찾는 해답은 아니었다. 성경책도 논리적으로 합리적인 해답은 되지 못하였다. 성경 속에서의 신은 인간과 비슷한, 아니 어쩌면 더 이해하기 힘든 존재들이었다. 아무것도 없던 곳에서 무(無)에서 유(有)로, 원숭이가 인간으로 진화됐다는 다윈의 진화론은 불가능한 일이며, 도저히 나의 지성으로는 말도 안 되며 현대 과학으로도 거짓임을 밝힐 수 있는 이론이었다.

진리란 자신의 인생의 내면에 내장되어 있다. 나는 70년이라는 삶을 살고 난 후에야 비로소, 어렸을 때 간절하고 절실했던 의문점들이 내 삶의 실타래에 감겨 있다는 것을 알게 되었다. 그 실타래는 매시간, 순간마다, 삶이 진행됨에 따라 순간순간들의 느낌들이 연속적으로 연결되면서, 내가 원하던 인생의 비밀을, 인생에 대한 해답을, 인생에 대한 깨달음을 얻을 수 있었다. 나의 내면의 시간이 지나면 풀리는 테이프처럼 삶의 깨달음을 얻었다.

어렸을 때부터 그렇게도 내가 불행을 느꼈던 이유는, 인류 전체가, 세계인 모두가 삶의 진실을 모른 채 각자의 삶을 행복하게 살지 못하고, 자신이 원하지 않는, 타인이 만들어놓은 삶을 살게 되기 때문이란 것을 깨닫게 되었다. 자신은 그림을 그리고 싶은데 부모의 기대와 강압 때문에 법대를 가야 했고, 판사, 검사가 되어야 했다면, 그것은 부모와 가족들이 원하는 인생의 성공이지 자신이 원하는 삶이 아닌 것이다. 또는 음악가가 되고 싶었지만, 돈이 없어서 농사를 지어 겨우 먹고 살아가야 한다든지. 대부분의 사람들이 부모나 가족, 사회가 조장하는 그 무엇이 되어 자신으로 살지도 못하며, 자신이 진정으로 바라는 그저 단순하고 소박한 행복한 삶을 살지 못한다.

수많은 사람들이 정신적으로 병들고 피폐하고 불행한 삶을 살고 있다. 그것은, 그들의 마음속에는 자신의 인생에 대한 충족감과 완성감의 부재로 인한 불안감과 두려움 그리고 만족스럽지 못한 마음이 언제 폭발할지 모를 폭발물처럼 차곡차곡 폭력적인 모습으로 축적되어 있기 때문이다. 이런 불행한 사람들은 언제든지 전쟁터로 달려간다. 아니, 오히려 이렇게 불행한 인생을 사느니 차라리 전쟁터에 나가 자신의 삶을 불태우고 싶어한다.

모든 정치 권력자들은 그래서 자유와 인권을 컨트롤하는 규칙과 규범들을 만들고, 규제하고 억압하고 억제하는 사회제도를 만들었다. 생각해보라. 어떤 사람이 자신의 인생을 불행하게 살기를 바라겠는가? 누가 비참하고 끔찍한 전쟁을 하려고 태어나게 만들었으며, 누가 전쟁으로 자신의 인생을 보내고 싶어 하겠는가? 끔찍하게 불행한 사람들만이 전쟁터를 향해 달려가고 싶어 한다. 행복한 사람은 절대 전쟁을 원하지도 않으며 전쟁터로 가기 싫어한다.

내가 인생에서 가장 민감했던 사춘기 때에 그렇게도 다복한 집안에서 사랑을 많이 받고 자랐는데도, 나는 나를 둘러싸고 있는 세상에 대해 평생 불행감을 떨쳐버리지 못하고 70여 년간을 살아왔다. 이제 나는 깨달았다. 인류는, 지구인 우리 모두는 하나라는 사실을. 세계인 우리 모두는 하나의 신체라는 것을. 세계인 모두는 나의 피 끓는 뜨거운 심장이라는 것을.

나의 평생 소망은 한 사람의 인간으로서 자유롭고 행복한 삶을 사는 것이었다. 그러나 70 평생을 나는 인류에 대한, 또 나 자신에 대한 완성으로서 행복한 삶을 추구해왔다. 그러나 내 주변의 모든 사람들이 전쟁을 하고 불행하다면 한 사람의 인류로서 나 또한 행복할 수 없다는 것을 깨달았다. 나는 벌써 73세이다. 그러나 남아 있는 내 인생의 시간들에, 인류의 평화를 위해 전쟁이 종식되기를, 인류가 화합하여 하나 되기를, 세계가 하나의 사회로 통합되기를, 그리고 세계 평화 단일 정부를 꿈꾼다.

내 인생의 여정에서 깨달은 내 인생의 의미와 가치는 인류 세계인 한 사람 한 사람의 염원이자 바람이라는 것을 나는 잘 안다. 나는 70년 동안 인생이란 문제를 해독함으로써 인생에 대한 이해를 끝마쳤다. 모든 세계인 인류는 나와 똑같은 소박한 바람과 꿈을 가지고 있다는 것을 이해한다. 말로써는 이렇게 쉽게 하지만, 이해하고 사랑하는 데 70여 년이 걸렸다.

내가 어렸을 때부터 유독 인류에 대한 연민으로 그렇게도 불행함을 느꼈지만 괴로운 인생의 길을 포기하지 않고 걸어온 이유는, 인류가 다시는 전쟁 없이 영원한 평화 속에서 모든 발전된 과학기술을 활용하여 돈과 노동이 필요 없는 시대, 일하지 않고 돈 없이 모두가 부자인 사회를 실현하고 싶었기 때문이었다. 바로 인류가, 우리들의 선조들이 그렇게도 염원하고 바라고 꿈꾸던 황금시대인 낙원과 같은 세상을 건설하여 누구나 다 황제처럼, 왕처럼 부자로 사는 세상으로 안내하는 안내자의 역할이 나의 사명이라고 느낀다.


## 97. 밤에 꾸는 꿈보다 낮에 꾸는 꿈이 중요하다

밤에 꾸는 꿈보다 깨어 있을 때 꾸는 꿈이 진짜 꿈이다. 밤에 꾸는 꿈은 아무 의미가 없지만, 우리가 깨어 있을 때 낮에 생생히 살아 있는 의식으로 꾸는 꿈은 우리의 삶을 행복으로 이끌기 위한, 우리의 삶을 아름다운 삶으로 이끌기 위한 준비 과정이 되기 때문이다. 깨어 있을 때 꾸는 이런 꿈은 자신의 삶을 황홀하게 만들어줄 수 있다.


## 98. 보는 것에 대한 예술성

진심으로 볼 수 있고 감상할 줄 아는 사람이야말로 진정한, 볼 줄 아는 예술가이다. 아무리 고흐나 고갱 또는 피카소의 그림이 천재적이라고 해도, 고흐와 피카소의 그림을 진심으로 공감하고, 즉 그 사람의 열정과 혼신을 다 바쳐 그린 그림이라는 것을 공감하고, 그 그림과 하나 되어, 혼연일체가 되어 이해하고 감동하고 감상할 수 있는 사람이야말로 그 그림을 그린 화가와 같은 예술가이다. 아무리 화가가 그림을 잘 그렸어도, 그 그림을 그린 화가의 심정과 열정과 헌신을, 자신의 삶의 모든 열정을 다 바쳐 그렸을 그 순간을 연결시켜, 피드백을 느끼면서 수준 높게 보아줄 예술가가 없다면, 그 그림 또한 세상에 없는 것과 같다. 훌륭한 그림을 훌륭한 눈으로 보고 인정할 수 있는 보는 예술이 없다면, 그 그림은 그 가치를 인정받지 못할 것이다. 주체자와 객체자가 같이 연결되어 있는 하나의 예술인 것이다.

보는 자와 보여지는 그림을 그린 자는 같은 예술가이다.


## 99. 당신은 아름다운 사람입니다

당신은 영혼의 소리를 들을 수 있는 귀를 가진, 너무도 아름다운 별입니다. 당신은 샛별처럼 빛나는 별입니다. 당신이 진실을, 진리의 말을 들을 수 있는 귀를 가지고 있다는 것만으로도 당신은 빛나는 별이고 아름다운 사람입니다. 왜냐하면 당신은 영원히, 무한히 앞으로 나아갈 수 있는, 성장할 수 있는 가능성을 가지고 있기 때문입니다. 볼 수도, 들을 수도 없는 사람은 육신은 태어났지만 그 자리에서 한 발자국도 나아가지 못합니다. 진보하지 못합니다. 무한이 손짓하는 소리를 듣지 못하기 때문입니다. 당신은 무한히 빛나는 별이 될 수 있습니다.

# 100. 우리에게는 자유가 있는가?

우리는 아무도 자신의 인생을 선택해서 태어나지 않았다. 죽음에 대해서도, 자신이 선택해서 죽을 수도 있겠지만, 대부분은 삶과 죽음을 선택하지 못한다. 뿐만 아니라 우리는 부모와 형제는 물론이고, 국가도 선택할 수 없었다. 그렇다면 '인간은 자유가 있는 존재인가?'라는 의문이 들지 않을 수 없다. 거시적인 차원에서 우리에게는 자유가 없다.

그런데 왜 UN 헌장에서는 자유와 인권을 첫 번째 가치로, 인간 고유의 가치로 여기는 것일까?

앞에서도 언급했듯이, 우리 지구 인간이라는 종은 수많은 우주의 별들과 행성 중에서 왜 하필 지구에 살고 있으며, 그중에서도 자신이 속한 국가에 살고 있을까? 부모와 형제를 선택하거나, 태어날 곳과 시간을 선택하고 결정할 수 있는 사람은 아무도 없었다.

그렇다 하더라도 살아가는 동안에는, 삶의 순간들에서는 자유와 인권이 주어져야 한다. 왜냐하면, 인간의 삶의 목적은 기쁨과 즐거움과 행복을 느끼기 위한 것이기 때문이다.

비록 국가와 부모를 선택할 수는 없었지만, 개인의 자유와 인권이 없다면 행복할 수 없다. 행복할 수 없다면 삶의 의미와 가치도 사라진다. 따라서 살아가는 동안 삶의 목적인 행복과 자신의 삶의 완성에 도달하기 위해서는 반드시 자유롭게 자신이 원하는 대로 원하는 삶을 선택할 수 있어야만 한다.

단, 개인의 자유를 보장받기 위해서는 반드시 타인의 자유와 인권을 위한 규칙을 지켜야 한다. 나에게 자유와 인권과 행복할 권리가 있다면, 타인에게도 똑같은 권리가 주어져야 하는 것이다. 사회도 타인의 자유와 인권과 행복을 보장해주어야만 한다. 왜냐하면, 타인이란 또 다른 다양한 색깔의 나 자신과 하나로 연결되어 있는, 나 자신의 연장이기 때문이다.

인간은 반드시 사회를 이루고 살도록 프로그램되어 있다. 인간 그 누구도 홀로 살 수 있는 사람은 없다. 서로 이해하고 사랑하고 협력하고 협동하지 않으면 그 종은 몰락하고 멸종되고 말 것이다.

인간은 이미 도태가 시작되었다. 하찮아 보이는 생명체인 개미나 꿀벌들도 자신들의 종을 보호하고 보존하기 위해서 서로 돕고 협동하고 협력한다. 그러나 생태계에서 먹이사슬의 가장 윗자리를 차지하고 있다는 우리 인간들의 사회는 어떠한가? 지금 현재 인류는 실로 부끄럽기 짝이 없는 상태에 놓여 있다. 어쩌면 인류라는 종은 이제 자신들만의 몰락뿐만 아니라 지구 상의 모든 생명체들을 전부 멸종시킬지도 모를 위기를 맞고 있다.

이런 사태는 저절로, 그냥, 자연적으로 발생한 것인가? 아니다. 우리들 인간이라는 종이 무의식적으로 만든 환상의 관념들로, 인종 차별과 국가 간의 분열로 서로의 이익만을 챙기려는 근시안적인 이기주의적 욕심에서 파생된 결과물이다. 서로 물어뜯고 학살하고, 서로를 적으로 구분 짓게 만드는 등 이기적인 파괴를 일삼아왔다. 사람들을 분리시켜 국가라는 이유로, 국가라는 이름으로, 종교의 이름으로 서로를 증오하게 만들고, 붙어 있는 땅덩어리에 가상의 금을 그어놓고 자기 나라 국민을 보호한다는 명분으로 국경선을 만들어 서로 가지도 오지도 못하게 하고 있다.

우리들 인간은 부끄러워해야 한다. 인간의 수치이다.

어찌 개미보다도, 꿀벌보다도 못하단 말인가? 어찌 만물의 영장이라고 하는 인간이 오대양 육대주를 마음껏 헤엄쳐 다니는 물고기들만도 못하며, 각국의 국경선을 넘어 마음껏 날아다닐 수 있는 새들보다도 더 자유와 인권이 없단 말인가?

이것은 인간으로서의 수치이다. 인간의 수치로다!

비자나 여권 없이는 아무 데도 자유롭게 갈 수 없는, 새만큼도 자유가 없는 세상, 참으로 슬픈 일이다.

사람들이 물고기나 새보다 더 똑똑하다면, 지구촌에 살고 있는 모든 사람들이 하나로 연결되어 있다는 것을 깨달을 때 우리 인류 세계인은 영원한 평화 속에서 영원히 행복하게 살 수 있을 것이다.

# 101. 나 그대에게 묻겠습니다

나 그대에게 묻겠습니다.

사막에서 길을 헤매고 있을 때, 펄펄 끓는 용광로 같은 햇볕으로 목이 타고 온몸이 활활 타오를 때 당신의 진정한 벗은 누구입니까?

계급이 높고 돈이 많은 권력자가 친구이면 좋겠습니까, 아니면 지혜가 넘치는 현명한 사람이 벗이면 좋겠습니까?


인생은 뜨거운 햇볕으로 활활 타오르는 용광로이고 사막이다. 삶은, 인생은 완성된 죽음을 맞기 위한 여정이고 주어진 기회일 뿐이다.

삶은 건너가기 위한 다리이지, 다리가 목표는 아니다. 삶은 강을 건너 피안의 언덕까지 가기 위한 수단으로 배를 빌려 타는 것이지, 배가 그대들의 삶의 목적은 아니다.

삶은 자신을 꽃피우기 위한, 개화시키기 위한 시간으로 주어진 것일 뿐이다. 갈 길을 잃고 어슬렁어슬렁거리다가 자신에게 주어진 시간을 다 쓰고 나면, 당신의 삶은 쓸모없이 낭비된 것이다. 그것은 어떤 권력으로도, 아무리 많은 돈으로도, 신의 명령으로도 되돌릴 수 없다.

인간은 자신의 진실을 찾아야 한다. 어느 누구도 아닌 자기 자신만의 진실을. 모든 사람들의 진실은 다르다. 자기 자신만의 고유한 진실의 길을 찾아가야만 한다. 자신의 진실에 이르는 길, 자신의 길에 다다르는 길, 도달하는 길, 각자 자기 자신에 도달하는 것이 인생의 성공이다.

각자 자기 집에서 나왔다 다시 자기 집으로, 자기 고향으로 돌아가는 것이 인생이다. 귀로, 귀향, 회귀, 귀환. 태어났던 순간의 순수한 상태로 되돌아가는 것. 순수하게 태어났다가 살아가면서 무의식중에 물들었던 세속의 때를 다시 순수한 마음으로 정화시키는 것이 자기 자신의 개화요 완성이다.


## 102. 그대는 있는 그대로 아름답습니다

당신께선 다른 무엇이 되려고 하지 마세요.
당신께선 이미 완전하십니다.
당신이 당신 자신을 이렇게 저렇게 바꾸려 할 때,
나는 큰 슬픔을 느낍니다.
당신이 무엇이 되어야만,
어떻게 하여야만 한다는 욕망이 제겐 없습니다.
당신은 당신 자신으로,
당신의 존재, 당신의 심연 깊은 곳으로 잠수해 들어갈 때
나 또한 고요한 바닷가에서
당신과 만날 수 있기 때문입니다.
당신은 바다,
나는 해변.

우리들은 분리될 수 없는 하나입니다.

어떻게 바다와 해변이 분리될 수 있겠습니까?

그것은 신의 권한으로도 분리시킬 수 없는 것.

고요한 바다에 바람이 일 때,

파도는 하얀 포말이 되어 해변을 때립니다.

바다가 해변이 미워서 밀려오는 것은 아니랍니다.

바다와 해변은 하나이기에,

눈에 보이는 경계선을 넘어 넘나드는 것이랍니다.

바다와 해변,

바람과 구름,

그리고 하늘까지도, 사실은 모두 하나랍니다.

그러니 우리 그 모든 것에 한계와 구분을 짓지 않는

무한한 의식의 바다에 이르러,

지평선에 노을 지는 아름다운 풍광을

손을 마주 잡고 함께 바라봅시다.

## 103. '예!', '예스!'라는 단어는 마법의 문을 여는 열쇠이다

우리는 살아가면서 '예.'라는 단어보다 '아니요.' 또는 '안 돼요.'라는 단어를 더 많이 사용한다. 그러나 '예'라고 말하는 것은 우리의 삶에 매우 좋은 영향을 끼친다. '예'라고 말할 때 그 소리의 진동은 우리 두뇌 속 신경세포의 부분을 긍정적으로 변화시키고 좋은 영향을 준다. '예'라는 단어의 진동은 우리의 삶을 사랑과 행복과 기쁨으로 가득 채워준다.

물론 가끔 '아니요.'라는 말을 해야 할 경우도 있는데, '아니요.'라고 말하는 법도 알고 있지 않으면 안되는 경우도 있다. 그러나 이 말이 꼭 필요할 경우에만 사용해야 한다. 우리들 인간의 양심에 반대되는 제안이나 제의를 받았을 경우, 우리는 '아니요.'라고 자신이 원하는 것인지 아닌지를 정확히 표현하고 말할 수 있어야 한다. 그러나 '예.'라고 말할 때 우리는 훨씬 좋은 기분이 든다. '예, 그래요.' 이렇게 말함으로써 주위의 사람들조차 변화시킬 수 있다. '예'라는 단어는 여러분의 인생을 아름답고 환상적으로 느끼게 해줄 수 있는 마법의 말이다.

아침에 일어나자마자 "나의 인생은, 예 좋아요. 살아 있다는 것이 행복해요."라고 말하면서 하루를 시작해보라. 하루 종일 행복한 기분을 느낄 것이다. 오늘 하루, 예스!

# 104. 나는 내가 속한 시대의 시간을 노래하는 시인이고 싶다

나는 내가 속한 시대의 시간을 노래하는 시인이고 싶다.

유사 이래, 지금까지의 시대는 남성들이 주체가 되어 무의식 속에서 무의식적으로 만들어진 스토리이다. '무의식적'이라는 것은 파괴하고 뺏고 빼앗기는 공격과 수탈이고, 폭력적이며 야만적이고 원시적인 것을 의미하는 시간들이다.

이제 해는 서서히 저물어가고 있으며, 어둑어둑하고 축축한 밤이슬이 내리고 있다. 그 시간들은 끝나가고 있으며, 이제 곧 새로운 시대, 새로운 시간의 아침이, 새로운 태양이 떠오르고 밝아올 것이다.

남성들의 연극은 비극적으로 고통 속에서 그 막을 내리려 하고 있다. 관객들은 이제 남성들이 써온 시나리오로 만들어진 시대의 막을 빨리 끝내기를 기다리면서 싫증내고 역겨워하고 있다.

다음 2막은 여성들이 새로운 역사를 써내려갈 차례이다. 나는 시간을 노래하는 시인이 되고 싶기에 무대의 커튼을 살짝 들어 올려 보았더니, 여성들이 아름다운 내용으로 된 시나리오를 가지고 막을 올리려 하고 있었다. 얼마나 기대가 되는지, 가슴이 막 두근거린다.

왜냐하면, 여성들은 생명을 사랑하고 존중하고 잉태하고 양육하는 자들이기 때문이다. 여성들은 망가지고 폭파되고 찢겨졌던 모든 것을 수리하고 보수하며, 그들이 사랑과 자비, 융합과 통합, 용서와 평화,

정의와 융합, 그리고 단일한 새로운 시나리오를 들고 준비하고 있는 것을 보았기 때문이다.

나는 비밀의 커튼을 살짝 들어 올려 볼 수 있는, 이 시대의 시간을 노래하는 시인이고 싶기 때문이다.

살짝 비밀을 말하자면, 앞으로의 시대는 허스토리(Herstory, 여성들의 역사)가 될 것이다. 아름답고 고통 없는 융합과 합일, 평화와 자비와 정의, 순수함과 진실함과 사랑이 많은, 여성들이 써내려갈 허스토리(여성들의 이야기). 그것을 후대 사람들은, 역사는 낙원주의와 황금시대(황금문명)로, 허스토리로 기록할 것이다.


# 105. 상대적 가치

가장 고독한 자만이 진리를 찾아 헤맨다. 고독은 그를 진리로 이끄는 동력이고 에너지이자 자석이다.

고독한 자는 자신의 내면으로 홀로 여행을 떠나는 자이다. 내면으로의 여행은 다른 사람과는 절대 같이 갈 수 없는, 단 한 명만, 그것도 자기 자신 한 사람만 탈 수 있는, 한 좌석밖에 없는 끝없는 심연을 향해 내려가는 잠수함이다.

# 106. 찬란한 아침

우주는 둥근 고리다.

우주는 영원한, 회귀하는 동그라미이다.

모든 것은 왔다가 가고, 갔다가 다시 돌아온다.

모든 존재는 영원히 왔다가 가고, 갔다가 온다.

그러나 언제나 형태와 에너지를 변화시켜 존재의 수레바퀴를 영원히 돌린다.

영원히 시작된 곳도 없고, 영원히 끝나는 곳도 없다.

끝나는 곳이 시작되는 점이고, 시작되는 점이 끝나는 곳이다.

마치 계절과 같다. 봄이 시작점인가? 아니면 겨울이 시작점인가?

봄보다 겨울이 그 앞에 있다. 그 앞에는 가을이 있고, 가을 앞에는 여름이 있다.

여름 앞에는 또 봄이 있다. 봄의 앞에는 또 겨울이 있고 겨울 앞에는 또 봄이 있다.

계절의 시작점은 어디인가?

어디가 끝나는 점인가?

모든 시간과 공간도 이와 같다.

모든 것은 끊임없이 시작된 곳도 끝나는 곳도 없이, 영원히 원 운동을 하면서 돌아간다.

생명의 고리를 쉼 없이 순환시킨다.

우주는 생명의 고리이다.

우주는 창조 놀이이다.

우주는 생명 창조, 양자 컴퓨터이다.

이제 여기 이곳에서 어둠이 걷히고 새벽이 오려 하고 있다.

다 같이 내일의 새로운 태양을 맞이하러, 태양이 떠오르는 곳을 향해 다 함께 손에 손 잡고 힘차게 노래 부르며 어깨동무하고 앞으로 나아가자!

사랑하는 인류 형제여!


# 107. 춤

사람들은 왜 춤추는 것을 좋아하는가? 그것은 우주의 법칙이기 때문이다. 인간의 본능이고 본성이기 때문이다.

모든 우주는 다른 더 큰 우주를 향해 공전과 자전을 하고 있다. 은하계도 더 큰 은하군을 향해 공전과 자전을 하고 있고, 모든 태양들도 은하계를 향해 공전과 자전을 하고 있다. 우리 지구는 태양의 둘레를 공전과 자전을 하며 돌고 있다.

우리의 몸속을 구성하고 있는 모든 세포 속의 세계도, 은하계와 태양계도, 양자들의 미립자 운동도 바로 그들의 춤인 것이다. 우주에도 고유의 소리가 있다. 이 소리를 음악으로 삼아 모든 별들이 춤을 추고 있는 것이다. 모든 우주는 춤을 추고 있고, 춤추고 있는 별들과 양자들이 우리 몸을 구성하고 있다. 별들의 운동과 춤이 우리 몸의 미립자의 춤으로 구성되어 있기 때문에 우리도 춤을 좋아하는 것이다. 춤도 우리들의 본성인 것이다.

## 108. 자신의 꽃을 피우기 위해

이제 시간이 강물처럼, 낙엽처럼 바람결에 흩어져
어릴 적 가졌던 그 많은 고뇌와 번민들은
시간의 저편으로 추억과 기억의 강물이 되어
아무런 흔적 없는 나만의 전설이 되어버렸지.
영원의 시간과 공간 속에서 한 토막 잘라내어
여기 아름다운 자신의 꽃을 피우기 위해
작은 꽃망울 하나 꿈처럼, 별처럼 돋아났어요.

## 109. 우리는 의식하는 먼지

우리는 자신의 인생에 대해 행복을 선택할 수도, 불행을 선택할 수도 있다. 우리는 선택의 자유가 있다. 행복에 도달하기 위해 긍정적인 생각으로 호르몬 분비샘을 자극하여 행복 호르몬이 나오게 하느냐,

아니면 부정적인 생각을 하여 기분 나쁘고 불행한 감정을 느끼는 호르몬이 나오게 자극하느냐는 자신의 선택에 달려 있다.

우리는 의식을 성장시키고 고양시키기 위해서 무한을 의식하고 느낀다. 우리는 스스로 의식하는 무한 우주이다.

우리 안에 있는 모든 세포들은 작은 양자와 미립자들로 구성되어 있고, 그리고 더 작은, 더 작은… 이렇게 무한히 작은 소립자의 무한소의 우주가 무한히 우리 안에 있다. 역으로 우리의 몸 밖에도 무한히 큰 세계, 우주가 무한대의 세계로 끝없이 무한대로 펼쳐져 있다.

우리 자신이 무한이다. 스스로를 의식하는 무한이다. 우리는 자신의 정신성을 의식이 없는 흙과 먼지로 떨어뜨릴 수도 있고, 무한히 밝은 빛의 수준으로 우리 자신의 의식을 끌어올릴 수도 있다. 우리 두뇌를 어떻게 사용하는가에 달려 있다. 웃음과 밝은 미소가 우리의 인상을 조각하듯이, 우리의 두뇌를 긍정적인 우주로, 밤하늘의 은하수처럼 빛나는 빛으로 조각할 수도 있다.

아름답고 살기 좋은 세상으로 바꾸기 위해서는, 우선 자기 자신을 충분히 존중하고 사랑해야 한다. 세계인, 인류, 살기 좋은 지구 환경, 이런 정체성과 무한히 넓은 관점을 향해 우리들의 정신을 상승시킬수록 우리 세상은 천국과 같이 살기 좋은 집으로, 낙원으로, 아름다운 정원으로 가꿀 수 있을 것이다. 그것은 우리들 한 사람 한 사람에게 달려 있다.

# 110. 지성

어마어마하게 많은 지식과 높은 학위를 지닌 사람들을 지성인이라고 생각하기 쉽다. 그러나 그런 많은 지식들 가운데 실제 살아가는 데 꼭 필요한 것들은 그리 많지 않다. 지식은 단지 머릿속에 꽉 차 있지만, 진정 가치 있는 것은 거의 없다.

지성이란 나 자신의 주변을 둘러싸고 있는 모든 사물들과의 상관관계를 이해하고 모든 것들을 사랑으로 연결하는 방법을 찾을 수 있도록 만들어주는 것이다. 예를 들어, 화학과 음악은 서로 아무런 연관이 없다고 생각한다. 그러나 이 둘은 실제로 매우 가깝고, 연관이 있다. 화학과 음악은 둘 다 진동과 물질 이동 및 합성과 관련이 있다. 지성은 이렇게 숨어 있는 진실을, 진리를 연결지을 수 있는 힘이다.

# 111. 과학

과학을 반대하는 사람들은 의식이 없는 이들이거나, 의식이 있더라도 사회의 여론과 대중의 숫자에 편승하여 아무런 여론 피해와 손해를 보지 않으려는 위선자들이다. 그들은 매일 과학의 혜택을 받고 있으면서도 그 사실을 깨닫지도 못하고 의식조차 하지 못한다. 그들은 사물과 자신의 존재조차 이해하지 못하며, 사회 전반과 상황조차 인식하지 못하고, 심지어 자신이 어디에서 와서 어떻게 살다 어디로 가는지 모른다.

인간의 수명 연장, 줄기세포 연구, 복제 기술에 대해서도, 신의 영역을 함부로 인간이 연구하거나 수명 연장을 하는 것은 죄악이라고까지 주장한다. 심지어는 과학자들 스스로도 신의 영역이라고 말했던 인간의 병을 고치고 수명을 늘리는 일을 하고 있으면서도, 그들은 TV에 나와서는 한결같이 인간은 원숭이에서 진화했다며 진화론을 주장하고, 일요일에는 온 가족과 함께 신을 믿으러 교회에 간다. 이것이 얼마나 이중적이며 위선적인 일이란 말인가?

이들은 자신이 무엇을 하고 있는지도 모른다. 줄기세포나 생명공학, 모든 과학의 발전에 반대하는 사람들에게 나는 이렇게 말하겠다. 그들 자신이나 가족들이 아무리 아프더라도 병원에 가지 말고, 줄기세포로 얻어지는 의료기술의 혜택을 절대로 받지 않겠다고 서약서에 서명해야 할 것이다. 그 모든 과학적 발전과 줄기세포에 반대하는 사람들은 자신들의 주장에 일관성 있게 줄기세포 의료 혜택이나 어떠한 의료기술의 혜택은 절대로 받지 않겠다는 서약서에 서명해야 할 것이다.

# 112. 희망이 없는 암울한 사회

삶의 의미와 가치를 부여해주는 정신적 지주를 갖는 것은 중요하다. 어떤 종류의 철학은 많은 사람들에게 희망과 행복을 느끼게 해준다. 인도주의와 인본주의, 그리고 인권과 자유에 바탕을 둔 가치관을 가르치는 철학은 종교성, 존재의 근원, 주변의 사물, 우주가 연결되어 있다는 지성적 깨달음(유일신주의와 기복신앙이 아닌)을 높이고 균형과 조화에 이르도록 만들어준다. 그런 철학은 행복이 주변 환경에 좌우되는 것이 아니라 자기 자신에게 달려 있다는 것을 가르쳐준다.

우리는 마약 없이도 행복할 수 있고, 물질을 소유하지 않아도 행복할 수 있다. 우리가 무한의 일부임을 깨닫고 무한 속에서 무한한 물질로서 살고 있다는 것에 행복을 느낀다면, 우리의 삶을 사랑한다면, 우리가 조화로운 상태에서 행복하고 또 개화된 상태에 도달한다면, 우리는 계속해서 살아 있기를 바랄 것이다. 그러나 우리가 우울에 빠져 있다면, 산다는 것에 아무 의미도 가치도 느낄 수 없이 암울하고 침울하다면, 우리는 계속 살아 있겠다는 생각을 하지 않을 것이다.

어떤 사람은 너무도 우울한 나머지 단 하루도 살기 힘들어한다. 실제로 이렇게 희망도, 소망도 가질 수 없는 것은 암울한 사회의 영향 때문이다. 사회와 언론은 자살하는 사람들이 왜 자살하는지, 얼마나 많이 자살하고 있는지 다 알고 있을 것이다. 그러나 언론 매체들은 이런 보도를 거의 하지 않고 있고, 자살률은 특히 젊은이들 사이에 위험할 정도로 높아지고 있는 실정이다.

전 세계적으로 자살하는 젊은이들은 수십만 명에 이르고 있다. 그들이 자살하는 이유는 사회에 아무런 희망이 없고 불행하기 때문이다. 그런 사람들의 마지막 행동을 말려줄 사람 하나 없이, 아무도 없는 집에서 혼자 목숨을 끊는다. 그렇게 혼자 자살을 감행한다는 것은, 그들이 정말로 극단적인 절망감과 불행 속에 홀로 버려져 있다는 것을 의미한다.

오늘날의 사회는 점점 더 우울하고 암울해지고 있다. 따라서 불행한 사람들도 많아지고 있다. 암울함과 우울함의 가장 큰 원인은 바로 사회와 국가에 있다. 현재 우리 인간 사회는 미래에 대한 두려움과 돈과 일에서 오는 고통, 그리고 각종 의무에만 시달리고 있다. 부와 지식을 많이 가지고 있지 않으면 취직도 안 되고, 승진도 안 되고, 일자리도 없다. 부와 지식, 그리고 경쟁만을 강요당하는 사회에 살고 있는 것이다.

언론은 이런 정보들을 더욱더 확대 보도하고 유포해서 우리가 사는 세상이 얼마나 끔찍한 곳인지 강조하고 있다. 그러나 이 세상에는 나쁘고 우울한 소식만큼이나 좋은 소식들도 있다. 이렇게 암울하고 우울한 세상을 청산하고, 사람이 사람답게, 행복하게 살 수 있는 세상을 우리 자신이 새롭게 만들 수 있다는 사실 말이다. 인간들이 더 행복해질 수 있도록 만들어주는 과학적 발견을 하는 사람들, 다른 사람을 돕기 위해 자신의 재산을 기증하는 자산가들, 어려운 사람들을 찾아가 도움을 주는 선을 행하는 사람들, 이렇게 나쁜 짓을 하는 사람들보다 좋은 사람들의 수가 더 많다는 것은 아직 이 세상에 희망이 남아 있다는 증거이다.

언론은 수많은 뉴스 중에 나쁜 뉴스만 골라서 초점을 맞추어 보도한다. 어쩌다 좋은 일은 거의 알리지 않거나 스쳐 지나가듯이 보도한다. 이것은 정말 슬픈 일이다. 어느 과학자가 질병을 치료할 수 있는 새로운 방법을 발견해도, 거의 보도를 안 하거나 맨 마지막 페이지에 아주 작게 실을 뿐이다.

행복의 비밀은, 삶에서 아주 단순한, 작은 일에 감사할 줄 아는 마음에 있다. 일출이나 일몰, 목마를 때 한 잔의 물, 사랑하는 사람들을 많이 늘려나가는 일, 사람들에게 미소 짓는 일, 웃음을 주는 일, 자연이 우리에게 무료로 베풀어주는 모든 혜택을 즐기고 행복해하는 일 등. 행복의 비밀은, 우리가 항상 변화하는 사람들에게 둘러싸여 있다는 점, 나 자신 또한 매 순간 고정되어 있지 않고 항상 변화되어 가고 있다는 점에 있다. 우리가 매 순간 변화될 수 있다는 것은, 언제든지 문제를 해결할 방법이 우리에게 있다는 것이다.

자신이 불행하다면, 작은 일에도 감사해하고 행복해하며 살아 있는 것만으로 행복하다는 마음으로 바꾸면 된다. 희망이 없는 사회는, 사실은 희망이 없는 것이 아니라 언론이 나쁜 소식에만 초점을 맞추었기 때문이다. 이 언론도 좋은 소식, 희망적이고 혁명적인 소식을 알리도록 바꾸게 하면 된다. 그리고 암울한 세상도 우리가 변화시키면 된다. 암울하다는 것은 병이다. 사회가, 정치가 병들었기 때문이다. 다수의 변화하는 사람들이 병든 암울한 세상을 의식적인 혁명으로 치료하면 된다. 모든 문제에는 언제나 해결할 방법은 있다.


# 113. 행복은 지금 바로 여기이다

"나는 내일(또는 한 달 후에, 또는 1년 후에) 이탈리아로 여행 갈 거야. 그럼 무척 행복할 거야."라고 말하는 사람들이 있다. 그러나 내일은 내일이다. 내일이라고 미루는 동안 우리는 지금, 현재, 여기를 놓치고 있다. 내일을 기대한다는 것은 오늘 행복하지 않다는 뜻이다. 오늘 기쁨을 느끼지 못하고 있는 것이다.

"이번엔 문제가 있었지만, 다음에는 꼭 아프리카 사파리 여행을 떠날 거야. 그러면 정말 행복할 거야." 지금 이 순간을 놓치고 다음에 다른 곳에서 행복해질 거라고 기대하는 것은 지금의 기쁨과 행복을 놓친 것이다. 지금 이곳보다 더 나은 곳은 세상 어디에도 없다. 행복은 바로 지금 느끼는 것이다. 바로 지금 즐겨야 한다. 인생은 항상 지금 이 순간밖에는 없다. 왜냐하면, 내일이 오더라도 내일은 또다시 오늘 이 순간이 될 것이다.

그리고 '한 달 후(또는 1년 후)에 로마로 가면 행복할 거야.'라고 생각하는 것은 진실이 아니다. 진실이, 행복과 가쁨이 내일 올 거라는, 로마에서만 느낄 수 있을 거라는 생각은, 올지 안 올지 알 수 없는, 어쩌면 인생에서 내일이 있을지 없을지도 모르는 상황에서 가정하는,

진실이 아닌 환상에 불과하다.

지금 이 순간은 우리의 인생에서 가장 아름다운 순간이다. 여기 오늘, 현재, 바로 지금, 이렇게 매 순간을 깊고 강하게 의식할 때, 그리고 매 순간 자신이 지금 살아 있다는 기적을 깊이 의식하고 있다면, 당신은 인생의 최고의 순간이 바로 지금 이 순간이라는 것을 느낄 수 있게 된다. 살아 있다는 것은 바로 기적이고, 바로 이 순간은 마술과 같다. 매 순간에서 영원을 느낄 수 있어야 한다.

# 114. 행복하기 위해서는

태어나서 아장아장 걷기 시작하면서, 우리 눈에 보이는 세상의 모든 것들이, 모든 소리들이 얼마나 신비하고 경이롭게 느껴졌는가? 어린아이였을 때 우리는 별것 아닌 것을 보고도 신기해서 웃었고, 예쁜 새들의 재잘거리는 소리에도 신기해했고, 심지어 굴러다니는 가랑잎을 보고도 배꼽을 잡고 깔깔거리며 잘 웃었다. 그러나 어른이 되면서부터 대부분의 사람들은 잘 웃지 않는다. 왜 잘 웃지 않게 되었을까?

우리 사회는 7, 8세가 되면 초등학교에 들어가야 하고, 그리고 중학교, 고등학교, 그다음에는 대학을 간다. 그리고 돈을 벌기 위해 취직을 해야 하고, 직장에 나가서 일을 한다. 평생 종신제 노동이나 다름없이 다 늙어서야 퇴직을 한다.

인간은 누구나 다 각기 다른 개성과 취미, 취향, 기호를 가지고 있다. 그러나 학교에 들어가면서부터 자신의 개성을 드러내지 못하게 똑같은 색깔과 디자인의 교복을 입히고, 똑같은 생각을 하게 하고, 똑같은 행동을 하게 하고, 똑같은 지식을 배우는 등 획일화된 규격품 같은, 마치 로봇을 만드는 공장 같은 교육을 받는다. 그 속에서 자신만의 개성이나 색깔을 나타내거나, 자신만의 생각, 사고 등을 얘기하면 마치 비정상적인 사람 취급을 받거나 따돌림을 받게 된다. 그리고 서로 짓밟고, 다른 친구나 사람들을 쓰러트리고 뛰어넘어야만 하는 경쟁 속에서 싸워 이겨야만 살아남을 수 있는 경쟁을 조장한다.

이런 사회구조 속에서 행복하기란 좀처럼 쉽지 않다. 그래서 대부분 어깨가 축 처지고, 얼굴은 긴장과 불안감으로 점점 경직되어간다. 이런 정치체제, 경제구조, 사회 속에서 행복하기란 쉽지 않지만, 그러나 행복하기 위해서는 가능한 한 자주 웃어야 한다. 웃음은 '네', '예스'라고 말하는 것만큼이나 중요하다. 그러나 우리는 충분히 웃지 않았기 때문에 얼굴 근육은 가장 자주 짓는 표정으로 고착되어버렸다.

항상 웃는 사람들은 표정 전체가 위로 치켜 올라가 있다. 표정이 밝아 보인다. 웃어보라. 웃음은 우리 마음의 근육들을 행복할 수 있는 신경세포들로 연결해준다. 웃을 일이 있어야만 웃는 것이 아니라, 먼저 웃으면 행복해진다. 먼저 그냥 이유 없이 웃어보라.

# 115. 초의식으로 이끌기 위한 마음의 자세

우리의 두뇌를 초의식으로 이끌기 위해서는 우선 부정적인 대답이 나올 질문 자체를 통제해야 한다. 이것은 자신의 두뇌를 발달시키고 단련시키기 위해서 매우 중요하다. 우리의 의식을 향상시키는 데 도움이 되지 않는 질문도 많다. 그런 질문은 하지 않는 편을 선택해야 한다. 우리 존재의 목적인 행복에 도달하는 데 방해가 되기 때문이다.

지금의 우리 존재는 반복된 교육과 훈련에 의해 형성된 것에 불과하다. 우리가 초의식을 사용하기 위해서는, 무한의식과 우주의식에 도달하기 위해서는, 자기 자신에 대한 새로운 교육과 훈련을 하지 않으면 안 된다. 우리 의식의 전체 구도를 인식하고 그런 바탕 위에서 하는 질문은 의식을 향상시키는 데 도움이 될 것이다. 그러나 별 의미 없는 것에 초점을 맞춘 질문은 우리의 의식을 제한된 사고로 끌어내릴 것이다.

우리가 환경이나 친구 등 주위의 모든 것들을 선택하듯이 우리 내면의 생각도 선택해야 한다. 자신이 사는 방 안의 색깔을 어둡고 우울한 색깔을 선택하지 않듯이, 자신에게 악영향을 끼치는 부정적이고 폭력적인 사람과 많은 시간을 함께하지 않듯이, 자기 자신의 내면의 생각에 대해서도 신중하게 선택해야 한다. 이는 정신 건강을 위한 정신 위생 관리법이라고 말할 수 있다.

우리의 두뇌는 정원과 같아서, 잡초를 제거하고 매일 가꾸어나가지 않으면 안 된다. 많은 사람들이 우울해지는 이유는 매일 우울한 생각을 하고 매사에 부정적이기 때문이다. 부정적인 생각은 우울함을 더욱 강화해서 악순환에 빠지게 한다. 우리가 보석을 고를 때 빛이 많이 나는 다이아몬드를 고르듯이, 자신의 생각들 중에서 가장 좋은 것들만 선택하여 자신의 의식을 빛나게 만들어야 한다. 우리는 그럴 자격과 권리가 있다. 자신의 생각들 또한 선택해야 한다.

자신의 생각이 자기 내면에서 나왔다고 해서 반드시 좋은 것만은 아니다. 우리가 매일 배설물을 내보내듯이, 몸에 해로운 것들은 생각이든 똥이든 다 외부로, 몸 밖으로 내보내야 한다. 우리는 다행히도 좋은 기분과 나쁜 기분을 선택할 수 있다. 스트레스를 받으면 우리 몸속에는 독성 물질이 분비되는데, 이 독성 물질이 나오면서 기분이 나빠진다. 하지만 우리는 나쁜 물질이 나오는 수도꼭지는 잠그고 대신 기분 좋은 물질이 나오는 긍정적인 수도꼭지를 틀 수 있다. 우리는 선택할 수 있는 능력이 있으며, 우리 자신의 호르몬 분비선에 영향을 끼칠 수 있다. 우리는 기분과 마음이 행복하도록 선택할 자유가 있다.

행복할 수 있는 권리를 위해, 자유롭고 독립적인 생각을 가질 수 있도록 의식의 훈련, 명상을 통해 우리 스스로에게 초의식과 무한, 그리고 인류애 등에 관한 질문을 할 때, 우리는 불행해지지 않을 수 있다. 우리 자신이 무한이며, 우리 내부에 무한이 들어 있고, 우리 외부에도 무한이 무한히 펼쳐져 있다.

그렇기 때문에 우리는 스스로를 의식할 수 있는 무한인 것이다.

# 116. 진정한 긍지

그 누가 이렇게도 도도한 긍지를 지녔음에도 자기 자신의 존재를 낮출 수 있단 말인가? 인간의 내면에 이러한 초의식이 있다는 것이 우리에게 자신감과 의지의 기운을 북돋아 준다. 우리의 앞날을 밝은 희망으로 상쾌하고 통쾌하고 유쾌하게 할 수 있게 해준다.

이런 초의식이 인간에게 있다는 것을 알기 위해서라도 우리는 험하디 험한 산도 기꺼이 참고 견디며 올라왔다. 보이지 않던 눈을 뜨게 해주고 들리지 않던 말도 들을 수 있게 해주며 인간이 무엇인지를 올바르게 볼 수 있도록 해주는 높은 고지의 산까지 힘겹게 올라왔던 것이다.

그리고 우리의 긴박한 외침과 고통들은 이제 온데간데없어질 것이다. 그리고 우리의 지난 고통들은 앞으로 다가올 황홀한 호사 앞에 흔적도 없이 사라질 것이다. 지상에서 성장하는 것 중에서 이보다 더 높고, 더 아름답고, 더 가치 있고, 더 생기 넘치는 것은 없다.

이 초의식으로 인해서 땅 전체에 생기가 온다. 활력이 높아진다. 그대 초의식이여, 당신은 진정한 삶의 긍지이고, 삶의 소나무이다. 장구하게 침묵해왔고, 굳건한 의지를 지녔으며, 엄격하면서도 더없이 유연하고, 당당하기까지 한 당신, 초의식이여. 아무도 봐주지 않고, 아무도 보지 않아도 골짜기 깊은 곳에 굳건하고 당당하게 고독과 외로움을 친구로 삼고 끝까지 참고 인내하고 견뎌낸 당신, 초의식이여.

아! 당신은 무궁한 존재다. 영원한 존재다. 내 속에 존재하는 이여.

내 속에 거주하는 이여. 항상 내가 잠들지 못하도록 나를 일깨우고 흔들어 깨우는 이여. 당신은 우주의식이고 무한의식이다.

정처 없이 떠돌던 마음도 그대의 존재에 안심하며, 나의 고독을, 나의 외로움을, 나의 지친 마음을 초의식 당신은 치유한다.

아! 아! 모든 이들에게 존재하는 진정한 자아, 영원한 초의식이여.


## 117. 진정한 자신이 된다는 것

지금까지 우리는 교육과 환경과 타의에 의해, 본의 아니게 자신의 대부분이 생성되었다. 그러나 그것이 자신의 본연의 선택이 아니었으므로 마음에 들지 않는다면 지금부터 스스로 생각하고 스스로 선택하자. 변화와 선택은 언제라도 너무 늦는 법은 없다. 무엇이 자신의 적성에 맞는지 아는 사람은 다른 어느 누구도 아닌 바로 자기 자신뿐이다. 자신이 원하는 삶을 자유롭게 선택한 사람만이 인생의 삶의 목적에 도달할 수 있기 때문이다.

그러기 위해서는 먼저 자신의 어린 시절의 꿈을 다시 찾아보아야 한다. 어떤 사람은 요리사가 되고 싶었고, 또는 미용사나 만화가가 되고 싶었거나, 남의 집을 깨끗하고 아름답게 꾸며주고 싶은 사람도 있었을 것이다. 그러나 "안 돼, 너는 판사가 되어야 해." 또는 "의사가 되어야 해."라고 부모들은 말한다. 자신의 꿈과 일치하는, 자신의 적성과 부합하는 모든 직업은 아름답다. 그러나 자신이 원하지 않은, 자신의 적성에 부합하지 않은 직업을 가졌을 때, 그것이 부와 명예를 아무리 많이 가져다준다 해도 좌절과 절망을 느낀다. 자기 자신의 반응과 직관과 느낌과 상관없이, 주변의 환경이나 부모의 강요에 의해 자신의 꿈과 다른 일을 해야만 할 때 우리는 불행을 느낀다. 물론 부모나 가족들은 자식을 위한 잘한 일이라고 믿는다. 그들은 자식들이 더 높고 안정된 직업을 갖기를 원한다.

얼마나 많은 천재들이 이런 식으로 질식당했을까? 기존의 가치관을 바꾸기로, 기존의 질서와 상식을 바꾸기로 결심하고 결정한 사람들에 의해 이 세상은 발견되고 발명되었다. 물동이를 머리에 이거나 어깨에 물지게를 지고 나르며 강에서 물을 옮기던 일을, 간편하게 물이 저절로 나오게 할 수 있겠다고 생각을 달리했던 사람들에 의해 수도가 만들어졌다. 맨발로 흙과 돌멩이 위를 걸어다니는 것을, 어떻게 하면 발이 아프지 않고 돌멩이 위를 걸을 수 있을까 하는 생각을 했던 사람들이 운동화와 구두 등의 신발을 발명했다. 살아가는 데 편리하게 만들어진 현재의 모든 발명품들은 모든 불편한 것에 대한 의문을 품었기 때문이다.

우리는 항상 살아가며 마주하게 되는 모든 것, 모든 사물에 의문을 가져야 한다. 그렇게 함으로써 자신이 정말로 원했던 삶인지에 대해 알 수 있다. 진정한 행복에 도달하기 위해서, 무엇이 가능하고 무엇이 불가능한지에 대해 이해함으로써 자신의 한계를 인식하는 것이다. 자신이 할 수 없는 것에 대해서는 인정하고 수용하는 것이다. 우리는 지금까지 사회와 환경에 충분히 순응해왔다. 이제는 지극히 당연한 사회의 전통과 관습에 의문을 제기해야 한다.

지금 지구 상에는 자신들이 지극히 정상적이라고 생각하는 사람들이 원자폭탄을 만들고, 전쟁을 하고, 마약을 몰래 재배해서 비싼 가격으로 밀거래하여 사람들의 인생을 파괴하고 삶을 망가뜨리면서 이런 일들을 정상적이라고 생각한다. 그러나 국경이 사라지고 국가가 사라지고 비자와 여권이 사라져야 한다고 생각하는 사람도 있는데, 이런 생각을 하는 사람들은 비정상인이라고 판단하고 비정상적이라고 규정한다. 진정 비정상적인 사람들은 어떤 사람들일까? 모든 세계인이 국경선 없이, 국가라는 분리감 없이, 비자와 여권 없이 지구 곳곳을 다 같은 지구인으로서 차별 없이 자유롭게 여행할 수 있게 만드는 것이 과연 비정상적인가?

정상적이라고 생각하는 사람들은 항상 심각하다. 그러나 비정상적인 사람이라고 규정짓는 사람들은 잘 웃는다. 웃음은 변화를 위해 가장 좋은 약이다. 한 사람의 웃음은 주변의 열 명을, 백 명을 웃음 짓게 만들 수 있다. 웃음으로 행복한 백 명의 사람은 주변의 만 명에게, 만 명은 주변의 십만 명, 백만 명의 사람들에게 행복을 전할 수 있다. 이렇게 기하급수적으로 지구 전체를 웃음과 행복과 사랑의 세계로 가꾸어 나갈 수 있다.

무엇보다도 우리는 기본적으로 웃음과 행복을 원한다. 모든 사람들이 전쟁을 바라지 않는 '비정상인'이 되어야 한다. 원자폭탄과 핵무기를 만들어내는 '정상인'들이 아니라, 원자폭탄, 핵무기를 전부 폐기해야 한다고 생각하는 '비정상인'이 되어야 한다. 이것이 우리가 바라는 진정한 자기 자신이 되는 것이다. 진정한 자기 자신이 되었을 때, 우리는 진정으로 행복할 수 있으며 행복한 세상을 만들 수 있다.

## 118. 위험한 유일신 종교, 인류의 비극과 불행에 책임져야 한다

지금까지 인류의 역사 속에서 유일신 종교와 사상은 매우 위험한 존재였다. 인류는 종교전쟁으로 정말 끔찍한 인류사를 겪어왔으며, 인류 전쟁의 대부분은 거의 종교전쟁이었다고 말해도 과언이 아닐 것이다. 정말 위험한 문제는 전지전능한 유일신에 대한 믿음이 인류가 겪어온 가장 끔찍한 비극들의 원인이 되어왔다는 것이다. 이 끔찍한 전쟁들이 수천 년 동안 계속돼온 것에 대해 이제 인류는 다시 한번 새롭게 현실적으로 고려해보아야 할 것이다.

정말 그렇게 전지전능한 유일신이 존재한다면, 그 신들은 왜 전지전능하면서 신의 창조물들이라는 인간 세상을 이런 끔찍한 세상으로 만들었을까? 정말 전지전능한 신이라면, 그동안 인류가 그렇게도 끔찍하고 난폭한 살인과 학살과 전쟁을 벌여왔는데도 가만히 보고만 있다는 말인가? 가만히 보고 있는 신은 인간을 사랑하지 않거나, 난폭하거나 무책임한 것이다. 유일신이라면서 왜 수많은 종파가 있어서 각기 다른 자기 신들을 주장하면서 전쟁을 할까? 이 위험한 유일신 종교는 수많은 사람들의 희생과 인류의 비극과 불행에 반드시 책임져야 한다.

이 우주에서 유일신이 있다는 것을 믿는 것은 광신적인 착각이고 환상이다. 왜냐하면, 이 무한한 우주는 끝도 시작도 없어서 그 중심이 없기 때문이다. 아무 중심도 없는 무한한 곳 어디에 신이 살고 있단 말인가. 설사 신이 있다 해도, 이 무한한 우주에서 시간과 공간의 차이로 신은 인간에게 아무런 영향도 끼칠 수 없다.


## 119. 의식과 지성은 감각에 의해서만 발달한다

우리는 무한의 일부이며, 우리 안에도 밖에도 무한이 있다. 그러나 우리는 무한을 만질 수도, 무한우주를 알 수도 없다. 무한을 느낄 수만 있을 뿐이다. 우리의 교육자들, 전통문화와 환경은 감각은 나쁜 것이라고, 감각은 지향해서도, 발달시켜도 안 되는 부도덕하거나 불결한 것이라는 교육을 무의식적으로 강요, 종용해왔다. 이러한 교육과 무감각이 육체 및 정신의 병을 낳는 불균형을 초래하고, 공격성 및 폭력성을 야기하는 것이다. 이러한 교육으로 말미암아 지구는 오늘날 이렇게 폭력적이고 비정상적인 모습이 되었고, 스스로 파멸을 향해 꾸준히 무기를 비축해가고 있는 것이다.

때늦은 감이 있지만, 지금부터라도 더 늦기 전에 나이와 상관없이 자기 육체의 감각과 그 반응을 긍정적으로 죄의식 없이 새롭게 사랑하는 방법을 다시 배워야 한다. 무엇보다도 우리가 어린 시절 빼앗겼던 그토록 중요한 자신을 향한 센슈얼리즘(sensualism)을 다시 발견하고 자신을 사랑하는 방법을 다시 배워야 한다. 자신의 몸 구석구석을 편견 없이 다시 보고 감각을 재발견하고, 육체가 주는 감각의 반응에 대해 죄책감 없이 순수하게 있는 그대로 받아들이고 즐거움과 기쁨을 재발견해야 한다.

만약 누군가가 귀가 들리지 않는다면 그는 말을 배울 수 없을 것이다. 말을 배울 수 없으면 타인과 자신을 둘러싸고 있는 사회와도 소통할 수 없다. 그는 고립되고, 사회로부터 아무것도 소통할 수 없고 배울 수 없다. 그는 점점 의식이 발전할 수 없고, 아이큐도 지성도 발달될 수 없게 된다. 눈이 보이지 않는 맹인의 경우도 마찬가지이다. 세상을 볼 수 없다는 것은 캄캄한 동굴 속에 혼자 갇혀 있는 것이나 마찬가지이다. 세상의 아름다움과 찬란한 태양도, 밤의 어둠도, 다양한 색채에 대해서도 그는 아무런 상상도 할 수 없을 것이다. 그 역시 아이큐나 지성이 발달할 수 없다. 육체의 모든 부분이 다 똑같이 마찬가지이다.

이렇게 중요한 인체의 모든 감각기관을, 특히 자신의 센슈얼리즘(sensualism)을 금기시하고 부정적으로 생각하고 죄악시해온 부모와 교육자들의 교육, 전통적인 교육 시스템이 한 사람 한 사람의 인간성을 말살하고 폐쇄한다. 작은 순수한 어린아이였던 우리는 자신의 감각 전체를 부정함으로써 마음에 병이 들고 감성이 위축되어, 호전적인 폭력성을 마음속에 축적해오는 결과를 낳게 된 것이다. 그리고 그것이 오늘날의 인류 자멸 100초 전이라는 무서운 결과를 초래한 것이다.

인간의 육체가 주는 감각과 쾌감은 매우 중요한 것이다. 더 늦기 전에 인류의 모든 어린이, 아니 어른들까지도 지금부터 자신의 육체가 주는 기쁨과 즐거움을 명상을 통해 다시 가르치고 계몽해야 한다.


## 120. 유한한 인간의 오류와 착각

모든 과학과 사상과 철학은 자신이 태어나서 살아가기 시작한 시점에서 출발하여 자신이 죽기까지의 사이에 지각하고 경험하고 연구한 결과들이다. 그중 뛰어난 예지력과 통찰력을 가진 사상과 철학, 과학적인 위대한 발견이나 발명들은 위대한 천재들의 결과물들이다. 천재들이 현대 인류의 철학과 과학, 지식 면에 위대한 영향을 끼치고 또 이끌어온 것 또한 사실이다.

그러나 인간에게는 고작 60~70세 정도의 삶의 시간이 주어져 있을 뿐이다. 따라서 인간에 대해 또는 과학에 대해 말하는 것은 모두 한정된 시기, 한정된 시간 동안의 연구와 관찰, 체험과 경험 속에서 얻어진 것이라는 한계가 문제이다. 예를 들어 아인슈타인이 발견하고 발표했던 과학적 이론이나 학설과 논리들이 영원한 진실인지에 대해 그 당시에는 증명할 수 없었다. 그러나 현재는 아인슈타인의 여러 이론과

학설들이 모두 다 진실 또는 사실이 아니라는 것이 밝혀지고 있다.

예를 들어, 아인슈타인은 빛보다 빠른 물질은 없다고 단정지었는데, 지금의 과학자들은 그것이 진실이 아닌 오류였다고 말한다. 빛보다 더 빠른 물질이 발견되었고, 특수상대성이론에서도 여러 가지 문제점과 오류가 발견되고 있다.

빅뱅 이론도 마찬가지다. 아무것도 없는 무(無)에서 갑자기 무엇이 펑 터지면서 우주가 생겨났다고 주장하는 것은 논리적으로 설득력이 없다. 만약 빅뱅 이론이 맞다면, 아무것도 없었던 것이 아니라 우주를 구성하는 물질이 있었기 때문이었을 것이다. 인간의 한정된 수명과 삶, 한정된 시기와 시간 속에서 발견된 것은 영원한 진리로 규정지을 수 없다.

예를 들어, 인간의 장기 중에 심장은 수축과 팽창을 통해 혈액을 펌프질하여 온몸에 동맥을 통해 혈액을 보내고, 그 혈액은 다시 정맥을 통해 심장으로 돌아온다. 그런데 어떤 생물의 심장이 수축하는 과정만을 본 과학자가 있다면, 그는 심장의 수축, 팽창 과정을 다 지켜보고 연구하지 못한 채 심장에 대해 수축만 한다고 주장할 것이다. 자신의 짧은 수명 동안 연구한 한계적 연구를 영원한 진리인 것처럼 발표했을 것이다.

별과 은하계도 마찬가지이다. 자기가 본 사실만을 영원한 진리라고 한계 짓는 착각과 오류를 범할 수 있다. 그러나 우주에는 영원하고, 일정하고, 불변하는 법칙은 없다.

수많은 별과 은하계들도 그 어떤 우리보다 큰 거시세계의 생명체일 것이다. 우리 앞에 펼쳐진 수많은 별과 은하들도 무한한 우주이다. 유한한 시간을 살다 가는 인간이 무한우주에 대해 한계를 짓는 것은 무리이다.


# 121. 성 정체성에 대하여

얼마 전 TV에서 성전환 수술을 받은 군인이 갑자기 자살을 했다는 소식을 들었다. 평소에 나는 모든 사람들이 자신이 태어난 그대로 존중받고, 존중해야 하는 세상이 되어야 한다고 생각하고 있었다. 성 소수자들의 인권을 대신해서 인권운동이라도 하고 싶었지만, 우선 인류 전체에 대한 평화운동의 사명을 먼저 해야겠다고 생각하고 있었다.

그저 많은 성 소수자들의 어려운 점을 늘 안타깝게 생각하고 있었다. 다른 사람의 자유와 인권을 침해하지 않고, 타인에게 피해를 주거나 손해를 끼치지 않고, 타인을 해치지 않는 한, 타고난 그대로의 타인을 존중해야 하며 또 자신도 존중받아야 하는 사회가 되어야 한다. 성 소수자들의 인권에 관해서는, 자신의 인생을 자신이 자유롭게 선택할 권리를 사회는 기본적으로 제공해야 한다. 사회는 남성이냐 여성이냐를 구분짓고 분리하고 차별하기 전에, 남성이든 여성이든 간에 먼저 인간이라는 점을 인식해야 한다.

성 소수자들은 자신의 탄생, 자신의 인생을 스스로 선택하지 않았다. 그것은 생물학적 문제이다. 우리는 누구도 자신의 존재를 선택하지 못한다. 자신이 태어나기 전에 자신이 성 소수자라는 것을 미리 알고 태어난 것도 아니고, 소수자라는 명칭으로 비난하고 차별하고 죄악시할 권리는 누구에게도 없다. 이성애자이건 동성애자이건 양성애자이건 트랜스젠더건, 사회는 모든 성적 성향을 분류하고 차별하고 비난할 권리를 가져서는 안 된다. 생태계의 일부인 인간은, 모든 생명체는 다양한 성향을 가지고 있으며, 있는 그대로, 본성 그대로 살 권리가 있다는 것을 인정하고 오히려 존중해주어야 한다.

사실 이 사회와 국가와 세계가 성 소수자들을 범죄자 취급하는 바람에 실제로 많은 성 소수자들이 자신의 정체성을 감추고 숨기고 자신의 인생을 불행하게 살고 있다. 실제로는 훨씬 다수의 사람들이 자신의 성 정체성을 숨기고 살고 있다고 한다. 이성애자, 양성애자, 동성애자의 수가 거의 비슷한 비율일 수도 있다는 설도 있다. 모든 사람이 자신을 감추고 자신으로 살아갈 수 없이 거짓으로 살아가야 하는 세상은 얼마나 잘못된 세상이며 원시적인 세상인가? 자신의 있는 그대로, 진실 그대로의 자신으로 살아갈 수 없는 세상을 살아야만 하는 사람들은 얼마나 불행할 것인가?

이렇게 불행한 사람이 많은 세상에서는 모든 사람이 행복할 수 없는 게 분명하다. 왜냐하면, 불행은 전염된다. 행복한 사람은 행복을 전염시킨다. 그러나 불행한 사람은 불행을 전염시킨다. 불행한 사람이 많아질수록 인류는 몰락의 길로 갈 수밖에 없다. 성 소수자뿐 아니라

타인의 자유와 인권을 존중하는 세상이야말로 천국이 될 것이다.

우리는 '모든 사람이 다양한 색깔의 나 자신'이라는 이해에 도달해야 한다. 우리 모두가 하나라는 것을 깨달아야 한다. 이 사회가 만약성 소수자들을 차별하고 냉대하고 학대하고 미워한다면, 그들은 자기 잘못도 아닌데, 태어난 대로 자신이 자신으로 살아갈 수 없다면 어쩌란 말인가?

우리 모두 한번 생각해보자. 숫자가 적다고 해서 소수자라고 하며 차별하고 냉대한다면, 이성애자들의 숫자가 아주 적고 동성애자나 양성애자, 트랜스젠더가 더 많다면 어떻게 될까? 숫자가 더 많다는 것이 정의가 되지는 않는다. 인간 한 사람 한 사람의 성적 정체성, 그리고 인간 역시 자연 생태계의 일부라는 것을 이해한다면, 자연 그대로의 인권과 자유를 있는 그대로 인정하고 존중해주어야 한다. 소수라고 불의가 아니다. 다수라고 정의가 아니다. 소수라고 차별하는 것은 인간답지 않은 비겁하고 비굴한 일이다. 인간도 자연의 일부이다. 서로서로 사랑하고 있는 그대로의 자유와 인권을 존중하자.


# 122. 과학이라는 종교

지금까지는 종교, 철학, 과학 등 이런 분야의 학문과 지식의 세계가 서로 아무 관계가 없는 것처럼 엄격하게 분리되어 있었다. 그러나 과학적 지식과 발달로 인해 우리는 이 모든 분야가 하나로 연결되어 있다는 것을 이해할 수 있게 되었다. 원래 과학과 철학과 종교는 하나의 원인에서 출발했다.

사실, 따지고 보면 인간 자체가 바로 과학이다. 바로 인간이 과학기술의 결과물이기 때문이다. 이러한 사실은 얼마 안 가서 특이점이 오면 과학기술로써 현실이 되어 증명될 것이다. 실제로 현재 지구의 과학자들도 실험실에서 새로운 단백질 합성에 성공했으며, 아주 단순하긴 하지만 인공 생명 창조에도 이미 성공하였다. 생명공학과 유전자공학의 다양한 형태의 실험이나 발견, 연구로 인해 얼마 가지 않아 생명의 기원이 과학기술의 결과물이라는 것을 우리 지구 과학자들이 밝혀낼 것이다. 인류의 기원도, 인류의 삶도, 인류의 죽음도 마음대로 늘리고 연장할 수 있는 분야가 바로 과학인 것이다.

종교란 무엇인가? 종교의 어원은 무엇인가? 종교란 자신의 두려움을 없애기 위한, 자신과 자신의 가족, 주변 사람들의 복만을 빌기 위한 기복신앙이 아니다. 진정한 종교의 기원은 '자기 생명의 근원과 연결하다.'라는 의미이다. 자신의 생명뿐 아니라 자신을 둘러싸고 있는 모든 생명체들의 기원과 근원은 바로 과학인 것이다.

그러므로 우리 생명의 기원은 어쩌다 우연히 아메바가 진화해서 원숭이가 되었다가 어느 날 우연히 인간이 된 것이 아니다. 원숭이가 진화해서 인간이 되었다면, 지금 아직도 원숭이로 남아 있는 원숭이들은 인간이 되는 게 싫어서 진화하지 않고 그냥 원숭이로 남아 있단 말인가? 진화도 선택의 자유에 따라 인간으로 진화되고 그냥 원숭이로 남고 싶으면 남아 있다는 것은 논리적으로 설득력이 없는 억지이다. 그럼 모든 아메바에서 물고기, 양서류, 포유류, 유대류, 공룡이 다 진화되었다면 그대로 남아 있는 개체는 무엇이란 말인가? 과학적으로, 논리적으로 말도 안 되는 말이다.

생각해보라. 동물을 비롯한 모든 생명체의 기본 물질은 단백질이다. 수백, 수천 종의 단백질로 이루어져 있고, 이 한 가닥의 단백질 속에는 수백, 수천 가닥의 아미노산이 새끼줄 꼬아놓듯 정교하고 질서 있게, 단 하나의 실수도 허용치 않고 정확하게 순서대로 나열되어 있다. 우연에 의해서라면, 저절로 진화한 것이라면, 지구상의 이 셀수 없이 많은 종류의 동식물의 단백질 순서와 수천, 수만, 수백만 개의 아미노산 가닥이 단 하나의 실수도 없이 정확한 질서와 순서대로 나열되어 꼬아져 있단 말인가? 단백질과 아미노산의 배열 순서가 단하나만 바뀌거나 틀려도 단백질은 될 수 없다. 이것을 두고 저절로, 우연히 생명이 진화했다고 말할 수 있는가?

진화론 자체는 과학적으로 증명할 수 없는 가설이다. 우리 인간의 삶의 목적은 건강하고 행복하게, 죽지 않고 오래 사는 것이다. 이 모든 희망과 염원과 소원과 욕망을 이루어줄 수 있는 것은 오직 과학 기술뿐이다. 아, 한 가지 더 필요한 것은, 진보된 과학기술을 인간들이 지성적으로 지혜롭고 현명하게, 지구 환경과 생태계, 이 우주 전체 환경에 이롭도록, 인류 공동의 복지와 번영을 위해서만 사용한다면 과학이야말로 인류의 종교라고 해도 과언이 아닐 것이다.

## 123. 남을 해치는 것은 질병이다

남을 해치는 것은 질병이다.

## 124. 무한으로 가는 길, 무한에 이르는 길

우리는 무한의 의식이다. 그리고 무한이 곧 우리 자신이다. 그러나 현재 우리의 육체는 시간적으로는 아직 유한이다. 무한에 이르기 위해서는, 일시적으로 자신의 선택에 의해 새롭게 다시 태어나야 한다.

온갖 선입견과 편견, 관념, 착각에서 벗어나는 것이다. 편견과 착각은 오만으로 가는 길이다. 오만은 죽음으로 가는 길이다.

우리는 자신이 갇혀 있는 번데기의 고치를 찢는 아픔을 견디고 의식의 날개를 달고 다시 태어나야 한다. 거듭 태어나는 것이다. 자신이 갇혀 있는 편견과 오만의 알껍데기를 깨부수는 고통과 아픔을 참고 견디고 딛고 일어나서, 과감히 알껍데기를 깨고 나와야 한다. 밝은 의식의 세상 밖으로 힘차게 고개와 날개를 활짝 펼치고 드넓은 우주를 향해 날개를 펼쳐야 한다.

갇혀 있는 알껍데기를 자신의 부리로 용기 있게 과감히 깨고 고통을 이겨내고 나오는 자만이 무한으로 갈 수 있다. 무한이 될 수 있다. 영원함이 될 수 있다. 우리는 무한이다. 그리고 무한이 바로 우리 자신이다. 그리고 우주도 무한이다. 시간적으로나 공간적으로 우주도, 나 자신도 무한이다. 그리고 우리가 우주이며, 우주가 우리이다. 우리가 무한이긴 하지만 우리의 육신은 아직 시간적으로 유한이다.

새끼가 알껍데기를 깨는 두려움 속에서도 세상 밖으로 나오기 위해 필사적으로 자신의 알을 부리가 부서지도록 무섭게 쪼아댈 때, 밖에서도 어미 닭이 알껍데기를 깨도록 도와준다. 무한우주도 우리가 호전성과 폭력성을 극복하고 평화적인 길로 은하 간 문명시대로 나아가도록 도와준다.

호전성과 편견, 이기심과 욕심, 질투와 시기, 그리고 오만함은 암흑으로, 멸망으로 가는 길이다. 암흑은 곧 유한이다. 유한은 죽음이다. 생명의 파괴와 파멸과 해체를 의미한다. 초의식인 사랑을 사용하는 것만이 길이고 진리이고 생명이다. 생물학적 의식을 초월한 의식, 곧 초의식(사랑). 우리 인류는 하나이다. 우주 전체가 하나라는 것을 깨닫는 것만이 무한으로 가는 길이다.

## 125. 명상

　나는 정신과 육체가 따로 분리되어, 나의 정신이 육체를 지켜보는 것을 경험해보았다.

　물을 먹는 순간 물 그 자체가 되는 것 같은 느낌을 받았을 때 나는 충격으로 깜짝 놀랐다. 첫 명상 때는 몸 전체가 온통 오렌지 빛깔의 일출 때의 빛이 되어, 신음 소리와 함께 온몸이 성적 오르가즘과는 다른, 몸 전체의 우주적 오르가즘을 느꼈었다. 시각 명상을 하면 눈앞에 펼쳐지는 풍경의 화면 그 자체가 되어, 지켜보는 자인 내가 풍경인지, 보는 풍경이 나인지에 관한 구분이 없어졌다. 장자가 나비가 되어 날아가는 꿈을 꾸었을 때, 내가 나비 꿈을 꾸었는지, 나비가 내가 된 꿈을 꾼 건지 모르겠다고 했던 주체와 객체의 관계가 바로 이런 상태를 말하는 것이라는 것을 이해하고 느끼게 되었다.

## 126. 삶이 나를 관통하여 지나가게 하라

　나는 삶이 무엇인지도 모른 채 삶을 선물 받았다. 나는 삶의 고통의 밧줄을 타고 내가 이르러야 할 곳에 이르렀다. 내가 도달해야 할 나의 목표에 도달했다.

　삶은 얼마나 외로운 것인지, 얼마나 지독하게 고독한 것인지, 얼마나 뼈저리게 아픈 것인지. 그러나 때론 아이러니하게도 동시에 살아 있다는 것이 얼마나 큰 기쁨이며 살아 있다는 것만으로도 얼마나 다행이고 행운인지. 삶은 마술이며 환상이며 오아시스라는 것을.

삶은 황량한 우주의 어두운 공간을, 저 자신의 정해진 궤도를 향해, 스스로의 빛을 발하며 얼마나 차갑고 냉정하고 정확하게 어김없이 운행하는지, 삶은 정해진 나의 궤도를 벗어나, 혜성처럼 궤도를 잃고 벗어나 굴러떨어진 적이 없었다.

어떤 땐 그것이 싫었고 슬펐다. 한 번쯤 자유롭게 떨어져 낙하하며 비행하는 짜릿함도 맛볼 수 있었을 것을.

그러나 자신의 운명(DNA 유전자 세포 설계도)을 거스른다는 것, 자신이 아닌 다른 것이 될 권리는 우리에게 없다는 것을 깨달았다. 아무리 자신이 천재라고 해도, 천재가 바보가 될 권리도, 바보가 천재가 될 권리도 없다. 그러나 천재라고 해서 꼭 행복함이 결정되어 있지 않듯이, 바보라고 해서 불행한 것이 아니다. 오히려 바보가 더 행복할 수도 있다.

너무 많은 것을 알고 있다는 것이, 너무 많은 것을 인식하고 의식하는 것이 때로는 행복에 방해될 수 있다. 인간이 행복할 수 있는 것은 모든 지식과 정보에 의해서가 아니다. 자신이 아는 모든 것을 내려놓아야 한다.

모든 것은 자신을 통과하여 지나간다. 자신을 관통하여 지나가는 것에 연연해 하지 말자. 붙잡으려고 애쓰지 말자. 모든 것은 지나가고 흘러간다. 자신을 관통하여 지나가는 삶을 주시하라, 관조하라. 배고

프면 먹고 잠이 오면 쓰러져 자라. 삶은 보고 듣고 냄새 맡고 먹고 만지는 것이다. 그것들이 찾아올 때 그저 느껴라.

삶은 나를 거쳐 지나가는 것이다. 나를 통과하여 지나가게 하라.

주시와 관조로.


# 127. 시간과 공간이란

공간과 시간은 동전의 양면이다. 공간이 존재한다면 시간도 함께 있는 것이다. 공간은 입자와 파동 에너지를 가지고 있는 물질이지만, 시간은 입자와 파동 에너지를 가지고 있지 않은, 그 공간의 생성과 소멸 사이의 생명 운동의 속도와 수명(탄생과 죽음)을 일컫는, 인간만이 가지고 있는 개념이다.

모든 생명체들은 별에서 태어나서 다시 별 속으로 사라진다. 그것이 모든 생명체의 숙명이다. 그러나 그것이 다가 아니라, 별 속에서 다시 형태와 모양을 달리하여 생성되고 소멸하는 일을 끝없이, 영원히 반복하고 순환하는 것이다. 그 생명체의 생성 운동, 소멸 과정을 우리는 시간이라고 부르는 것이다.

공간이란 한자어는 '빌 공(空)', '사이 간(間)'이다. 그러나 내가 지금 알고 있는 상식은, 우주가 아무것도 없이 그냥 비어 있는 진공 상태가 아니라는 사실이다. 모든 우주 공간은 전부 양자(量子: 원자, 전자,

양성자, 중성자 및 쿼크를 비롯한 작은 입자들)들로 꽉 채워져 있다. 그것도 끝도 없이, 한도 없이 모든 우주에 말이다.

그렇다면 실제로 우리는 우주에서 공간과 공간 사이에 살고 있는 것일까? 크게 말한다면 수많은 별들로 둘러싸인 별들 사이, 지구라는 행성에서 우리가 살고 있으니, 별들과 별들 사이라는 입장에서는 맞는 말일 것이다. 그러나 우리는 공중에 매달려 살고 있는 것은 아니다. 엄밀히 말하자면 행성의 몸속에서(흙 속에서 흙을 밟으며) 태어나 살아가는 것이다. 별에서 태어나서 별에서 살다 다시 별 속으로 돌아가는 것이다.

어쨌든, 공간이라는 말의 의미가 어떠하든, 공간이란 말은 우주 속에 있는 수많은 별들과 별들, 태양계와 은하계, 은하단, 우리가 살고 있는 지구를 비롯하여 육안으로 볼 수도 있고 만질 수도 있고 거주도 할 수 있는, 입자와 모양과 형태와 에너지를 가지고 있는 살아 있는 물질이라고 할 수 있겠다.

반대로 시간은 '때 시(時)', '사이 간(間)'이다. 이때와 그때의 사이, 그러니까 인간의 경우 탄생과 죽음의 사이, 어떠한 모양도 형태도 없고, 볼 수도 만질 수도 없고, 에너지도 없는 것. 사실은 존재하는 생명체가 아니라, 인간의 정신과 의식의 개념 속에서만 작용하는 개념이다. 실제로 존재하지 않는 것에 대한 비유를 한번 들어 볼까 한다.

우리는 태양이 지구에 빛의 파동을 보내는 동안을 낮이라고 하고, 태양이 비치는 것을 빛이라고 한다. 전등불, 촛불, 라이터 불, 플래시 등등, 하여튼 사물을 육안으로 식별하고 볼 수 있는 에너지를 빛이라고 부른다. 반면 빛의 반대 개념인 어둠은 실제로 존재하는 것인가? 아니다. 빛은 분명히 육안으로 볼 수 있고 만질 수도 있는 입자의 세계다. 그러나 어둠은 그저 빛의 부재(不在)일 뿐이다. 그저 빛이 없음을 우리는 어둠이라고 부르는 것이다. 어디에도 실존하지 않는 것이다.

마찬가지로 시간이라는 것도 실존하는 것이 아니라 인간의 두뇌 속에서만 인식되고 작용하는 개념인 것이다. 우주의 모든 물질들은 그것이 태양이든, 은하계든, 은하단이든, 지구이든, 지구에 살고 있는 인간을 비롯한 모든 생명체가 살아 있는 동안의 운동 속도와 길이를 잰 개념인 것이다. 우주 모든 별들의 생성에서부터 분산, 분해, 해체 과정을, 소멸될 때까지의 분해의 운동 과정의 속도와 길이를 측정하고 인식하는 개념인 것이다.

어떤 사람에게는 똑같은 하루의 시간이 지루하리만치 길게 느껴지는가 하면, 하루가 쏜살같이, 순식간에 빨리 지나간 것 같다고 생각하는 사람도 있다. 그렇다면 실제 시간이 길어지거나 짧아지는 것일까? 아니다. 시간은 그렇게 고무줄처럼 길어졌다 짧아졌다 하는 것이 아니다. 시간은 실재하는 것이 아니기 때문에, 우리의 마음속에서 그렇게 느끼는 것이다. 그렇다면 시간은 객관적이지 않고 왜 그렇게 사람에 따라 주관적으로 느끼게 될까?

태양은 태양으로서의 수명이 있고, 지구도 지구대로의 수명이 있고, 인간은 인간 각자의 수명이 있다. 그러나 인간이 느끼고 필요로

하는 시간은 인간 각자의 수명까지이다. 시간은 태양의 원운동과 지구의 원운동의 속도에 근거하여, 지구의 자전 속도와 길이, 태양 주변을 공전하는 속도와 길이를 재서 하루와 1년을 숫자로 계산한다. 인간 개인 수명이 다할 때까지 본인의 생각과 의식 속에서만 작용, 인식하는 것이다.

개인에 따라, 하루가 빨리 흐르는 것 같다고 생각하는 사람이 있는가 하면, 어떤 사람은 하루가 지루하리만치 천천히 느리게 가는 것처럼 느낀다. 시간은 왜 주관적으로 느껴지는 것일까? 내 생각에 그것은 쾌감중추 신경 때문이라고 생각된다. 우주 만물은 원운동과 회귀본능 외에 쾌감을 지향하도록 만들어져 있다. 시간은 인간의 감정 속에서, 또는 생각 속에서만 인식, 의식되는 것이기 때문이다.

우리의 생활이 쾌감 위주의 생활을 했다면 시간은 빠르게 가는 것처럼 느껴진다. 왜냐하면, 기쁨과 쾌감의 순간에는 생각이 끼어들 틈이 없기 때문이다. 생활이 시시하고 재미없고 분노와 불쾌감 속에 있다면 마음은 자꾸 시간을 생각하고 의식하게 된다. 생각이 개입되고 의식하게 되면 시간은 천천히, 아주 느리게 흐르는 것처럼 느껴진다. 어떤 사람은 쾌감과 관계없는 것처럼 보이는 일을 열심히 했을 때도 마찬가지로 시간이 빨리 흐른 것 같다고 말한다. 역시 마찬가지이다. 일을 열심히 할 경우에도 일에만 전념하느라 열중하기 때문에 잡념이나 생각이 끼어들 틈이 없고, 그렇기 때문에 시간은 빨리 흐르는 것처럼 느껴지는 것이다.

생각은 어떤 종류의 생각이든 과거의 산물이다. 생각을 멈추고 순간을 느끼면서 산다면 인간은 시간의 지배를 받지 않는다. 실제로 육체는 시간의 제약과 지배를 받지만, 우리의 진정한 정신은, 진정한 의식은 시간의 지배를 받지 않는다. 또한, 인간의 진정한 의식인 초의식과 정신은 호르몬의 지배도 받지 않는다. 정신은 영원히 늙지 않는 것이다. 진정한 정신은, 진정한 의식은 시간을 초월해 있다. 그것이 인간이 육체를 여러 번 바꾸어서 영원히 살 수 있는 비밀인 것이다.

## 128. 바람은 이제 거의 끝자락을 지나가고 있다

인류는 지구의 사랑스럽고 존중받아 마땅할 거대한 한 그루 나무이다. 이 나무를 송두리째 흔들고 쓰러트리고 뽑을 수 있는 힘은 지진과 거센 태풍과 바람뿐이다. 눈에 보이지 않는 이 바람은 사랑스럽고 존중받아 마땅할 이 나무를 괴롭히고 자신이 원하는 방향으로만 구부러뜨려 송두리째 뽑아버리려 한다. 이 인류라는 거대한 나무는 보이지 않는 바람의 손에 의해 가장 심하게 구부러져 뽑히려고 했고 고통받고 있다.

이 참혹하고 냉혹하고 비참하게 쓰러져가는 이 한 그루의 나무를 나는 다시 일으켜 세우고 물을 공급해주고 비료를 주어 다시 새 가지로 새 생명을 싹틔우고 찬란한 꽃을 피우게 하고 싶다. 나무를 심은 주인들께 영광의 꽃을 피워 되돌려 갚고 되돌려주고 싶다.

내가 그런 의식을 각성하게 된 이유는, 나는 나무가 겪은 모든 고통을 전부 다 겪어보았기 때문이다. 고통 자체는 참으로 역겨운 것이며 혐오스러운 것이다.

나는 또한 이러한 각성을 가져다준 모든 고통에 대해 역설적이지만 감사하게 생각한다. 극심한 고통은 지나가기 때문이다. 때때로 고통은 비상하려는 날개의 원동력으로, 추진력으로 사용될 수 있기 때문이다.

내가 속해 있는 존중받아 마땅한 인류라는 이 거대한 한 그루의 나무를 다시는 거센 태풍에, 지진에 맡겨 두고 싶진 않다. 똑같은 고통을 두 번 다시 겪고 싶지 않기 때문이다.

나는 80억 사람들이 겪었을 모든 고통을, 비바람을 내 한 몸으로 다 겪어보았다. 나뭇가지 하나하나가 맞았을 비바람을, 여성들의 고통인 임신, 출산, 육아, 출가, 가사 노동, 남성들이 겪었을 생계를 위한 일과 노동, 돈, 권력, 인간 한 사람 한 사람들이 겪었을 모든 고통들을 한 방울 한 방울씩 다 냄새 맡아보고 맛보았다.

나는 이제 분연히 이 한 그루의 아름답고 존중받아 마땅할 인류라는 거대한 나무에게 부는 태풍을, 지진을 잠재우고 싶다. 이제 태풍은 지나가고 있다.

인간은 나무와 같은 속성을 가지고 있다. 나무와 같은 존재다. 나무는 하늘을 향해 가지를 뻗는다. 점점 하늘 높이, 그리고 밝은 곳을 향해. 그리고 아름다운 가지와 잎과 꽃을 피우고 열매를 맺는다. 그리고 그 아름다운 향기를 천지에 흘려보낸다.

인류라는 나무도 똑같다. 더 높은 곳을 향하여 더 높이 뻗어 나가려 하고, 더 밝은 곳으로 올라가려고 한다. 그 속성은 찬란한, 향기로운 꽃과 열매를 맺으려 한다.

그것은 각성이다. 자기완성이다. 개인적으로는 자신을 꽃피우고 열매 맺게 하고, 인류 전체에게는 일과 노동과 화폐를 폐지하고 무지와 폭력과 야만성을 종식하고, 기아와 질병과 전쟁을 종식한다.

그리고 평화와 사랑과 자비의 시대가 된다. 그것을 우리는, 인류는 낙원주의라고 부른다. 황금시대라고 부른다.

우리는 앞당긴다. 그리고 기다린다. 그러한 시대를.

그리고 적극적으로 앞당긴다, 내가 가지고 있는 모든 무한의 물질인 양자 파동을 통하여.


## 129. 사랑과 평화로 모두 연결됩시다

우리 한 사람 한 사람이 고립되고 단절되어서는 안 된다. 우리의 고통과 외로움과 괴로움을 소통해야 한다. 방탄소년단이 말한 것처럼, 한 사람씩 서로 목소리를 내어 서로의 외로움과 고독과 아픔의 감정들을 나누어 공유해야 한다. 그것이 사랑이다.

한 사람 한 사람씩 목소리를 내어 사랑이 연결되면 그것이 인류애로 승화될 것이다. 사랑이 인류 전체로 연결되면 지구에는 기아와 질병과 절망과 전쟁도 발을 붙이지 못하고 사라지게 될 것이다.

인간, 우리 한 사람 한 사람은 누구나 고통과 슬픔과 사랑이라는 감정을 똑같이 느끼는 존재들이다. 서로 순수하게 있는 그대로 진실하게 자신의 목소리를 내어 소통하고 서로 이해하는 것이 사랑이다. 사랑은 모든 어려운 일들도 쉽게 해결시킬 수 있는 에너지와 힘을 가지고 있다.

우리 인류의 역사는 하루도 전쟁이 없었던 날이 없었다. 이제는 우리 인류의 역사에서 전쟁은 종식되어야만 한다. 방탄소년단의 노래 가사에 사랑은 자신을 사랑하는 데서 시작된다고 말하고 있다. 자신을 사랑하는 법을 아는 사람들은 남도 사랑할 줄 알게 될 테니까. 아무도 혼자서 사랑 없이 지구에 우뚝 홀로 살 수 있는 사람은 없다. 타인이 있고 이웃이 있고 사회가 있고 인류가 있어야 살 수 있다.

전쟁을 종식하고 영원한 평화를 가져오는 길은 아주 쉽다. 진실로 자기 자신을 사랑하는 사람들은 전쟁을 원하지 않는다. 진실한 사랑은 평화이다. 내가 살고 있는 나라도 반쪽으로 갈라져서 부모 형제가 한 맺히게 그리워하는데도 70년간 만나지 못하게 하고 있다. 한국이 서로 갈라지자고 한 적은 없다. 강대국들이 강제로 남북으로 갈라놓고 부모 형제를 못 만나게 하고 있다. 이렇게 끔찍한 현실이 말이 된다고 생각하는가? 우리가 원해서가 아니라 정치 권력자들이 강제로 한 국가와 가족을 갈라놓았다. 지구에서 유일한 분단국가로 말이다.

평화의 지구를 만드는 것은 아주 간단하다. 쉽다. 방탄소년단이 말했듯이 한 사람 한 사람이 목소리를 높여 큰 목소리로 말해야 한다.

"전쟁은 NO, 평화는 YES."라고.

지금 우리 인류는 1945년 일본 히로시마와 나가사키에 투하되었던 핵폭탄의 백 배, 천 배의 위력을 가지고 있는 핵무기를 미국은 6,450개, 러시아는 6,850개, 그 밖에 인도, 파키스탄 등 많은 나라에서 보유하고 있다. 지구 상의 인류를 포함하여 모든 생명체들을 몇 초도 안 되어 사라지게 만들 수 있는 이런 무기들을 나라마다 가지고 있으면서, 강대국들은 자기 나라의 핵 보유는 당연한 것처럼 말하면서 다른 나라들은 핵무기를 보유해서는 안 된다고 말한다. 공평하지도 평등하지도 않고, 이치에도 맞지 않는다.

이제 우리는 핵무기가 있어도 무용지물로 사용할 수도 없는 시대에 살고 있다. 이 나라에서 핵무기를 사용하면 저 나라도 사용하게 될 것이고, 그렇게 되면 동맹을 맺은 우방끼리 편을 짜서 연합군 형식으로 제3차 세계대전이 일어날 것이다. 핵무기가 아니더라도, 재래식 탄도미사일만으로도 그렇다.

지구 환경은 이제 모든 생명체가 살 수 없을 정도로 피폐해지고 폐허가 되어, 이미 모든 생명체들이 멸종되어 가고 있다. 사정이 이런데도, 각국 정치 권력가들의 오판으로 인류가 자멸하는 것을, 지구 상의 모든 생명체가 사라지고 우리 인류도 자멸하는 것을 가만히 구경만 해야 할까? 그것은 누구의 책임일까? 그것은 우리 한 사람 한 사람의 책임이다. 우리가 각각 자기 나라의 국민을, 생명을, 안전을 보장해 달라고 뽑은 정치 권력자들이 지구 인류를 이렇게 만들어 가고 있는 것이다.

제2차 세계대전 때의 히틀러도 독일 국민들의 민주주의에 의거한 정당한 투표로 당선된 정상적인 정치 권력자였다는 것을 우리 모두 잊지 말자. 나의 책, 『세계 대혁명 후 인류의 운명』에서도 언급했듯이, 민주주의는 완벽한 정치제도가 되지 못한다. 그 이유는 인구의 45%의 평균적 지성을 가진 사람들의 의사만이 항상 반영되기 때문이다. 이러한 평균 민주주의가 아니라, 선택적 민주주의만이 다시는 히틀러와 같은 사람이 권력의 자리에 앉게 되는 일이 없게 된다.

이제 우리 인류가 하나로 뭉치지 못하고 흩어진다면, 지구 상의 모든 생명체는 사라지게 될 것이고 지구라는 배에 올라타 태양계를 여행하고 있는 인류도 함께 사라질 것이다. 이제 방법은 하나밖에 없다. 전 세계 국가들이 하나도 빠짐없이 불가침 평화협정을 맺는 것이다. 그리고 각 국가들이 보유하고 있는 핵무기, 살상용 무기, 화학무기 등 모든 무기를 폐기하고 각 국가의 군대를 폐지하는 것이다.

자신의 소중한 자식을, 가장 꽃다운 아름다운 나이의 젊은이들을, 군대에서 같은 형제인 사람을 죽이는 훈련을 시키며, 국가가 다르다는 이유로, 군복이 다르다는 이유로 서로 죽이는 일을 시키지 맙시다! 하지 맙시다!

이것은 인간으로서의 수치이다. 자신을 사랑하면서, 또 다른 자신과 같은 인간을 전쟁이라는 이유로 무자비하게 죽이는 살인 행위를 묵인하는 것은 우리 한 사람 한 사람의 수치이다. 인류 여러분, 저와 똑같이 생각하고 똑같은 감정과 양심을 가지셨다면 함께 뭉쳐서 손에 손에 촛불을 밝혀 전쟁이 사라지게 평화를 외칩시다!

각 국가들은 1년 동안 국민들이 살아가는 데 필요한 예산의 10~20%씩을 국방비 명목으로 쓰고 있다. 인류 전체의 무기 생산, 군대 양성, 전쟁 예비훈련 등에 쓰는 어마어마한 돈을 과학과 복지에 사용한다면, 인류는 일하지 않고 노동하지 않고 기아와 질병에서 해방될 것이다.

정치권력을 이용하여 인류를 멸망시킬 수도 있는 사람들에게, 방탄소년단이 자신의 목소리를 진실하고 솔직하게 말하라고 한 것처럼, 우리 인류 한 사람 한 사람이 양심의 목소리를 냅시다.

나는 열네 살 때부터 이런 나의 목소리를 인류 전체에게 말하고 싶었다. 하지만 왠지 모르게 침울하게 지금까지 살아왔고, 지금도 나의 목소리를 낼 수 있을 만큼은 살아 있다. 지금 생각해보니, 나의 평생이 침울했던 까닭은 매일 신문, 라디오, TV에서 안 좋은 사건, 사고, 참사, 사망, 다른 나라에서 일어나고 있는 전쟁 장면을 생생하게 보도 하는 것을 자주 보면서 살았기 때문이었다는 것을 깨달았다.

인간은 어떤 명분으로도, 살아 있는 죄 없는 생명체를 함부로 죽여서는 안 된다. 하물며 같은 사람의 생명을 뺏을 권리도, 죽일 권리도, 폭력과 고통을 줄 권리도 없다. 내가 열네 살 때 하고 싶었던 얘기를 방탄소년단의 말을 듣고 이제 용기를 내서 하게 되어서 속이 시원하다.

그러나 인류 여러분, 제 소원을, 소망을 꼭 이루게 해주시길 두 손 모아 간절히 빕니다. 제발 전쟁을 끝내고 세계 평화를 이룹시다.

앞으로 올 시대는 과학기술 덕분으로 각종 인공지능 및 나노로봇들이 우리들이 필요한 모든 것을 다 해주는 낙원 같은 세상이 올 것이다.


# 130. 사랑의 정의

사랑!
그것은 삶을 향한 뜨거운 열정.
사랑,
그것은 존재를 향한 불타는 열망.
존재의 근원.
존재와 존재가 무한과 하나로 연결시키는
고리와 같은 것.
그것은 인간의 종교성.
사랑,
그것은 함께 있는 것만으로도
마음의 평정과 조화 속에서
삶을 기뻐하고 춤추고 노래하고 싶게 하는 힘.
사랑한다는 것은
어떤 대가도 바라지 않고
어떤 기대도 하지 않으며

오직 사랑을 주는 것이 기쁘기 때문에 사랑하는 것이다.

사랑이란

사랑하는 사람의 행복을 먼저 구하는 것이며

사랑하는 사람의 행복이 우선이다.

사랑한다는 것은

상대방의 행복을 먼저 구하는 것이지

자신의 행복을 구하는 것이 아니다.

질투란 사랑과 반대되는 것.

사랑이 생명의 에너지라면

질투란 죽음의 에너지.

질투란

당신이 사랑하는 사람을

누군가 당신 이상으로 행복하게 해줌으로써

사랑하는 사람을 잃게 되지 않을까 하는 공포심에서, 두려움에서
비롯된다.

중요한 것은

누구 때문에 행복해지느냐가 아니라

누구에 의해서든지 간에

사랑하는 사람이 행복해진다는 그 결과에 있는 것이다.

만일 당신이 사랑하는 사람이

당신이 아닌 다른 사람과 함께 있어 행복하다면

그들의 행복을 기뻐하고 축복해주어야 한다.

여기에 보편적인 사랑으로 가는 길이 있다.

타인의 행복을 기뻐해야 한다.

기쁨이 없는 인생은 가꾸지 않는 정원과 같다.

기쁨이란 마음을 열어주는 비료와 같은 것이다.

자신을 사랑하고 타인을 사랑하는 것은

늘 자신의 정원에서 기쁨이란 장미꽃을 꽃피우는 것과 같다.

사랑,

그것은 타인을 자신의 마음에 들도록

바꾸려 하는 데 있는 것이 아니라

존재하는 그대로의 모습을 이해하고 인정하고 수용하고 포용하는 것이다.

사랑은 자유를 주는 것이다.

사랑이 아름다운 것은

미움과 증오까지도 용서하고 수용하고 포용하는 데 있기 때문이다.


## 131. 무한은 잴 수 없는 것

사람들은 내게 세상이 바늘구멍처럼 작다고 말했다.

또 어떤 사람들은 그래도 손가락 크기만큼은 된다고 말했고,

또 어떤 사람은 주먹만큼은 된다고 말했다.

또 혹자는 수박만큼 크다고, 또는 지구만큼 크다고,

또 어떤 과학자는 눈에 보이는 하늘만큼이라고….

이렇게 모든 사람들이 하는 말이 제각각 틀리기에

나는 내가 직접 하늘의 크기를 알아보기로 했다.

그러나 유한한 나의 두뇌로

무한한 하늘의 크기를 재보기엔 너무도 벅찼기에

나는 크기를 느껴보기로 했다.

무한한 하늘의 크기를 느껴본 순간,

무한은 무엇으로도 잴 수 없는

무한 그 자체와 내가 하나라는 것을 느꼈을 뿐이다.


## 132. 무한한 우주와 유한한 인간

시작도 없고 끝도 없이 무한히 순환하는 무한함에 비하면, 인간의 삶은 찰나에 불과하다. 지금부터 2백 년 전, 3백 년 전의 과학 수준을 고려해볼 때, 인류가 현재의 과학적 수준의 발전을 가져온 것은 불과 백 년 안팎이다. 모든 과학기술이 한꺼번에 기하급수적으로 발전한 것은 실로 놀라운 사실이다. 과학기술의 발전 속도는 점점 배가되어, 백 년 걸리던 기술이 앞으로는 50년, 50년 걸리던 기술이 25년, 10년, 5년… 이렇게 가속도가 붙게 될 것이다. 그리고 얼마 안 있어 우주의 모든 과학적 지식들이 밝혀지는 특이점이 오게 될 것이다.

이 무한한 우주에는 일정불변의 법칙도 영원불멸한 것도 없다. 모든 우주는 영원하고 무궁무진한 반면, 과학을 일으키고 발전시키는 인간의 수명은 고작 백 년도 안 된다. 아무리 백 년을 산다 해도, 과학을 연구하고 발전시키려면 적어도 태어나서 아무리 빨리 시작한다 해도 거의 20세가 다 되어야 하고, 하루에 일도 하고 밥 먹고 잠자는 시간을 제외하면 인생에서 과학의 발전에 평생을 연구한다 해도 무한한 우주의 입장에서 보면 잠깐도 안 되는 찰나에 불과할 것이다.

그러나 우리는 자신이 세운 이론이나 논리, 지식, 과학적 발견들이 완전하다고 착각하고 불변의 고정된 사실처럼 영원히 변하지 않는 발견이라고 믿는 경우가 종종 있다. 무한우주도 우리처럼 살아 있는 생명체이다. 거시 세계의 거시 생물로서 크기나 부피, 질량 등을 우리 인간과 비교하면, 우리가 한 번 태어나서 죽을 때까지의 시간이 거시 생명체에게는 몇 초도 안 되는 시간일 수도 있다. 그래서 인간이 무엇을 발견했다 해도 이 우주 생명체인 거시 생명체에게는 털끝만큼도 안 되는 것일 수도 있다. 왜냐하면, 모든 인간들의 한계는 한정된 시간 속에서의 체험과 경험이기 때문이다.

무한한 우주는 유한한 인간이 지식적으로 설명하거나 어떤 학설로도 이해할 수 없는 것이다. 그러나 무한한 우주를 느낄 수는 있다. 자신의 감각과 초의식과 느낌을 통해서 느낄 수는 있다. 무한이라는 것은 주관적으로 각자 느끼는 느낌으로써 증명될 수 있다.

그리고 지금의 우리 수명을 700에서 900세, 1000세까지 늘릴 수도 있고, 줄기세포 기술로 노화된 육체를 새로운 젊은 육체로 재생하여 개성과 기억을 다운로드해서 영원한 생명을 누릴 가능성도 바로 이 과학기술 안에 있는 것이다. 우리 인간이 그렇게 오랫동안 영원한 생명을 누리려면 우주의 법칙에 따라서 호전적이고 폭력적인 의식을 사랑과 우애와 인류애, 나아가 우주애로 바꾸어야 한다. 사랑과 자비의 초의식으로 인류의 의식과 정치 제도와 경제 시스템을 바꾸어야만 가능할 수 있다.

그래야만 인류는 전쟁 없이 수많은 과학적인 발전과 발견을 통해 무한한 평화 속에서 영원한 삶을 이룩할 수 있을 것이다.

## 133. 인류에게 바치는 시

당신은 나의 정원
나는 당신의 정원에 꽃씨를 뿌립니다
당신도 나의 정원에 꽃씨를 뿌리고
비료를 주고 시원한 물을 뿌려줍니다
꽃을 심습니다
나무를 심습니다
숲을 만듭니다

꽃씨는 온도와 습도와 시간이 되면

때가 되면

잎사귀가 나오고

소박하거나 아름답거나

또는 향기로운 꽃을 피울 것입니다

나는 그대와 나의 정원을 소중하게

그리고 진실하게

그리고 순수하게

그리고 아름답게

그리고 진리의 꽃이 피어나게

가꾸고 싶습니다

그대와 나의 정원에서 자란

꽃과 숲과 나무들은

하늘 높이 자라고 자라서

하늘을 뚫고 별이 될 것입니다

어두운 밤하늘을

캄캄한 밤하늘을

보석처럼 빛내면서

밤하늘을 밝히고

어두움을 밝히고

아름다운 보석처럼

별이 될 것입니다

당신은 무지개 같은 빛깔

당신은 어두운 밤하늘을

화려하게 보석처럼 빛낼 것입니다

그리고 환하게 밝힐 것입니다

그리고 모든 의식 있는 정신들이

캄캄하고 어두운 하늘에서

아름답고 환한 별로써

그대 반짝이는 당신을 발견하고

빛나는 그대를 보게 될 것입니다

그리고 전쟁을 종식시키고

진리가 승리하게 하고

정의와 평화를

인류 세계에 다시는 무너질 수 없게

우뚝 세울 것입니다

우리 정원에는

때가 되면 갖가지 아름다운 꽃이

활짝 피어날 것입니다

정의의 꽃을 활짝 피울 것입니다

평화의 꽃을 활짝 피울 것입니다

그리고 새로운 인류가 태어나게 할 것입니다

당신은 지구에서 가장 먼저 앞장서 나가는

모범을 보이는

먼저 활짝 피어남을 선보일 꽃입니다

그리고 인도주의와 낙원주의의 꽃을 피울 것입니다

당신은 아름다운 꽃입니다

당신은 아름다운 별입니다

우리 모두는 당신에게서 아름답게 사는 법

진실하게 사는 법

순수하게 사는 법

정의롭게 사는 법

평화롭게 사는 법

공정하게 사는 법

공평하게 평등하게 사는 법

모든 법을 배우고 따라 할 것입니다

당신은 아름다운 꽃입니다

아름다운 별입니다

인류 그대들에게 이 시를 바칩니다.

# 134. 심연

존재의 깊은 심연 속으로

자맥질하여 침잠해보라.

거기에

우리의 본질과 만날 수 있는 유일한 길이 있다.

진실한 자신과 만남으로써

방황과 고독,

사랑과 증오,

그 모든 문제들의 뿌리가

한데 어우러져 얽혀 있는 이유를 알게 되리라.

삶의 표면에서 일어나는

모든 문제는

전혀 상반된 것처럼 보이나

심층 깊은 곳에서는

그것은

하나의 연결된 끈에 불과하며 합일되어 있다.

사랑은

미움과 증오를 포용하고 있으며

방황과 고독은

절대에의 무한으로서의 회귀 과정의 몸부림에 불과한 것이다.

자기의 삶을 직시하고 깊이 들여다보는 자

또한, 자신의 시간을 진실로 채우려는 자

그는 영원히 목마르지 않을 자유의 샘물을 마시게 되리라.


## 135. 인류의 꿈

내가 꿈을 이루면 나는 또 누군가의 꿈이 됩니다.


## 136. 나는 한 가지 열망만을 품고 살아왔어요

어릴 때부터 내겐 작은 바람 하나 있었지.

크지도 작지도 않은 나의 바람은

세상에 속한 것에 비하면

그것은 아주 작은 것이었지만

시공을 초월하여 영원을 사모하는

그 마음은 아주 커다란 욕망이었지.

그것은 삶을 완전히 이해할 수 있게 되기를

자신이 누구인지 알게 되기를 바라는 마음이었어.

삶을 온전히 이해할 수 없었던 수많은 날들을

나는 얼마나 많은 시간을 비애와 슬픔 속에서 방황하며 고뇌하였
던가?

계절마다 다르게 풍기던 그 향기의 꽃 내음과 풀 향기를 맡으면서

작은 숲 사이로 난 오솔길 속으로 걸어 들어가면

그곳에 수많은 이름 모를 나무들이 빽빽이 서 있고,

동화 속의 그림처럼, 예쁘게 노래 부르듯 조잘거리며 흘러가는

작은 시냇가에 앉아 있으면

그곳은 이 세상 같지 않은 적막과 고요함 속에서

마치 한 폭의 신비한 그림처럼 갖가지 색깔과 소리로 채색한

한 폭의 수채화처럼 내 앞에 생의 신비함을 더했었지.

등 뒤에서 나무들이 속삭이고,

한숨 지며 스러지던 그 황혼 뒤에

어둠이 안개처럼 나를 감싼 다음에도

나는 그 어둠의 일부가 되어버린 듯

그 어둠을 향해 삶의 신비에 대해

생의 모든 문제를 한꺼번에 알고 싶은 욕망으로 한숨지었지.

삶과 죽음에 대하여

사랑과 증오에 대하여

인간과 신과의 관계에 대해서

얼마나 깊은 고뇌에 잠겨 있었던가?

얼마나 깊은 시름에 잠겨 있었던가?

이제 시간이 강물처럼 깊이깊이 흘러

어릴 적 가졌던 그 많은 고뇌와 번민들은

시간의 저편으로 추억과 기억의 강물이 되어

아무런 흔적 없는 전설이 되어버렸지.

영원의 시간과 공간 속에서 한 토막의 시간을 잘라내어

여기 아름다운 자신의 심연 속에 아름다운 연꽃을 피우기 위해

작은 꽃망울 하나 꿈처럼 별처럼 돋아났어요.


# 137. 마이 웨이

지금까지 내가 걸어온 길은, 모든 사람들이 똑같이 관습적으로, 하나의 습관처럼, 아무런 의문 없이, 그저 남이 걸어가는 모습 그대로, 아무런 생각 없이 따라 걸어온 길이었다. 그러나 가끔, 이따금 나의 깊은 존재 속으로부터 갈망과 갈등이 내 마음속에서 지나가는 소리가 들리곤 했다.

그 갈망들과 갈등을 무시하고 억누르며 한참을 걸어왔을 때, 예상치도 못한 시간 속에서 외길로 걸어왔던 길에서 갑자기 눈앞에 두 갈래의 길이 펼쳐져 있었다.

나는 아무런 갈등 없이, 의심 없이, 두 갈래 중 내가 지금까지 걸어왔던, 또 모든 사람들이 다 똑같이 안심하고 걸어왔던 안정된 고속도

로 같은 길이 아니라, 지금까지 한 번도 예상하지 못했던, 익숙하지도 안정되지도 않을 길을 선택하기로 했다. 조금의 망설임도 없었다. 왜냐하면, 나의 존재 속 깊은 곳에서의 갈망과 운명이 강력하게 나를 자꾸 손짓해 부르는 소리를 듣고 있었기 때문이었다.

인간은 그 누구도 한 번 지나온 길을 되돌아갈 수는 없는 것.

이제부터는 내가 가야 할 길을 스스로 선택할 수밖에 없는 것.

그 누구도 나의 길을 대신 가줄 수는 없는 것.

나는 길가에 서서 한쪽 길을 멀리까지 바라보았다.

그 길은 지금까지 걸어온 길과 직선으로 곧게 이어진 길이었다.

그 길은 모든 사람들이 한 번씩 밟고 지나간

아주 편안하고 안전하게 길들고 닦인 길이었지.

잘 닦여진 고속도로 같은 길이었지.

위험에 처했을 때 소리쳐 구원을 청하기엔 더없이 아주 좋은,

사람들의 발길이 잦은 도심지와 아주 가까운 거리에 있는 길이었다.

어쩌면 그 길은 편안하고 안전하게 걸어가기엔

더없이 좋은 조건의 길이었지만, 내가 걸어가야 할 길은 아닌 것 같았다.

나는 다른 사람들과는 다른 길을 걸어가야만 할 것 같은 예감이 들었다.

그러나 그것이 내가 타고난 운명이라고는 말하고 싶진 않아.

운명이란 자신의 선택과 결정이기 때문이지.

그 운명이라는 것도 자신이 선택하고 개척하기에 달렸으니까.

나는 모든 사람들이 편안하고 안전하게 닦아놓은

이미 모든 것이 결정된 정해진 길은 가고 싶지는 않아.

그것은 아무런 상상력도 모험도 개척도 용기도 필요로 하지 않기 때문이지.

아무런 상상력도 필요치 않은 이미 모든 결과가 정해진 길,

아무런 모험도 필요치 않은 안전한 길,

아무런 개척도 할 수 없는 무미건조한 길.

아무런 용기도 필요 없는 따분한 길은 내게는 흥미가 없어. 매력이 없어.

나는 사람들이 한 번도 밟아보지 않은 미지의 길,

모든 상상력과 모험과 개척과 용기가 필요한 길을 택하기로 했지.

지금 비록 험난하여 힘들더라도, 내가 개척하여 정복한 이 길은 먼 훗날 미래의 사람들에게 아주 멋진 선물이 될 거야.

내가 용기를 내어 개척한 이 길은 다음 세대들에게 그들의 신념대로 살 수 있는 희망과 용기를 주게 될 테니까.

나는 이 길이 어떻게 이어지는지 알고 있기에 다시는 돌아올 수 있으리라고는 생각지 않지만, 나는 후회는 하지 않아.

길을 가다 쓰러져 그 길 위에 흙이 될지라도 그 길을 넓히는 데 도움이 되겠지.

수많은 세월이 흐르고 흐른 후에, 숲 속에 두 갈래 길이 있었고, 그

때 아주 험한 가시밭길을 선택하여 걸어간 사람이 있었다고, 나중에 걸어올 사람들 중에 전설처럼 말하는 사람들이 있겠지.

그 길은 각성과 개화와 자유와 사랑과 진실과 인권이 꽃필 수 있는 하늘과 맞닿아 있는 길이었다고.

개인의 이익보다는 사회 전체와 인류 전체의 복지와 행복이 우선되는 길.

그러나 그것은 아주 험한 가시밭길이었기에 많은 용기가 필요했었던 길이었다고.

수많은 세월이 흐르고 흐른 후에, 하늘과 맞닿아 있는 푸른 숲 속에 두 갈래 길이 있었노라고.

그리고 나는 사람들이 피하고 가지 않는 길을 택했었노라고.

그리고 그것은 내가 선택한 길이었노라고.


# 138. 나는 꿈이 있어요 (1)

나는 언제부터인가
나를 알고 싶어졌지.
나는 누구인가?
나는 무엇인가?
난 내가 누구인지 알 수가 없다네.

나 태어나던 날부터

난 아무런 의식 없이

시간들을 채워왔었지.

시간들은 나를 태우고

얼마나 많은 날들을

태양의 주위를 맴돌았고

또 그 태양과 함께

은하계를 맴돌았을까?

난 이제 너무 어지러워

무작정 은하수를 돌 수는 없어.

아무리 별들이 아름답다 해도.

내가 누구인지도 모르면서

어떻게 별들을 이해할 수가 있어?

별들을 사랑할 수가 있어?

별들 주위를 맴돌 수가 있어?

이해도 못 하면서

또 어떻게 사랑할 수가 있어?

그래서 나는 이제부터

진정한 나를 찾아 나서기로 했지.

진정한 나를 이해했을 때 별들에 대해서도 알게 되겠지.

언제부턴지 난 내가 누구인지 알고 싶어졌어.

그것은 참 신기하고도 기이한 현상이었어.

내가 나이면서 내가 누구인지

나를 알고 싶은 욕망이 생겨나다니.

정말 내가 누구인지 알아낼 수 있을까?

정말 내가 무엇인지 알아낼 수 있을까?

알 것 같기도 하고

모를 것 같기도 하고

누군가가 말했었던 것 같아.

자신으로 가는 길은

자신을 버리는 것이라고.

그래야만 자신을 발견할 수 있다고.

자신을 버린다는 것은 또 무엇일까?

그것은 과거로부터 벗어나는 거야.

편견과 선입견과 관념으로부터 탈출하는 거야.

시간과 공간을 초월하여

무심의 세계에 도달하는 거야.

무념이 되는 거야.

초의식이 되는 거야.

그래야만 자신을 알 수 있대.

그래야만 자신이 될 수 있대.

그래야만 자신을 이해할 수 있대.

진정한 자신을 발견하고
진정으로 자신을 이해했을 때만
진정으로 자신을 사랑할 수 있대.


## 139. 나는 사랑을 하여요

나는 사랑을 하여요.
일정한 대상도 없이,
이 땅에 살다 간
모든 아름답던 가슴들을
안아보기 위해
사랑하여요.
나는 사랑을 하여요.
아름다운 보석처럼 빛나는
밤하늘의 별들을
가슴속에 묻어두기 위해
나는 매일 사랑을 하여요.
바람에 이는 풀꽃의 향기를
영원히 간직하기 위해
나는 또 매 순간 사랑을 하여요.

바이올린의 섬세하고도 가녀린 선율을

영원히 내 가슴속에서

울려 퍼지게 하기 위해

나는 사랑을 하여요.

내 가슴이

보석처럼 영원히 빛나기 위해

나는 매 순간 사랑을 하여요.

나의 모든 순간들이

내 생명의 에너지가

한 편의 시가 되기 위하여

이 땅에 존재하는 모든 것들을 사랑하여요.


## 140. 인생은 그 모든 것이다

인생은 이런 것이다.

인생은 그런 것이다.

인생은 저런 것이다.

인생은 그 모든 것이다.

그리고…, 그리고

느낌, 침묵, 그리고 무한.

# 141. 인류 연가 (2)

인류는 하나입니다. 하나의 인류입니다.

인류는 형제입니다. 모두가 형제입니다.

인류는 서로 사랑합니다. 모두가 사랑합니다.

전쟁의 포성도 모두 다 사라지고

전쟁의 초연도 모두 다 사라졌습니다.

각국의 동맹으로 국경선이 없어지고

인류는 핵무기를 폐기하고 모든 무기도 폐기됐습니다.

군대도 해산했고 세계 평화만이 도래했습니다.

인류의 세계 평화 연합 단일 정부로 거듭났습니다.

인류는 과학기술로 알라딘의 마술 세상 같은 낙원주의를 즐기는 세상이 펼쳐졌습니다.

평화의 시대가 열렸습니다.

과학의 기술이 마술과 마법의 세상을 열었습니다.

버튼만 누르면 요리가 나오고

버튼만 누르면 우주로 여행을 갑니다.

# 142. 인류 연가 (3)

인간으로 태어나서 할 일도 많지만 제일 중요한 건 자유와 평화입니다.

평화가 있어야 인권도 있고, 자유가 있어야 존중도 있습니다.

자유와 평화는, 핵무기와 모든 무기를 폐기해야 자유와 평화는 유지될 수 있습니다.

자유와 인권과 존중은 생각과 말과 행동이 일치하는 지성적인 사람이 리더가 되어 앞장서야 합니다.

세계 모든 사람들은 정의와 평등함과 공평함을 진실하게 실천하는 사람을 존경합니다.

인류의 삶의 목적은 행복하기 위해서입니다.

행복은 정의가 살아 있고 자유와 평등과 평화와 인권이 바로 서 있는 사람들이 존중할 수 있는 세상을 건설하는 것입니다.

세계 인류여, 무너져 가는 정의와 도덕을 바로 세우는 데 모두 힘을 합하여 무너진 정의와 도덕을 똑바로 다시 일으켜 세웁시다.

정의와 인권과 평등, 평화를 새로 건설합시다.

지금의 인류를 움직이는, 지배하고 소유하고 있는 권력가들은 불과 얼마 안 된다고 합니다.

인류는 80억입니다.

정의와 인권과 평화와 평등이 무너지면 인류는 생존할 수 없습니다.

세상을 올바르게 다시 일으켜 세우고 지상에서 영원히 무너지지 않을 낙원 세상을 건설합시다.


## 143. 과학은 인류의 해방

얼씨구 씨구 들어간다. 평화의 시대로 들어간다.

얼씨구 씨구 들어간다. 지구 평화 단일 정부로 들어간다.

절씨구 씨구 들어간다. 과학기술 복지 시대로 들어간다.

절씨구 씨구 들어간다. 만능 로봇 시대로 들어간다.

얼씨구 씨구 들어간다. 일하지 않고 놀고먹는 시대로 들어간다.

절씨구 씨구 들어간다. 인공지능이 일해주는 시대로 들어간다.

얼씨구 씨구 들어간다. 과학기술 덕분에 마술 같은 파라다이스 시대가 펼쳐진다.

절씨구 씨구 들어간다. 과학기술 덕분으로 알라딘의 마술 세계처럼 과학기술로 못 하는 일이 없게 되는 시대로 들어간다.

과학은 인간의 (유전법칙) DNA이다.

과학은 인류의 미래이다

과학은 인류의 사회에 불가능이 없는 시대를 만들 것이다

과학은 인류를 모든 노동에서 해방시킨다.

과학은 인류의 날개이다.

# 144. 교양이 넘치는 아이가 된 이유

우리 자식들에게 혹은 어린이들에게 "이것은 하지 말아라, 저것은 하지 말아라, 이것도 안 되고, 저것도 안 된다." 이렇게 말로 가르치려 하는 것은 그리 큰 효과가 없다고 생각한다. 진정한 교육의 효과는 주변 사람들이 말보다 행동으로 남을 존중하고 타인에게 피해를 주지 않고 타인을 배려하고 사랑을 베푸는, 실질적인 진실한 삶의 모습과 행동을 평소에 늘 보여주는 것이 가장 큰 교육의 본보기라고 생각한다.

나는 어렸을 때부터 친구들에게서, 또 커서 성인이 되어서 사람들로부터 인간으로서 무시를 당하거나 모욕과 수치감을 느끼는 말을 듣고는 마음의 상처를 많이 받았다. 그럴 때마다 마음속으로는 기분이 나쁘고 화가 나고 억울한 마음이 들었지만, 억울하거나 부당하다는 말 한 번 못 해보고 나 자신의 마음을 억누르고 속이면서, 속으로 삭이기만 했다. 결국에는 그런 일이 오랫동안 쌓이고 쌓여서 그만 화병이 되고 말았다.

나는 우울함과 공황장애까지 겪으며 우울증으로까지 발전했다. 그것은 예민하고 소심한 나의 성격 탓도 있었겠지만, 나의 가족 환경으로부터 길들고 습관화된 것이었다는 것을 나중에야 깨닫게 되었다.

나는 가부장적인 엄격한 아버지로부터의 교육과 여자라는 이유로, 자신의 주장 한번 말해보지 못하며 살았었다. 그저 말없이 집안의 가장인 남편의 일을 내조하고 아이들을 낳고 키우는 것만이 가장 현명한 여자라고 인정되던 시대의 상징적인 현모양처였던 어머니 슬하에서 자랐다. 어머니가 한 번도 당신의 주장을, 의견을 큰 소리로 내신 적이 없는 가정환경에서 자라났다. 아무런 의문 없이 나는 가정환경에 의해, 그리고 무의식 속에서 여자라는 이유만으로 억울하게, 부당하게 무시당하고, 인권과 자유가 침해되는 경우에도 말없이 참기만 했었다.

병이 깊어진 뒤 나중에 생각해보니 여성이라서 무조건 참아야 한다는 교양이라는 병에 걸렸던 것 같다. 타인의 자유와 인권을 존중하지 못하는 인성과 인격 미달의 동물성을 아직 벗어나지 못한 수준에 있는 사람에게 상처받고 병에 걸릴 정도라면, 무조건 참는 것이 교양이 아니라, 상대할 사람이 못 되면 그 자리를 피하거나, 그 자리에서 그 사람의 잘못을 지적해주는 것이 나 자신의 건강을 해치지 않는 것이라는 것을 나중에서야 깨닫게 되었다.

이제 나는 내면이 성장하지 못한 채 무조건 참고 견뎌서 나 자신의 병을 키우는 어리석은 교양에서 탈퇴해버렸다. 이제 나는 아직 정신적으로 성숙하지 못해서 너무 말이 통하지 않거나 상대의 성장 속도와 맞지 않는 등 어떤 경우에라도, 그런 사람들로부터 상처받지 않는 마음의 평온을 얻었다.

깨달음이란 어리석은 사람들로부터 자신이 상처받거나 고통을 받아들이지 않는 마음이며, 초연해질 수 있는 상태로 자신의 마음을 단련하고 훈련하는 과정을 명상이라 한다.


## 145. 아버지의 남다른 동물 사랑

나의 아버지는 유난히 동물을 좋아하시고 사랑하셨다. 개는 기본적으로 늘 키우고 있었고, 고양이, 닭, 다람쥐, 십자매를 비롯해 잉꼬, 앵무새, 문조, 카나리아 등 이름조차 다 알 수 없는 각종 수많은 새들, 그리고 양, 염소 등 온갖 동물들을 집에서 키웠다. 하여튼 보통 가정집치고는 아버지의 동물 사랑은 유별나셨다.

그래서 나도 초등학교 시절부터 학교에서 집에 돌아오는 도중에 언제나 새들의 먹이나 닭의 먹이가 될 만한 배추 잎사귀나 각종 잎사귀 등을 주워 오는 버릇이 다 생겨날 정도였다.

수많은 동물들과 함께 생활하다 보니 각양각색의 성격, 생태 현상의 다름, 생명의 신비로움, 신기한 생명의 소중함 등이 무의식중에 나의 인생관으로 자리 잡게 되었는지도 모르겠다.

그러나 지금은 수많은 종의 동식물들이 다 멸종 위기를 맞고 있고, 바닷속 어류나 해초류도 거의 50% 이상이 다 멸종 상태에 있는 것으로 알고 있다. 어떻게 하다 지구는, 인류는 이렇게까지 모든 생명체들을 다 멸종 상태로 끌고 왔을까? 지금이라도 인류가 지구의 주인도 아니고, 지구의 모든 동식물을 멸종시킬 권리가 없다는 것을 깨달앗으면 좋겠다.

그리고 모든 생명체들이 멸종되고 나면 인류도 멸종되고 만다는 것을 정녕 모른단 말인가? 더 늦기 전에 인류가 빨리 자연을 회복시켰으면 좋겠다.

지구의 모든 자원들은 우리가 살아 있는 동안 잠깐 빌려 쓰고 잘보존하고 지켜서 후손들에게 물려주어야 할 것이다.


## 146. 내 친구 도마뱀

내가 사는 한국 주택가에서 흔히 볼 수 있었던 약간 회백색과 갈색무늬가 어우러져 있는 작은 도마뱀들이 지금은 거의 멸종되어 사라진 것 같다. 내가 어렸을 때만 해도 흑색과 갈색 무늬가 얼룩진, 어른 손가락 굵기 정도의 작고 귀여운 도마뱀들이 주택가 주변이나 담벼락에 많이 살고 있었다.

심지어 구멍 난 담벼락 사이에는 아주 작고 귀여운 박쥐 새끼들도가끔 서식하고 있었다. 나는 그 도마뱀과 박쥐 새끼들이 얼마나 앙증스럽고 귀여운지, 사람 친구들보다 주로 작고 귀여운 생명체들과 매일 즐겁게 관찰하며 놀면서 어린 시절을 보냈다.

도마뱀 새끼를 잡아서 손등에 올려놓으면 도마뱀은 위로 올라가기에만 바빴다. 어깨까지 올라간 도마뱀은 돌아서 내려오는 법이 없었다. 다시 손등 위로 갖다 놓고 어깨까지 올라가게 하고, 다시 손등으로 갖다 놓고, 이런 식으로 놀이를 하면서 모든 생명체에 대한 사랑과 신비로움에 빠져 신기한 놀이를 자주 하곤 했다.

흔히 박쥐들을 징그럽다고 무서워하고 꺼리는 사람이 많은 것 같은데, 박쥐와 뱀의 겉 표피 감촉은 아무리 피부가 좋다는 사람과도 비교할 수 없을 정도라는 것도 그때 만져본 경험으로 알게 되었다.

어린 시절 그때에는 작은 생명체들이 신기하고 예쁘고 귀여워서 나의 기쁨과 즐거움을 위해 내 위주로, 나의 놀잇감으로 즐겼지만, 나중에 생각해보니 그 도마뱀이나 박쥐들은 자신의 생명의 위협을 느끼고 얼마나 무서웠을까 하는 생각이 들어서 그들에게 미안한 마음이 든다.

너무 늦었지만 사과의 말을 전하고 싶다. 그리고 그 작은 생명체들로 인해 나의 인간성과 인간의 정체성, 아주 건강한 정신의 인간으로 성장할 수 있게 도와준 나의 어릴 적 친구들에게 감사의 마음을 표하고 싶다.

# 저자 후기

　방향감각도 잃은 인류가 언제 자멸하게 될지도 모르는 이때, 삶의 목적을 깨달은 내가 이기적인 개인적 욕망을 위해 내 일생을 낭비하며 보내는 것은 인류 전체에게 용서받지 못할 무책임한 일이라는 생각마저 들게 되었다. 이것이 내가 평생을 살아본 다음에 책 두 권을 내기로 한 이유이다.

　개인의 삶에 기원과 목적이 있듯이 인류 모두에게도 삶과 목적이 있다. 그것은 인간은 누구나 처음 태어날 때는 아무것도 가지지 않고 알몸으로 태어나서 어떤 사람은 음악과 그림으로 또는 스포츠 등의 예술가가 되어 자신의 삶을 개화시키고 완성시키며 주변의 많은 사람들에게 감동과 감화를 주는 자신의 예술로써 대중에게 사랑을 베푼다. 또 어떤 사람은 과학적인 무수한 발명과 발견 등을 통해 어두운 세상을 밝은 불로 환하게 밝혀주며 수많은 사람들의 생활의 모든 부분에 과학적인 기술을 통해 수많은 인간의 고달픈 노동력과 삶의 질을 높이고 사회를 발전시켜왔다.

　비록 개개인들이 수많은 수고와 사회에 기여와 공헌을 해왔지만 우리들의 사회는 여지껏 인류가 어디로 가고 있는지, 왜 가고 있는지 인류의 방향과 목표와 목적 없이 마치 방향감각을 잃은, 표류하는 배처럼 매우 위험한 시대인 여기까지 목표 없이 표류하듯 흘러왔다. 어쩌면 그것은 지금까지 당연한 것이었는지도 모르겠다. 아기 지구 인류에게는 아직 두뇌세포들이 탄생하지 않았기 때문이었다. 그래서 이 사회와 인류 세계는 이처럼 혼란 상태에 빠져 있는 것은 어쩌면 당연하다.

그러나 지금 이 시대는 지구 인류 아기가 두뇌와 두뇌세포, 의식세포, 초의식 세포를 다 갖추고 새 아기 인류가 태어나고 있다. 인간은 실수와 실패와 시행착오를 거쳐 넘어졌다 다시 일어나서 걷다가 뛰기 시작한다. 인류도 마찬가지이다. 인류도 가끔 시행착오도 겪긴 하겠지만 실험해보고 진보하고 발전하고 개혁에 개혁을 끊임없이 실행하면서 인류 사회는 끝없는 발전을 통해 결국 인류의 목적지요 목표인 과학기술이 인류의 목적지요, 목표인 돈과 노동이 없는 사회로 우리를 데려가줄 것이다.

그러나 오만하고 착각하면 안 된다. 고도로 발달된 과학기술은 오직 인류 전체의 기아와 질병, 복지와 행복을 위해서라는 목적과 목표 의식이 없다면 인류는 그 수많은 과학기술을 동원해 인류인 우리 자신을 파멸시키고 멸망시키는 자멸의 길을 걷게 될 것이다. 지금까지는 인류에게 두뇌세포와 초의식 세포가 없었기 때문에 인류는 갈팡질팡 방향감각이 없었던 것이다.

니체가 말했던 것처럼 이제 이 시대는 초인으로 표현되었던 인류의 목적과 목표를 정확하고 명확하게 인식할 수 있는 초의식 인류 세포들이 태어났다. 그들은 인류가 가야 할 방향을 정확하고도 명확하게 알고 있다. 인류는 발달된 과학기술로써 우리 자신이 날아오르지 못하도록 온갖 관념과 낡고 쓸모없는 전통적 가치관의, 발목에 무겁게 달려 있는 쇠사슬의 족쇄를 풀어버리고 인간은 마치 영원한 신선처럼 신처럼 모든 즐거움과 기쁨과 행복을 누리는 삶을 위해 모든 과학기술을 주저 없이 사용해야 한다.

이것이 인생의 목적이다. 오직 행복과 자유만이 인류의 목적이고 목표일 뿐이다. 이것이 니체가 차라투스트라의 입을 빌려 말하려 했던 말이다. 인간은 모든 노동에서 벗어나 신처럼 살 수 있는 시대란 과학기술이 인간의 모든 노동과 부자유를 해방시켜줄 수 있는 시대 곧 위대한 정오는 반드시 오고야 만다는 그 말의 시대가, 때가 바로 지금 이때이다.

나는 73년 동안 인류에게 이 말 한마디를 전하기 위해 지금까지 살아 있었던 것이다.

이 책을 세상에 알리기 위해 애쓴 김욱 씨, 신정원 씨, 생각나눔 출판사 사장님과 담당자들, 나의 가족, 모든 분들께 감사드린다.

## » 참고 문헌

공자 지음, 소준섭 옮김, 『논어』, 현대지성, 2018.

노자 지음, 이석명 옮김, 『도덕경』, 올재클래식스, 2015.

송희성 지음, 『양자역학』, 교학연구사, 2009.

오쇼 라즈니쉬 지음, 류시화 옮김, 『삶의 길 흰구름의 길』, 청아출판사, 2005.

오쇼 라즈니쉬 지음, 류시화 옮김, 『장자, 도를 말하다』, 청아출판사, 2006.

이종우 엮음, 『유한과 무한으로의 여행』, 경문사, 2000.

장자 지음, 조현숙 옮김, 『장자』, 책세상, 2016.

정화 지음, 『반야심경』, 법공양, 2005.

짐 알칼릴리, 존조 맥패든 지음, 김정은 옮김, 『생명, 경계에 서다』, 글항아리사이언스, 2017.

칼 세이건 지음, 홍승수 옮김, 『코스모스』, 사이언스북스, 2004.

클로드 보리롱 라엘 지음, 배귀숙 옮김, 『감각명상』, 메신저, 2012.

클로드 보리롱 라엘 지음, 배귀숙 옮김, 『천재정치』, 메신저, 1994

클로드 보리롱 라엘 지음, 정윤표 옮김, 『각성으로의 여행』, 메신저, 2004

프리드리히 니체 지음, 강두식 옮김, 『인간적인 너무나 인간적인』, 동서문화사, 2016.

프리드리히 니체 지음, 김정현 옮김, 『선악의 저편 도덕의 계보』, 책세상, 2002.

프리드리히 니체 지음, 최순영 옮김 『우상의 황혼』, 부북스, 2018.

프리드리히 니체 지음, 장희창 옮김, 『차라투스트라는 이렇게 말했다』, 민음사, 2004.

헤르만 헤세 지음, 송소민 옮김, 『수레바퀴 아래서』, 아로파, 2017.